社科文库

北京市西城区
全响应社会治理创新研究

袁振龙　马晓燕　左袖阳　李会彬　著

中国社会科学出版社

图书在版编目（CIP）数据

北京市西城区全响应社会治理创新研究／袁振龙等著 . —北京：
中国社会科学出版社，2018.10

ISBN 978 - 7 - 5203 - 1359 - 9

Ⅰ.①北…　Ⅱ.①袁…　Ⅲ.①社会管理—创新管理—
研究—西城区　Ⅳ.①D671.3

中国版本图书馆 CIP 数据核字 (2017) 第 273459 号

出 版 人	赵剑英	
责任编辑	刘　艳	
责任校对	陈　晨	
责任印制	戴　宽	

出　　版	中国社会科学出版社	
社　　址	北京鼓楼西大街甲 158 号	
邮　　编	100720	
网　　址	http://www.csspw.cn	
发 行 部	010 - 84083685	
门 市 部	010 - 84029450	
经　　销	新华书店及其他书店	

印　　刷	北京明恒达印务有限公司
装　　订	廊坊市广阳区广增装订厂
版　　次	2018 年 10 月第 1 版
印　　次	2018 年 10 月第 1 次印刷

开　　本	710×1000　1/16
印　　张	18.5
插　　页	2
字　　数	281 千字
定　　价	86.00 元

凡购买中国社会科学出版社图书，如有质量问题请与本社营销中心联系调换
电话:010 - 84083683

编辑委员会

目　　录

图表目录

第一章

西城区全响应社会治理创新研究导论

近年来，北京市西城区结合中央及北京市社会治理创新等相关文件精神，以深入开展"访民情、听民意、解民难"工作为载体，以加强全响应社会治理信息化建设为支撑，以强化街道统筹辖区发展的基础性作用为重点，以推动社会协同、公众参与为动力，创造性地提出了全响应社会治理模式，有力地改进了地区的服务管理和民生工作。

仔细观察，西城区全响应社会治理创新有这样几个关键词：全响应、网格化、协同治理。其中"全响应"来自北京市西城区社会治理领域的创新，"全响应"是西城区2010年年底为适应社会管理主体多元化、利益诉求复杂化的新形势进行的一项社会管理改革，这一概念是西城区社会建设顾问新华社北京分社总编辑任卫东先生根据西城区探索率先提炼出来的，得到了西城区的认可和采用。在此基础上，西城区率先形成并提出了"全面感知、快速传达、积极响应"的基本理念，概括起来就是"全响应"理念。"网格化"最早应用于城市管理领域则源于北京市东城区的探索。2004年，北京市东城区将网格化管理理念运用到城市管理领域中来，开始实施"万米单元城市网格管理办法"，取得了明显的成效。2005年，国家建设部和北京市委市政府分别下发文件，在全国、全市推广东城区经验，有力地推动了城市管理精细化水平的提升。如今，网格化管理已经成为党的十八大三中、四中全会提出的重要社会治理手段，是新形势下改进社会治理方式、坚持源头治理的重要途径，内容也从原来单纯的城市管理逐步拓展到社会管理、社会服务等领域中来。2011年，西城区在前期全响应和东城区网格化探索的基础上，进一步丰富了全响应社会治理体系，提出多元治理、协同治理理念及八大响应链，强调多部门、多单位、多主体的协同治理。2012 年 5 月 30 日，北京市召开全市网格化社会服务管理体系建设大会，印发《关于推进网格化社会服务管理体系建设的指导意见》，从这之后，西城区把全响应与网格化结合，划小社会治理单元，推进全响应社会治理模式。

现代社会治理工作由于服务供需双方的数量多、运行复杂、变化多样，十分重视大数据、云计算、云存储等现代信息技术的应用。西城区"全响应"依托的是智慧时代强大的现代通信技术、强大的大数据技术和海量的云存储技术。因此，"全响应"是一个带有鲜明"智慧"时代特色的概念，"全面感知"依托的是大数据时代全面强大的数据收集能力和处理能力，"快速传达"依托的是移动互联网时代快速的几乎不受限制的强大信息传递能力，"积极响应"依托的是整体性治理理念指导下的政府协同和社会协同能力。正是因为有了现代信息技术的不断进步和广泛应用，"全响应＋网格化＋协同治理"的全新组合构成了西城区全响应社会治理创新的探索，使"全响应"理念在北京市西城区从设想变成了现实。在"全响应"理念的指引下，从 2010 年的德胜街道试点到 2012 年在西城区 15 个街道的全面推开，西城区用几年的探索实践已经搭建起全响应社会治理的运行框架和信息系统，形成较为完善的"全响应社会治理创新"模式。

本章作为全书的导论，将简要介绍西城区全响应社会治理创新的背景、相关概念，全响应社会治理创新的内涵和工作体系及全书的框架。

第一节　西城区推进全响应社会治理创新的背景

西城区地处首都北京的中心区，共分 15 个街道办事处。西城区全响应社会治理创新的探索实践是在我国经过 40 年改革开放、经济社会发展到新阶段的背景下，北京市西城区为了更好地积极主动回应民生需求，决意创新社会治理，努力建设服务首都功能核心区的战略性措施，是国家创新社会治理体制的客观要求，是落实首都社会服务管理创新措施的迫切要求，是西城区更好地履行首都功能核心区职能的现实要求，是现代信息技术大发展、大推广、大应用的实践要求，是西城区广大人民群众服务管理需求不断升级的紧迫要求（见图 1－1）。众多的要求结合在一起，推动着西城区不断地创新探索实践，扩展着全响应社会治理创新的内涵和外延。

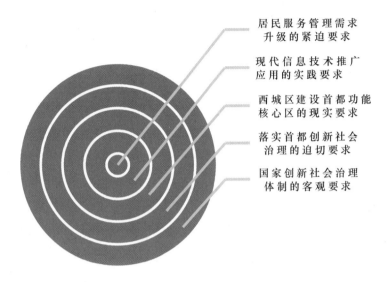

图1-1 西城区推进全响应社会治理创新的背景示意图

居民服务管理需求升级的紧迫要求

现代信息技术推广应用的实践要求

西城区建设首都功能核心区的现实要求

落实首都创新社会治理的迫切要求

国家创新社会治理体制的客观要求

一 国家创新社会治理体制的客观要求

创新社会治理体制是党的十八届三中全会作出的一个重大部署，是推进国家治理能力和治理体系现代化的必然要求，是我们党在深刻认识和科学把握社会发展规律的基础上提出的一个重要理论成果和战略措施，也是一项有待深入探索实践的长期的艰巨任务。在新的国际形势和国内背景下，在我国新的经济社会发展阶段，特别是经过40年改革开放后，我国的城市化进程不断加快，经济快速发展，人民物质财富大量增加，但人们对生产、生活、生态等方面的要求更高了，如何更好地回应民众的民生诉求，如何更好地推进社会建设，创新社会治理体制，完善社会服务管理，推动经济社会的协调发展，成为各级党委政府的一项重要政治任务。

西城区委、区政府根据中央和北京市委、市政府关于社会服务管理创新的精神，从西城区实际出发，从2010年起就自发地开始了"全响应社会治理创新"的探索实践。2012年，北京市召开网格化社会治理体系建设大会后，西城区将"全响应社会治理创新"调整为"全响应网格化社会治理体系建设"，本书统一简称为"西城区全响应社会治理创新"体系。这一探索实践符合国家创新社会治理体制的要求。实践初步证明，西城区全响应社会治理创新的探索实践，强调了社会各界和人民群众在社会服务管理中的主体地位，贯彻了党领导下的多方参与、共同治理等理念和主张，体现了马克思主义群众观的基本要求，具有鲜明的时代特征和强烈的地区特色，是新形势下加强与人民群众联系，更好地服务人民群众的重要载体和平台，是创新基层社会服务管理体制的一次宝贵实践，具有极其重要的创新价值。

二　落实首都社会治理创新的迫切要求

推进社会治理创新，大力建设首善之区，是北京市经济社会发展的客观要求，也是北京实现首都功能的必然要求。早在 2010 年 7 月，北京市就推出《北京市社会服务管理创新行动方案》，提出要着眼于解决目前社会服务管理中的突出问题，进一步推进首都社会建设与社会管理工作。2011 年 6 月，北京市召开市委十届九次全会，出台《关于加强和创新社会管理全面推进社会建设的意见》，同年 10 月，北京市人民政府常务会议讨论通过《北京市"十二五"时期社会建设规划纲要》，提出要大力推进社会服务管理创新工作，对首都社会治理创新工作进行周密的部署和安排。

为认真落实《北京市社会服务管理创新行动方案》等工作部署，西城区主动给自己加压，积极学习借鉴其他城市和兄弟城区社会服务管理创新经验，指导德胜街道、广安门内街道、月坛街道等开始了全响应社会治理创新的探索试点，创造性地提出了"全响应"理念，开始了全响应社会治理的探索实践，为完善首都核心区功能、提升城市管理水平、改善社会服务供给状况、提高社会服务管理水平进行了全面的探索创新，并取得了较为可喜的进展。

三　西城区建设首都功能核心区的现实要求

西城区地处北京市中心城区西部，是首都功能核心区的重要组成部分，是党中央、国务院、全国人大、全国政协、中央纪律检查委员会等中央首脑机关及众多国家部委的办公所在地，是国家政治中心的重要载体。同时，"西城区还是中国的国家金融管理中心，传统风貌重要旅游区和国内知名的商业中心"①。西城区在首都独一无二的地理位置，决定了西城区社会服务管理工作的极端重要性和极端敏感性。树立"红墙意识"，做好西城区的社会服务管理工作，切实保障城市的安全运营，确保首都功能的完美实现，是摆在西城区委、区政府面前的首要任务。

如何建设好首都功能核心区，更好地履行首都功能核心区职能，提升西城区社会治理水平，是历届西城区委、区政府不懈探索的一个重要课题。全响应社会治理创新就是西城区提交的一份初步答卷，全响应社会治理提出"全面感知、快速传达、积极响应"的理念，强调以需求为导向，以服务为核心，通过搭建社会协同的平台，扩大公众参与的渠道，各类主体积极响应社会需求，强调信息互通共享和行动协同联动，建立合作信任关系，推动形成多元主体共同治理社会的工作格局，通过打造"全面感知、快速传达、积极响应的社会服务管理响应链，实现社会服务管理全覆盖、全感知、全时空、全参与、全联动"②，促进社会健康、持续、和谐发展。

四　现代信息技术推广应用的实践要求

现代信息技术的发展及应用的迅猛程度已经远远超出了人们的预期，大数据技术的出现又一次颠覆了人们对现代信息技术的传统认识，引发了现代社会各个领域包括社会治理领域的新变革。信息及其技术已经成为现代社会的重要资源和独特的生产要素，成为推动社会进步的强大力量和社会治理创新的重要"加速器"。信息技术涉及信息的收集、识别、提取、变换、存储、传递、处理、检索、检测、分析和利用等，包括通信技术、计算机技术、多媒体技术、自动控制技术、视频技术、遥感技术、物联网技术和大数据技术等。现代信息技术已经被广泛应用于电子

---

① 楚国清：《坚持六个结合努力创建高品质文明城区》，载《学习与研究》2005 年第 10 期。

② 赖臻、鹿永建：《北京市西城区对公众需求实行"全响应"》，载《新华网》2012 年 7 月 11 日。

政务、电子商务等领域，电信、金融、能源、交通等行业的信息化建设较为领先，社会建设领域的应用正在扩展。以美国为代表的各国都在大力建设国家信息基础设施，力图在现代信息技术的发展及应用中处于领先地位。我国也提出了建设信息基础设施、推进国家信息化的战略任务。

在信息技术的大潮面前，是顺势而进？还是避而不见？很显然，在信息技术面前没有退路，不进则退。把现代信息技术引入社会服务管理领域，推动社会服务管理创新的信息化，成为各地推动社会信息服务管理创新的重要抓手。西城区在全响应社会治理创新的探索实践中，十分重视全响应社会治理信息化建设，注重应用现代信息技术来提升社会服务管理工作的能力和水平，先后多次发文提出并大力推进社会服务管理的信息化建设，取得了较为明显的初步进展。

五　居民群众服务管理需求升级的紧迫要求

更好地服务辖区的居民群众和社会单位，是地方党委政府的重要职责，地方党委政府有责任有义务对居民服务管理的需求作出及时的回应。2012 年 11 月 15 日，新当选为中国共产党中央总书记的习近平同志在党的十八届一中全会后举行的媒体见面会上指出，"我们的人民热爱生活，期盼有更好的教育、更稳定的工作、更满意的收入、更可靠的社会保障、更高水平的医疗卫生服务、更舒适的居住条件、更优美的环境，期盼着孩子们能成长得更好、工作得更好、生活得更好。人民对美好生活的向往，就是我们奋斗的目标"[①]。党的十八届三中全会进一步提出，要"紧紧围绕更好保障和改善民生、促进社会公平正义深化社会体制改革，改革收入分配制度，促进共同富裕，推进社会领域制度创新，推进基本公共服务均等化，加快形成科学有效的社会治理体制，确保社会既充满活力又和谐有序。……实现发展成果更多更公平惠及全体人民，必须加快社会事业改革，解决好人民最关心最直接、最现实的利益问题，努力为社会提供多样化服务，更好满足人民需求"[②]。党的十八届四中全会强调

---

① 习近平：《人民对美好生活的向往就是我们的奋斗目标》，载《人民日报》2012 年 11 月 16 日。

② 《中共中央关于全面深化改革若干重大问题的决定》，新华社 2013 年 11 月 15 日。

指出，"必须坚持法治建设为了人民、依靠人民、造福人民、保护人民，以保障人民根本权益为出发点和落脚点，保证人民依法享有广泛的权利和自由、承担应尽的义务，维护社会公平正义，促进共同富裕。……加快保障和改善民生、推进社会治理体制创新法律制度建设。依法加强和规范公共服务，完善教育、就业、收入分配、社会保障、医疗卫生、食品安全、扶贫、慈善、社会救助和妇女儿童、老年人、残疾人合法权益保护等方面的法律法规"①。党的十八届五中全会进一步提出了"创新、协调、绿色、开放、共享"五大发展理念，强调要"着力增进人民的福祉，增强获得感，解决社会公正正义问题"。总之，党的十八大以来，党中央把民生放在"四个全面"战略布局加以统筹谋划，"民生"问题被提到了前所未有的新高度。总之，关注民生，重视民生，服务民生，保障民生，改善民生，是中国共产党人一以贯之的态度和价值追求，是中国共产党"为人民服务"根本宗旨的具体体现，是我国各级党委政府探索创新中社会服务管理的重要动力。西城区作为北京市的中心城区和老城区，虽有优越的地理位置和丰富的历史文化资源，但市政基础设施和服务设施相对老旧，居民群众日常生活多有不便，反映强烈，各项服务需求面临升级的压力，如何更好地改善居民群众的生活条件，让居民群众更有获得感、安全感，让居民群众满意，成为西城区党委政府的一项重要任务。

第二节　西城区全响应社会治理创新的概念解析

为了更加准确全面地理解和把握西城区全响应社会治理创新的探索实践，有必要结合西城区实际对西城区全响应社会治理创新涉及的一些核心概念如社区、社会、社会建设、社会治理、网格、协同治理、全响应等概念进行简明扼要的定义，并说明这些核心概念在西城区全响应社会治理创新的地位和作用，从而为以后各章的论述奠定基础。

课题组认为，尽管西城区全响应社会治理创新涉及的内容丰富，但都离不开社区、网格、社会、社会建设、社会治理、全响应和协同治理7

---

① 《中共中央关于全面推进依法治国若干重大问题的决定》，新华社 2014 年 10 月 23 日。

个概念（见图 1－2）。其中社区和网格是西城区全响应社会治理创新的基础型概念，是西城区全响应社会治理创新的载体平台和治理单元，是各项服务管理工作落实的路径。全响应和协同治理是西城区全响应社会治理创新的核心型概念，它们共同组成了西城区全响应社会治理创新的体系与特色，是西城区全响应社会治理创新与众不同的关键所在。社会、社会建设和社会治理是西城区全响应社会治理创新的枢纽型概念，它们层层递进，将社区和网格等基础性概念与全响应和协同治理等核心概念连接起来，建立了较为紧密的联系，共同构成了西城区全响应社会治理创新的主要元素（见表 1－1）。

表 1－1　　　　　　　西城区全响应社会治理创新相关概念的
类型、地位、作用表

概念名称	类型	地位	作用
社区、网格	基础型概念	西城区全响应社会治理创新的载体、平台和治理单元	西城区全响应社会治理创新通过社区和网格与居民群众和社会单位紧密地联系起来
社会、社会建设、社会治理	枢纽型概念	负责将基础型概念与核心型概念连接起来	指明了西城区全响应社会治理创新总体上属于社会建设和社会治理领域的创新
全响应、协同治理	核心型概念	构成西城区全响应社会治理创新体系，形成西城区全响应社会治理的特色	突出了西城区社会治理创新的与众不同，协同治理代表的是整合能力，全响应反映的是治理能力和建设目标

一　社区的概念与类型

社区是社区研究的基础，也是西城区全响应社会治理创新的重要载体、平台和基本治理单元。首先，西城区全响应社会治理与其他社会治理模式一样，都需要有一个落脚点，无论现实中依据不同的标准将社区划分为多少个网格，社会治理一般都是基于社区来开展的，社区是任何社会治理创新都无法回避的客观存在，是社会治理得以推进的重要空间；其次，尽管学术界和人们日常生活理解的社区有所不同，而且社区也可

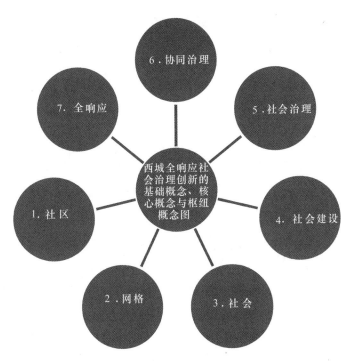

图 1 - 2　西城区全响应社会治理创新核心概念图

以分为现实中的物理社区和网络中的虚拟社区，而西城区全响应社会治理创新中有一部分就是将现实中的社区变成网络上相对应的虚拟社区，因此网络上的虚拟社区实际上与现实中的社区存在着一一对应的关系。所以，无论是现实中的社区还是网络上的虚拟社区，都是西城区全响应社会治理创新的载体平台和基本治理单元。

社区是社会学研究的重要对象。学术界都认为，最早提出"社区"概念的学者是德国的社会学家滕尼斯（F. Tonnies，1855—1936）。滕尼斯在 1887 年出版了经典著作《社区与社会》（*Gemeinschaft and Gesellschaft*）一书。在该书中，滕尼斯首次提出了"Gemeinschaft"这个概念，用来表示"一种由具有共同习俗和价值观念的同质人口所组成的关系密切、守望相助的社会关系团体"[1]。后来，美国的查尔斯·罗密斯把"Gemeinschaft"译成了英文的"Community"。1933 年，社会学家费孝通将

---

[1]　［法］F. 滕尼斯：《共同体与社会》，林荣远译，商务印书馆 1999 年版，第 53 页。

"Community"译为汉语的"社区"并引入了中国。自从滕尼斯定义了"Community"概念之后，社会学大师韦伯（Max Weber）、涂尔干（Durkheim）等也相继提出了与滕尼斯类似的观点。1955年，美国社会学家希勒里（Hillery）收集了关于社区的94个概念，并由此得出一个结论："除了将'人'包含于社区概念之中以外，有关于社区本质的定义再无共性可言"①。1971年，社会学家贝尔（Bell）和纽柏（Newby）通过对98个社区定义的分析，概括出了社区的三大要素，即地理区域、社会互动和共同关系②。在使用"社区"这个词汇的过程中，不同学术背景和专业背景的人常常有着不同的含义，比如在世界卫生组织推广的国际安全社区创建计划中，安全社区既可以是一个街道办事处或乡镇的辖区，也可以是一个区的辖区，甚至可以是一个市的辖区。

中国学者对社区的研究与西方的学者有着相似之处。当"Community"翻译成为"社区"并成为中国学界形成共识的学术话语后，学者们纷纷从社会学、管理学、生态学、城市管理等不同学科角度对"社区"进行了概念阐释。其中，为中国社会学重建作出最大贡献的费孝通先生对社区进行定义，并开展他的社区研究法，想以此来揭示中国存在的问题，他认为，"社区是若干个社会群体或社会组织聚集在某一地域里形成的一个在生活上相互关联的大集体"③。郑杭生教授在《社会学概论》中提出，"社区是进行一定活动、具有某种互动关系和共同文化维系力的人类生活群体及其活动区域"④。方明在他的《社区新论》一书中指出，"社区是指聚集在一定地域范围内的社会群体和社会组织，根据一套规范和制度结合而成的社会实体，是一个地域社会生活共同体"⑤。社会学家袁方也指出：社区是由聚集在某一地域内按一定社会制度和社会关系组织起来的、具有共同人口特征的地域生活共同体⑥。综上所述，我们可以

① G. A. Hillery Jr, "Definition of Community: Area of Agreement.", *in Rural Sociology*, Vol. 20, 1955.

② 夏建中：《中国城市社区治理结构研究》，中国人民大学出版社2012年版，第78页。

③ 费孝通：《小城镇 大问题》，载《江海学刊》1984年第1期。

④ 郑杭生：《社会学概论新修》，中国人民大学出版社1994年版，第272页。

⑤ 方明：《社区研究述评》，载《天津社会科学》1990年第2期。

⑥ 袁方：《社会调查原理与方法》，高等教育出版社1990年版。

概括出学术上的社区概念必须具备四个要素：①地域要素；②人口要素；③组织要素；④文化要素。简言之，社区就要有一定的地理区域；有一定数量的人口；居民之间有共同的意识和利益；有着较密切的社会交往。学术上的"社区"概念对全响应社会治理创新是有指导意义的，全响应社会治理创新是将地理空间的社区进一步划分为网格，形成了更小的治理单位，那么这样的网格化划分的标准是什么呢？单纯以地理空间来划分可能就会人为地分隔某社区所具有的共同的社会习俗或者习惯，例如在西城区的牛街街道，划分网格的时候就要不仅仅考虑地域和人口因素，也就是不要只考虑各网格内面积和人口多少的平均，还要考虑组织和文化因素。就回族所信仰的伊斯兰教来说，其中也有各种不同的类别。网格从某种意义上讲也是一种空间更小的"社区"。

当然，社区作为一个外来的词汇，虽然早已被引进并在中国得到广泛的使用，但在中国语境下，社区的内涵一直处在变化之中，总体上来看，经历了由强调人与人之间密切互动的关系到主要以地理空间作为划分社区的依据。这个变化过程主要体现了政府根据社会治理的需要而对社区规模调整的变化。针对社区建设的实践在中国最早可以追溯到晏阳初的平民教育运动，平民教育运动的一个重大主题就是农村社区建设。梁漱溟的乡村建设运动虽然没有直接利用"社区"这个词汇，但其实践活动也属于社区改造的内容。在这一阶段，整体上还是要建设一个人与人之间和睦相处并且生活富裕的社区，当然他们在社区所做的工作实际上反映的是对当时社会的不满，其实是力图通过对社区的改造来促进对社会整体的改造。经历了漫长的新中国建设与动荡时期，改革开放以后我国更加重视基层政权建设。虽然1954年12月第一届全国人大四次会议通过了《城市街道办事处组织条例》和《城市居民委员会组织法》，但是直到1989年12月26日，第七届全国人民代表大会常务委员会第十一次会议通过了《中华人民共和国城市居民委员会组织法》，城市的居民委员会制度才真正通过法律的形式确立下来，而后，村居委会的选举办法出台，20世纪90年代之后陆续推进村居委会的居民自治和居民选举等，这表明我国在最基层的居民委员会和村民委员会制度的基本确立。在居民委员会的地位越来越重要之后，居民委员会的前缀一般是某某社区居民委员会，因此居民口中的社区，就变成了自己所生活的居委会的辖区或者就是指居委会。其实这里还是有所区别的，区别在于一个是居住范围，一个是基层的群众性自治机构，但现实中两者经常被混合在一起使用。当别人问你在哪里住，你可能会说你是哪个社区的，当你去居委会办事情的时候，你可能告诉别人你要去社区办点儿事情。这种混淆在很多地方尤其是城乡接合部新建的城市小区容易出现。总体来看，社区在行政这个意涵上的定义逐渐稳定，社区就是指居委会的辖区，主要是一个地理空间上的概念。但是在居民口中的社区含义千差万别，还没有形成较为统一的概念。

西城区全响应社会治理创新使用的"社区"是在社区居委会辖区层面的社区含义。这样做，一方面可以更好地利用社区现有的工作人员和服务管理资源，另一方面可以延续以往的城市管理架构，减少人力物力等的浪费，是符合实际需要的。从西城区的实际看，全区 261 个社区大致可以划分为以下几类（见图 1-3）：一是平房院社区，这种社区在西城区特别是二环以内的什刹海街道、西长安街街道、大栅栏街道、天桥街道、新街口街道、椿树街道、陶然亭街道、广内街道、牛街街道、白纸坊街道辖区及金融街街道的部分辖区范围内数量比较多，特别是历史风貌保护区相对集中，二环外的德胜街道、展览路街道、月坛街道和广外街道也有少量的平房社区；二是老旧小区社区，主要指建设于 20 世纪 90 年代及以前的楼房小区，这种社区在西城区 15 个街道均有分布；三是单位大院社区，主要是指依托占地面积较大的单位形成的社区，如外交学院社区、建筑大学社区等；四是新建楼房社区，这种社区在西城区总体数量并不很多，但现在在西城区大多数街道辖区内都有分布。

二　网格的内涵与类型

网格是当前社会治理创新的一个常用概念，也是西城区全响应社会治理创新的重要载体平台。我国许多地方的社会治理创新如北京市东城区、上海市黄浦区、浙江省舟山市和宁波市、湖北省宜昌市、广东省深圳市等甚至直接用网格化命名自己的创新经验，这在一定程度上说明"网格"概念的流行程度。所谓"网格"指的是将城乡社区依照一定的原则和标准划分为一个个更小的治理单元，其基本原理是强调多元治理、协同治理，问题自下而上解决，建立一套及时发现问题和处置问题的运

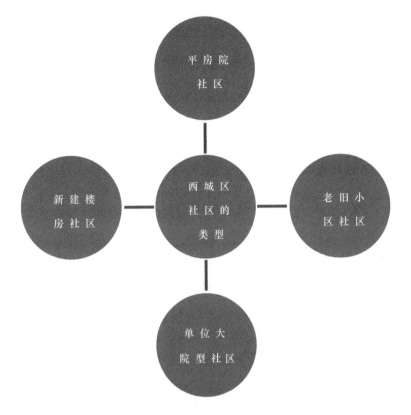

图1－3　北京市西城区社区的类型

行机制，并通过现代信息系统实现对所有社会服务管理事项进行在线发现、在线记录、在线分派、在线处置、在线管理、在线监督、在线评估的扁平化管理，其目的是提高问题的发现效率和处置效率，防止居民群众的诉求无人负责或问题无人处理。网格的概念最早来源于电力网，电力网是将所服务的区域划分为网格，并利用通信手段监控电力网格的电力供应情况。后来网格的概念被计算机技术所采用，计算机的网格技术最早出现在20世纪90年代中期，是近年来世界上发展起来的一项重要信息技术①。网格技术首先被应用于计算机科学领域，后来逐渐普及更多行业和领域。

　　有西方学者指出，"网格的最终目的是希望用户在使用网格计算能力

①　史海成：《浅议网格技术的现状及其发展》，载《今日科苑》2008年第18期。

时能够做到如同使用电力一样方便，为用户提供与地理位置无关、与具体计算设施无关的通用计算能力，消除信息孤岛和资源孤岛，实现信息的高度融合与共享"①。我国学者一般认为，目前网格研究还处在发展阶段，其概念和内涵在不断的变化和发展之中。从创新价值的概念和一般性的角度来看，"网格"概念具有跨学科的"渗透"，因此研究者往往从不同的角度和重点，对"网格"的特点和功能进行解释。由于"网格"是一个问题领域，不同的问题和解决方案的要求是不一样的，所以它提出了一个广泛的定义和观点。了解"网格化管理"的含义，首先要分析信息技术领域的"网格"和管理领域"网格"的区别。从技术角度来看，根据 Foster 和 Kesselman 的定义，"网格"（或者"计算网格"）是构筑在互联网上的一种新兴技术，利用互联网把分散在不同地理位置的电脑组织成一台"虚拟的超级计算机"，"将高性能计算机、大型数据库、传感器、远程设备等融为一体，实现计算资源、存储资源、通信资源、软件资源、信息资源和知识资源的全面共享"②。网格作为信息社会的一项重要网络基础设施，可以利用灵活有效的分布式计算资源，产生更加强大的计算能力，实现互联网信息的采集、传输和利用，给人类的生产和生活方式带来巨大的变化。因此，虽然"网格"的概念还没有达成共识，但从"网格"的起源和目的看，"网格"是为了更好地实现资源共享和远程协作。

从城市社区治理的角度来看，"网格"是在特定城乡社区范围内，根据地理环境、人口情况等进行的地域上的划分，是整个社区网格化管理系统中的基本单元。"网格"一经划定并覆盖至整个城市社区后，"网格"的设定及其管理内容便固定下来。因此，城市社区之中的"网格"首先是一种空间上的物理网格，而不是计算机科学中的虚拟网格，但是同时也可以通过现代虚拟技术将现实中的网格搬进互联网中，成为互联网信息系统的一个个"网格"。与传统的大社区制管理模式不同，各地的网格

---

① I. Foster, C. Kesselman, "The Grid : Blueprint for a new Computing Infrastructure ", *Morgan Kaufmann*, Publishers, USA, 1998: 34 – 37。

② 邢月潭：《上海市社区网格化管理研究》，硕士学位论文，华东政法大学，2008 年，第 9 页。

化社会治理创新通过划分"网格"来代替自然区域界限或者人为的行政区划，有助于在较小的地域范围内实现精细化管理，明确服务管理责任，实现服务管理的精准化。所以，不同的服务管理主体可以在整个城市社区的基础上，进一步划小责任网格，明确不同网格的格长、网格员、网格责任人和网格监督人，从而对不同的"网格"进行更加精细的管理，提供更加精准的服务，那么，分属于不同组织的服务管理责任主体便可以在同一个"网格"中协作，分属于不同组织的信息和资源也可以在同一个"网格"里共享。在共享这个方面，也和信息技术中的"网格"的资源共享类似。

　　总之，西城区全响应社会治理创新的"网格"是社区往下划分的一种治理单元，并根据网格资源信息形成一种数字化的地理数据模型，将网格的地理信息表示成一系列的按行列排列的网格单元，在全响应信息系统上显现出来，每一个网格单元都可以在全响应信息系统中显示其地理位置和其他相关信息，清晰地显示每一个网格的"四至"范围。因此，责任网格是按照标准划分形成的边界清晰、大小适当的服务管理单元，是西城区全响应社会治理的基本单元。所以，从某种角度上来说，全响应社会治理创新等于在社区这个层面往下深挖了一层划分更小的网格，构建了一个更加小型化的社会治理单元，社区是网格划分的基础和前提。从西城区的实际操作看，西城区划分网格责任区的标准主要包括六个方面：一是负载均衡原则，二是地理布局原则，三是现状管理原则，四是方便管理原则，五是管理对象原则，六是无缝拼接原则。

　　从西城区实际看，全区1541个网格大致可以划分为以下几种类型（见图1－4）：一是高层楼房类网格，主要指以单独的高层楼房划分的网格，这是一种立体式的网格；二是低层楼房型网格，主要是由独栋或多栋低层楼房组成的网格，与高层楼房型网格相比，它更为扁平一些；三是单位型网格，主要是以某单位办公楼及其附属设施楼等组成的网格，如人民大会堂、国家大剧院等地区的网格；四是平房院网格，主要是以胡同街巷为界或几个相邻小院组成的网格；五是商务区网格，主要是由一栋或多栋商业设施组成的网格，如西单商业街、马连道茶叶街、复兴门商圈等地区的网格；六是办公楼或写字楼网格，主要是由一栋或多栋办公楼或写字楼及其周边组成的网格，如金融街地区、德胜科技园区、

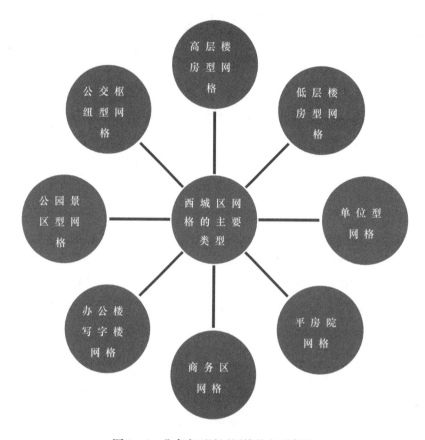

图1-4　北京市西城区网格的主要类型

广安门商务区的网格；七是公园景区型网格，主要指由公园或景区为主构成的网格，如什刹海风景区、景山公园、北海公园、动物园、大观园、月坛公园、陶然亭公园等地区的网格；八是公交枢纽型网格，主要是指以多种交通设施集中或多条公交或地铁线路等形成的网格，如北京北站地区的网格。前四种网格主要以居住功能为主，辅以办公等其他功能，后四种网格则以商务办公功能和公共活动空间功能等为主，辅以居住功能。

三　社会的类型与内涵

社会是人们日常生活中的常用概念，也是社会学的重要研究对象，同时又是西城区全响应社会治理创新离不开的一个基本概念。"社会"这个词汇的使用频率之高，可能远远超过其他的常用词汇，但社会又是一个内涵很难准确界定的概念。一般而言，对社会的理解和使用有"广义"与"狭义"之分。"广义"的社会可以指一个国家、一个大范围地区或一个文化圈，甚至包括人类社会和其他生物的社会，如中国社会、珠江三角洲社会、儒家文化社会、人类社会等；"狭义"的社会，是指群体人类活动和聚居的范围，如聚居点、村、镇和城市等，这个时候社会的含义与社区的含义又比较相近，如基层社会、村社会、镇社会和城市社会等。在我们日常使用的过程中，社会既可以包括经济、政治、文化等各种人类活动在一起的整个人类社会，也可以指与经济、政治、文化等相平行的狭义"社会"。

在社会学里，"社会既是一个分析单位，更是一个研究对象"[1]。所以按照不同的标准来划分，有着不同的社会。从分析单位看，如果我们根据感觉的差异可以将社会划分为抽象社会和具体社会；按照文化形态划分，可以将人类社会划分为儒家社会、基督教社会、伊斯兰教社会等。如果按照研究对象来看，既可以将社会划分为微观社会、中观社会和宏观社会，也可以划分为政治社会、经济社会、文化社会等，也可以划分为古代社会、近代社会、现代社会和当代社会[2]，还可以分为狩猎与采集社会、游牧社会、园艺社会、农业社会、工业社会和后工业社会[3]，还可以划分为乡土社会、权威社会和早熟后发社会[4]等。社会与英文中的"Society"相对应，是从日本借鉴而来的一个词汇，一般是指一个由有一定联系、相互依存的人们组成的超乎个人的、有机的整体。德国社会学家滕尼斯主张把社会看作与社区相对应的一个概念，认为社会是"一种机械的聚合和人为产物"[5]。不过，不同的社会学流派对社会的看法是有很大差异的。社会唯名论认为，社会只是单纯的名称，只有个人才是真

---

① 文军：《当代社会学理论：跨学科视野》，中国人民大学出版社 2016 年版，第 6 页。

② 同上。

③ ［美］亚历山大·蒂奥：《大众社会学》（第 7 版），丛霞译，人民邮电出版社 2012 年版，第 43—50 页；［美］约翰·J. 麦休尼斯：《社会学》（第 14 版），风笑天译，中国人民大学出版社 2015 年版，第 93—97 页。

④ 杨建华：《发展社会学通论》，社会科学文献出版社 2016 年版，第 235—297 页。

⑤ ［法］F. 滕尼斯：《共同体与社会》，林荣远译，商务印书馆 1999 年版，第 53 页。

实存在的，如吉丁斯（Franklin Henry Giddings，美国社会学家，1855—1931）、韦伯（Max Weber，德国著名社会学家，1864—1920）等社会学家就持这种观点。与社会唯名论相对立，社会唯实论则认为，社会是一个由各种制度和规范构成的有机整体，社会外在于个人，并对个人具有强制性，其代表性人物主要有斯宾塞（Herbert Spencer，英国社会学家，1820—1903）、涂尔干（Emile Durkheim，法国社会学家、人类学家，1858—1917）、齐美尔（Georg Simmel，德国社会学家，1858—1918）等。功能主义学派则认为，"社会是一个具有自我适应能力的活的有机体，每一个部分都有其合乎目的性的功能"。传统功能主义创始人是斯宾塞（Herbert Spencer，英国社会学家，1820—1903），"二战"后美国社会学家帕森斯（Talcott Parsons，美国现代社会学奠基人、社会学家，1902—1979）进一步将其发展为结构功能主义理论，结构功能主义的其他代表人物包括默顿（R. K. Robert King Merton，美国社会学家，1910—2003）和列维（Claude Levi – Strauss，法国人类学家，1908—2009）等。冲突理论则认为，"社会总是存在着各种矛盾冲突，社会在冲突中得到发展与进步"，冲突理论来源于马克思（Karl Heinrich Marx，德国伟大的思想家、哲学家、经济学家和社会学家，1818—1883），代表人物包括科塞（Lewis Coser，美国社会学家，1913—2003）和达伦多夫（Ralf G. Dahrendorf，德国社会学家，1929—2009）等。英国社会学家吉登斯指出，"社会"既可以是一般意义上的"社会交往"或"社会互动"，也可以是一个对特定社会体系的精确界定①。美国社会学家蒂奥认为，社会是"共享同一种生活方式并生活在同一片土地上的彼此交往的个体的集合"②。另一位美国社会学家麦休尼斯则将"社会"看作"一个特定的地域内相互影响并分享共同文化的人们"③。

有学者概括，社会学家们对社会的理解大致可以归纳为五个方面：一是指与"自然"相对应的"社会"，这里的社会主要指的是人类事物；

---

① 文军：《当代社会学理论：跨学科视野》，中国人民大学出版社2016年版，第7页。
② ［美］亚历山大·蒂奥：《大众社会学》（第7版），丛霞译，人民邮电出版社2012年版，第38页。
③ ［美］约翰·J. 麦休尼斯：《社会学》（第14版），风笑天译，中国人民大学出版社2015年版，第92页。

二是指与作为"个体"的人相对应的"社会"，这里的社会指的是作为整体的社会；三是指与"社区"相对应的"社会"，这里的社会指的是一种机械的聚合和现代性的人为产物；四是指与"经济"相对应的"社会"，这里的社会指的是"经济"以外的社会生活部分；五是指与"国家"或"政府"相对应的"社会"，即市民社会①。一般认为，前三种"社会"是广义的社会，后二种"社会"是狭义的社会。我们认为，西城区全响应社会治理创新中使用的"社会"概念，比较接近于第四种"社会"的含义，即"经济"以外的社会生活部分，但实际上又略小于第四种"社会"的外延。从第四种"社会"的含义出发，本书使用了"社会建设"和"社会治理"两个概念，并延伸使用了"协同治理"等概念。

四　社会建设的内涵与应用

与社会概念相关，社会建设的概念近年来也得到了广泛的应用，很显然社会建设议题的兴起是与解决各类社会问题的需要而出现的。据专家考证，20世纪头十年和三四十年代我国就曾经两度流行过这一概念，2004年召开的中共十六届四中全会对"社会建设"概念的使用，使社会建设重新得到重视并流行起来②。2007年，北京市专门成立了社会建设工作办公室，并创办北京社会建设网，上海、深圳、广州等地也推出了相似的举措，很多地方都开始了社会建设的新征程。2014年，中国人民大学联合吉林省出版产品质量监测中心联合主办了《社会建设》双月刊，社会建设得到了学术界的更多关注。

1917年，孙中山先生面临张勋复辟和中国民主政治建设的不足，撰写了《民权初步（社会建设）》一文，并收入《建国方略》一书，成为孙中山先生关于国家建设构想的重要内容。1935年，中国社会学家孙本文在《社会学原理》一书中专辟"社会建设与社会指导"一节予以论述。1936年，孙本文写成《关于社会建设的几个基本问题》，对社会建设进行了较为深入的探讨③。1943年，孙本文主持了中国社会学社第7次年会，

①　文军：《当代社会学理论：跨学科视野》，中国人民大学出版社2016年版，第8页。
②　陆学艺：《关于社会建设的理论与实践》，载《国家行政学院学报》2008年第2期。
③　周晓虹：《孙本文与二十世纪上半叶的中国社会学》，载《社会学研究》2012年第3期。

年会的主题就是"战后社会建设问题"。1944 年，孙本文先生和中国社会学社、国民政府社会部共同创办了《社会建设》月刊并担任主编，连续多年探讨社会建设问题①，并最终"确立了现代社会建设思想的基本体系"②。由此可见，我国对社会建设的关注由来已久。从西方的角度看，社会学作为学科的出现就与西方社会建设存在着极为紧密的联系，换言之，社会学理论从某种程度上讲就是社会建设理论③。

那么，社会建设的定义和内涵是什么呢？所谓"社会建设"，是指"根据社会的需要，社会相关主体有目的、有计划、有组织地进行的改善民生和推进社会进步的社会行为与过程"。社会建设的内涵十分广泛，一般而言，社会建设主要包括两大方面，第一是社会的实体建设，如我国自从 20 世纪 90 年代以来不断推进的社区建设、一直不断推进的社会事业建设、正在继续推进的社会组织建设、越来越受到重视的社会环境建设等；第二是社会的制度建设，包括社会利益关系协调机制建设、社会保障体制建设、社会结构的调整与构建、社会流动机制建设、社会安全体制建设、社会管理体制建设等。以前，人们使用较多的与社会建设含义相近的概念是社会发展。早在 1941 年毛泽东同志撰写的《新民主主义论》一书中就提出了政治、经济和文化三方面的建设。新中国成立后，在规划社会主义建设总体布局时，已经形成了"经济建设、政治建设和文化建设"的基本构架。1982 年，我国在制订第六个五年计划时，开始增加"社会发展"的内容，从此之后的五年计划，都冠名为"国民经济与社会发展计划"。2002 年，党的十六大报告还是以经济体制改革与建设、政治体制改革与建设、文化体制改革与建设"三位一体"进行布局的，但在描述 2020 年实现全面小康社会的目标时提出了"社会更加和谐"的目标。党的十六届四中全会明确提出要构建社会主义和谐社会和社会建设的概念，党的十七大报告进一步提出要加快推进以改善民生为重点的社会建设，这样，社会主义建设的总体布局就由经济建

---

① 韩明谟：《中国社会学名家》，天津人民出版社 2005 年版，第 73—74 页。

② 宣朝庆、王铂辉：《一九四〇年代中国社会建设思想的形成》，载《中国社会科学》2009 年第 6 期。

③ 刘少杰、王建民：《现代社会的建构与反思——西方社会建设理论的来龙去脉》，载《学习与探索》2006 年第 3 期。

设、政治建设、文化建设"三位一体"扩展为包括社会建设在内的"四位一体"。党的十八大报告则进一步将社会主义建设的总体布局扩展为经济建设、政治建设、社会建设、文化建设、生态建设等"五位一体"，社会建设被提升到前所未有的高度。这期间，伴随着我国改革开放进程和城市化进程的不断推进，社会建设滞后于经济建设的现象较为严重，各类社会问题此起彼伏，社会建设的任务逐步被提上重要的议事日程。加强社会建设，改善民生，促进社会团结，重建社会信任，减少矛盾纠纷，推进社会进步，尽最大努力从源头上减少社会问题的产生，成为各级党委政府的理性选择。

因此，西城区全响应社会治理创新总体上属于社会建设的范畴，是西城区委区政府着力改善民生，推进社会进步的一种努力。根据我们的观察，西城区全响应社会治理创新既包括社区建设、社会组织建设、社会事业建设和社会环境建设等实体建设的内容，又包括社会利益关系协调机制建设、社会保障体制建设、社会安全体制建设和社会管理体制建设等制度建设的内容，还部分地涉及社会流动机制的建设，对社会结构的调整和构建涉及得还不多，总体上还属于社会建设的初级阶段，还有待进一步深化。

五　社会治理的概念与关键

近年来，社会治理的概念得到广泛的应用。在西方，治理理论是学术界和社会近些年的关注热点，社会治理理论是西方治理理论的重要组成部分，但西方学术界并没有明确地使用"社会治理"这个概念。由于西方国家治理理论奉行社会中心主义和公民个人本位，因此，理性"经济人"的社会自我治理，在理论逻辑上构成了西方国家治理理论的核心内容。在特定意义上可以认为，西方国家的治理理论，本质上即是以理性"经济人"为基础的社会自我治理理论①。"如果 19 世纪至 20 世纪之交的改革家们倡导建立最大限度的中央控制和高效率的组织机构的话，那么 21 世纪的改革家们则将今天的创新视为一个以公民为中心的社会治

---

① 令小雄：《"新常态"视域下的社会治理现代化》，载《大连干部学刊》2015 年第 4 期。

理的复兴实验过程"①。

在我国，社会治理是指在执政党领导下，由政府组织主导，吸纳社会组织等多方面治理主体参与，对社会公共事务进行的治理活动，是以实现和维护群众权利为核心，发挥多元治理主体的作用，针对国家治理中的社会问题，完善社会福利，保障改善民生，化解社会矛盾，促进社会公平，推动社会有序和谐发展的过程。有学者指出，"在我国的社会、政治体制下，社会治理是指党委和政府以及其他社会主体运用法律、法规、政策、道德、价值等社会规范体系，直接或间接地对社会领域的各个方面、各个环节进行服务、协调、组织、监控的过程和活动"②。在本书中，所谓"社会治理"，是指为促进社会的公正公平，维护正常的社会秩序，保障社会的有序运转，在党的领导下，政府、企事业单位、社会组织、新经济组织、其他群体及广大人民依据法律法规政策和道德规范等共同对社会公共事务进行规划、组织、规范、引导、协调、服务、调适、监督和控制的过程③。

按照党的十八大报告，我国的社会治理是在"'党委领导、政府负责、社会协同、公众参与、法治保障'的总体格局下运行的中国特色社会主义社会管理"。党的十八届三中全会的《决定》在全面深化改革的意义上进一步指出，我国的社会治理主要关节点在于四个坚持，即①坚持系统治理，加强党委领导，发挥政府主导作用，鼓励和支持社会各方面参与，实现政府治理和社会自我调节，居民自治良性互动；②坚持依法治理，加强法治保障，运用法治思维和法治方式化解社会矛盾；③坚持综合治理，强化道德约束，规范社会行为，调节利益关系，协调社会关系，解决社会问题；④坚持源头治理，标本兼治、重在治本，以网格化管理、社会化服务为方向，健全基层综合服务管理平台，及时反映和协调人民群众各方面各层次利益诉求。④ 这就集中体现了社会治理中党和政府的公共权力与社会组织和公民权利之间的协调结合与和谐平

① ［美］理查德·博克斯：《公民治理：引领 21 世纪的美国社区》，中国人民大学出版社 2013 年版。

② 周林生：《社会治理创新概论》，广东人民出版社 2015 年版，第 12 页。

③ 袁振龙：《社会管理与合作治理》，知识产权出版社 2013 年版，第 33 页。

④ 《中共中央关于全面深化改革若干重大问题的决定》，新华社 2013 年 11 月 15 日。

衡。因此，在我国社会治理是党委政府领导下的多元主体共同参与的共同治理。

在西城区全响应社会治理创新的框架中，社会治理是一个十分关键的词，是整个创新模式的"题眼"所在。其主要含义有：一是西城区委区政府在全响应社会治理创新中发挥领导和主导作用。二是西城区全响应社会治理创新的依据是国家的相关法律法规政策和上级的各种文件。三是西城区全响应社会治理创新基于西城区社会服务管理的现状和问题而产生的。四是西城区各职能部门、各街道办事处、所有社区、企事业单位、公共服务部门、驻区社会单位、专业社会组织、社区社会组织、居民群众等都是西城区全响应社会治理创新的主体。五是西城区全响应社会治理创新的工作内容主要包括社会服务、城市管理、社会管理、治安防控、应急管理和行政服务等。

六　协同治理的概念与引入

从社会治理到协同治理，是一个关注点的转移，也是与西方学术界接轨的一种努力。简单比较，社会治理突出的是多元的治理主体，尽管可以与西方的治理理论产生一定的联系，但总体上还是一个具有中国特色的概念，从社会治理在中国的提出到在世界上的广泛使用还有一定的过程。协同治理强调的则是来自不同部门的参与方采取集体行动的过程，尽管协同治理是当代西方民主社会的产物，但协同治理强调"跨部门协同合作"，与我国提出的"社会治理"概念实有异曲同工之妙，因此，如果对"协同治理"概念进行一定的借鉴和改造，完全可以与"社会治理"概念实现有效的学术对话，这是本书使用"协同治理"概念来概括西城区全响应社会治理创新的本义所在。

那么，协同治理的概念是什么呢？国外学者对协同的理解差异很大，如有的学者将协同等同于多个行为者之间为了共同目标一起共事。有的学者则强调行动者的主动性，将协同定义为一种主动行动者之间的互动过程。还有的学者强调行为者之间的相互分享。还有学者在前述理解基础上加上责任分担的内容①。Himmelman 认为，协同需要各方为实现互利

---

① 田培杰：《协同治理概念考辨》，载《上海大学学报》（社会科学版）2014 年第 1 期。

和共同目标具有提高各自能力的意愿，帮助其他组织达到自身的最佳状态。在协同关系中，各方共担风险和责任，共享收益，投入足够多的时间，具备很高程度的信任，共享权力范围①。国外学者认为，协同治理（Collaborative Governance）中的协同作为治理一词的修饰语，强调了来自不同部门的参与方采取集体行动的过程，在这个过程中，各参与方会建立起一种比较正式和紧密的关系，而且各参与方都会为最终的结果和自己的行为承担一定的责任②。西方学者对协同治理的理解有一些基本的共识，如政府以外的行动人加入治理中，为实现共同的目标，各行动人共同努力③。也有学者认为，协同治理是自然科学协同论和社会科学治理理论的交叉领域，主要包括治理主体多元化、各子系统协同性、自组织间竞争合作以及共同规则制定等内涵。因此，协同治理的实质是通过在共同处理复杂社会公共事务过程中的相互关系协调，实现共同行动、耦合结构和资源共享，从根本上弥补政府、市场和社会单一主体治理的局限性④。

本书引入协同治理的概念，主要希望用协同治理概念表达几层意思：一是西城区全响应社会治理创新的主体是多元的；二是西城区全响应社会治理创新的各个子系统是协调的；三是西城区全响应社会治理创新的不同治理主体、不同响应链之间不可避免地存在着既竞争又合作的关系；四是西城区全响应社会治理创新的各项规章制度和运行标准是各治理主体反复沟通、共同研究制订的，体现了不同治理主体的共同意志；五是西城区全响应社会治理创新体现了西城区为克服治理困境而作出的资源共享、主体整合和共同行动的努力，与协同治理的思想有着内在的一致性。

---

① 田培杰：《协同治理概念考辨》，载《上海大学学报》（社会科学版）2014 年第 1 期。

② 同上。

③ 同上。

④ 李汉卿：《协同治理理论探析》，载《社会经纬》2014 年第 1 期；胡颖廉：《推进协同治理的挑战》，载《学习时报》2016 年 1 月 25 日。

七　全响应的缘起与内涵

"全响应"来源于电力学，它的本初含义是换路后，电路中即存在激励电源，储能元件又有初始储能，它们共同维持的响应。西城区全响应社会治理创新是借用电力学的思维应用到管理学和社会治理当中来。2010 年，北京市西城区率先提出"全响应"理念并应用于社会服务管理领域，开始在德胜街道试点。所谓全响应（complete response）是零输入响应和零状态响应叠加的结果，也体现了线性电路的叠加性①。2013 年 1 月，陈献森主编的《全响应社会服务管理创新研究：以北京市西城区德胜街道为例》一书由北京出版社公开出版发行，西城"全响应"的理念得到社会的进一步广泛关注②。在该书中，陈献森指出，全响应社会管理模式是借助于现代科学技术，以"全面感知、快速传达、积极响应"为理念，以需求和问题为导向，以体制机制创新为保障的一种社会管理模式创新，是一种全要素、全过程、全方位的社会服务管理模式③，对"全响应"的内涵进行了初步界定。

之后，德胜街道全响应社会管理探索的试点经验得到了西城区的肯定和推广，在此基础上形成了西城区全响应社会治理创新的思路与框架。西城区全响应社会治理创新对于"全响应"的理解，大致有三层含义。首先，全响应强调"响应性"，如果居民遇到困难通过各种途径向政府求助，如果政府能够协调包括政府部门、国有企事业单位、社会组织、基层社区、居民群众等各方主体很好地帮助处理，那就进行了有效的响应，反之如果政府或相关主体没有及时回应，这就是没有响应，首先必须作出响应，才是全响应的应有之义。其次，响应并不是单一主体的响应而是一个多重主体的共同响应，民众遇见困难首先向政府求助，但是这种困难本身是社会组织、社会单位等的职责，那么一旦民众向政府提出请求，政府就要迅速有效地通过快捷的渠道组织动员社会单位、社会组织

---

① 陈献森：《全响应社会服务管理创新研究——以北京市西城区德胜街道为例》，北京出版社 2013 年版，第 54 页。

② 同上。

③ 同上书，第 55—56 页。

等及时作出响应，进行处理。第三，全响应的最终目的还是要能够从根本上处理问题、解决问题，只有反映的问题得到了及时的处置或回应，让居民群众见到了实实在在的效果，让居民群众能够对问题的处置和回应进行评价，才能让民众信服，才能组织动员更多的民众参与到全响应系统中来。

北京市西城区全响应社会治理创新运行已经多年。全响应社会治理创新的目标是实现社会服务管理的全面覆盖、全面感知、全时空、各种力量的全面参与和各种服务链条的全面联动。"全响应"就是西城区希望实现对公众服务需求的"全面感知、快速传达和积极响应"。目前西城区全响应系统已经建成为日常化的区、街道、社区三级"社会服务""城市管理""社会管理""应急管理"和"行政服务"等各类诉求的表达网络以及社情民意定期发布和分析研究机制。网格内的各种力量和通过移动互联网组织起来的网民、电话通信组织起来的市民等成为西城区社会治理体系信息采集和提供的"神经末梢"，而将这些信息快速收集、交互传递、更新汇总的则是现代化程度很高的区、街道和社区三级"全响应"网格化社会服务管理信息系统。"全响应"社会服务管理强调政府与社会全面协作，政府组织、企业组织、社会组织、市民等均作为主体参与社会服务和管理，共同建设完善社会服务管理"八大响应链"。其中社区服务"响应链"主要面对居民群众日常化的服务管理需求；街道和政府部门的两个"响应链"着力"块"的统筹与"条"的协作，解决一些较为复杂的服务管理问题；驻区单位资源共享"响应链"着眼于把驻区单位的资源用好，使单位资源发挥更大的社会效益，解决好涉及驻区单位的问题；社会组织和社会人才两个"响应链"培育壮大专业服务组织和人才队伍，充分发挥社会组织和社会人才在社会建设和治理中的重要作用；社会领域党组织"响应链"使党的领导浸润社会服务，通过党的建设有效地整合更多的社会服务资源；居民参与"响应链"则着眼于把全体居民的积极性发挥出来，着力开发居民群众参与的渠道和路径，让居民群众有更多的参与机会和可能，使之成为公众参与、大家受益的生动局面。

第三节　西城区全响应社会治理创新的内容体系

西城区全响应社会治理创新作为一个完整复杂的系统工程，是一个包含全响应理念、民生需求、协同治理、完善服务、街道统筹、信息化手段、六大运行机制、八大响应链、推动多元主体参与等在内的内容体系（见图1-5）。如图1-5所示，西城区全响应社会治理创新体系坚持以全响应理念为指导，以八大响应链为统领，以推动多元主体参与为方向，以民生需求为导向，以完善服务为核心，以信息化手段为支撑，以街道统筹为重点，以协同治理为路径，共同构成了具有北京市西城区本身特色的社会治理创新内容体系。本节接下来将对内容体系的各个部分作简要描述，具体内容见后面各章。

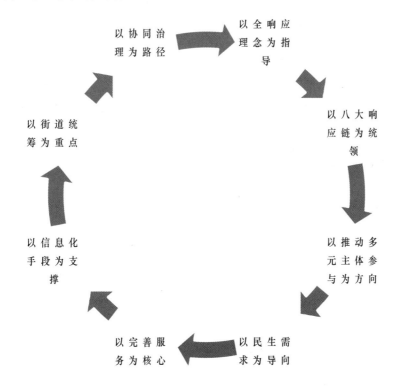

图1-5　西城区全响应社会治理创新内容体系结构图

一　以全响应理念为指导

全响应理念是西城区全响应社会治理创新的指导。西城区从电力学借鉴而来形成的"全面感知、快速传达和积极响应"理念在德胜街道试点推进社会治理创新，然后在西城区 15 个街道得到全面推广。由此提炼而成的"全响应"理念已经成为西城区推进全响应社会治理创新的指导思想，构成了与其他网格化社会治理创新不同的显著特色。在西城区全响应社会治理创新的推进过程中，"全响应"理念成为西城区委区政府及其各委办局、国有企事业单位、其他企业单位、社会组织、社工队伍和居民群众的共识，贯穿西城区全响应社会治理创新的顶层设计、框架结构、政策措施、信息问题的收集分派、任务处置反馈、监督评价等各个部分和环节，由此形成了西城区全响应社会治理创新的核心内容和不懈追求的目标。

二　以八大响应链为统领

八大响应链是西城区全响应社会治理创新的统领，通过八大响应链有效地将西城区全响应社会治理的不同主体联结起来，形成一个统一的社会治理格局。在西城区全响应社会治理创新的总体设计中，区、街道、社区、网格是社会治理的四个层级，其中区委区政府及其各委办局是西城区全响应社会治理创新的"职能部门协同合作响应链"的主体；街道办事处、社区和网格三个层级是西城区"街道统筹发展响应链"和"社区为民服务响应链"的主体；驻区单位、社会组织、社工队伍、社会领域党组织和居民群众等分别是西城区"驻区单位资源共享响应链""社会组织公益服务响应链""社会领域引领创新响应链""社工队伍专业服务响应链"和"居民群众共同参与响应链"的重要行动者。运行机制是北京市西城区全响应社会治理创新的重要内容，是西城区全响应社会治理创新持续运转的关键抓手，是西城区全响应社会治理创新能否取得实在成效的重要保障。西城区已经明确地提出了六大运行机制，即信息采集维护机制、问题源头发现机制、任务协调处置机制、问题分层处理机制、综合管理执法机制和"双向"考评工作机制，形成了一个闭环的"全响应"运行系统。通过建立完善六大运行机制，西城区全响应社会治理创新取得了实实在在的进展。

三 以推动多元主体参与为方向

社会治理与传统的社会管理不同之处就在于多元主体的参与，西城区全响应社会治理创新也不例外，推动多元主体更好地参与社会治理是西城区全响应社会治理创新的本义，也是其不断努力的方向。无论是从全响应主体、三网融合看，还是从信息化手段、协同治理、运行机制、八大响应链看，我们都可以看到西城区全响应社会治理创新体系在推动多元主体参与方面的努力和进展。目前，西城区全响应社会治理创新体系已经初步构建起多元主体共同参与、协同合作的社会治理格局，但推动多元主体深度地参与社会治理创新是西城区全响应社会治理创新的努力方向。

四 以民生需求为导向

民生需求是西城区全响应社会治理创新的方向。西城区全响应社会治理创新的内在动力主要来源于居民群众社会服务管理需求的不断升级。在传统的社会服务管理模式中，居民群众有问题诉求要通过社区、街道、各委办局等层层上报或通过热线电话、网络不断转达，最后到达真正有职有责的人员那里，耗时长，反应慢，效率低，缺乏监督。一些城市管理问题和社会问题产生后，居民群众发现后不知向哪个部门报告，而具有执法或处置职能的部门或人员则迟迟不知道问题的出现，信息的传递路径不明，反应渠道不畅通，反应链条较长，社会服务管理的供给与需求发生严重脱节。西城区全响应社会治理创新坚持以民生需求为导向，坚持以民生需求和各类问题来引导西城区全响应社会治理创新的推进和完善，实现对社会服务管理的扁平化管理。北京市西城区在推进全响应社会治理创新的过程中，工作实践中实际面临着三套既有一定联系又相互交叉的网格化社会服务管理系统，这就是分别由城市管理部门主导的城市管理网格、由社会建设部门主导的社会服务网格和由综治公安部门主导的治安防控网格。在实际操作中，三套由不同部门主导的网格都需要在基层街道办事处和社区辖区实施和操作，给基层实际工作带来了很大的不便和一定的混乱。在这种背景下，西城区及时调整思路，加强了三个部门的协调沟通力度，按照"完整性、便利性、均衡性、差异性"的原则，三个部门形成统一的网格划分标准，共划分 1541 个网格，完成了网格空间标绘，形成 GIS 电子地图，城市管理、社会服务、治安防控、行政执法、基层自治力量和社会力量等各种力量整合配置到不同网格，实现了城市管理网格、社会服务网格和治安防控网格的三网融合，城市管理、社会服务、治安防控、行政服务和应急管理等社会服务管理事项全部在全响应社会治理信息系统中实现。

五　以完善服务为核心

西城区推进全响应社会治理创新的目的是为居民群众提供更好的社会服务管理，因此完善服务是西城区全响应社会治理创新的核心所在。西城区坚持以建设服务型政府为目标，在推进全响应社会治理创新的过程中，从民生需求问题的导向出发，着眼于为社会单位和居民群众提供更加精准、更加优质的社会服务管理，紧紧围绕社会服务管理需求的准确及时收集、汇总分析、分派处置、在线监督、评价考核等流程，明确各个部门、各个单位、各项服务的法律政策依据、工作标准、工作时限、考核要求等内容，不断推动各部门、各单位服务管理水平的完善和提升。

六　以信息化手段为支撑

与其他社会治理创新一样，西城区全响应社会治理创新也充分利用了现代信息技术，信息化技术手段为西城区全响应社会治理创新提供了强有力的支撑。截至 2017 年 4 月，西城区全响应社会治理信息系统建设的进展具体表现为：一是西城区构建了"1 + 5 + 15"的区级全响应社会治理平台框架，其中"1"是指西城区全响应社会服务管理指挥中心，"5"是指区民政局、区综合行政服务中心、区城管监督指挥中心、区综治办、区应急办的数据库，"15"是指 15 个街道全响应分平台，同时还与西城区 44 个委办局分中心、161 个社区的信息系统进行了互联互通。二是西城区全响应社会服务管理指挥中心实现了五种数据资源包括社会服务、社会管理、行政服务、城市管理和应急管理五种数据资源的整合。三是西城区全响应社会服务管理指挥中心将站、队、所纳入街道指挥调度系统流程中，基本建成了两级指挥、三级平台、四级管理、逐级上报、社会参与，不同层级服务中心、服务管理机构和部门之间网络互联互通，信息共享和业务协同的四级联动运行模式，实现了在区级层面对街道办理事项的数据监控、GIS 展示和视频监控功能，在街道层面实现了在街道门户辖区案件监控及 GIS 展示，整合了城市管理分中心和街道指挥调度系统，实现了全响应事项、城市管理案件、访听解、应急值守事项在街道平台的统一待办。四是汇集了多种来源的信息资源，如街道全响应事项、城市管理案件、应急值守、大信访、非紧急求助、访听解、社区网上服务、随手拍、人口库、地理信息、降雨量、服务商、网格等信息，开始了对资源数据的深度整合和挖掘分析。

七　以街道统筹为重点

街道统筹是西城区全响应社会治理创新的重点工作。在西城区城市服务管理体制改革和全响应社会治理创新的整体设计中，街道办事处被赋予极为重要的位置，是西城区全响应社会治理创新的主要推进器，是统筹相关科站队所和社会力量的主要平台，更是西城区全响应社会治理信息系统的重要枢纽。这主要体现在以下几个方面：一是赋予各街道办事处统筹辖区服务管理的职能，街道办事处可以对辖区各科站队所和驻区单位进行统筹协调指挥监督；二是街道办事处、社区和网格在社会服务管理事项的处置中具有优先处置权，大量的社会服务管理事项在街道层面得到了有效的处置，基本实现了"小事不出社区、大事不出街道、难事区内统筹"的目标；三是通过改革推动人财物资源进一步向街道办事处倾斜，确保各街道办事处有更强的人力、更强的物力、更足的财力提供更多的社会服务管理。因而，街道办事处成为西城区全响应社会治理创新成败的关键所在。

八　以协同治理为路径

协同治理是西城区全响应社会治理创新的重要路径。在传统的社会服务管理中，条块分割、部门分割、政社分离、社会参与乏力等是人们批评较多的问题，造成社会服务管理出现问题时不断被推脱，不同部门或不同单位之间反复扯皮，导致社会服务管理效率低下，引发居民群众的不满。西城区全响应社会治理创新着力破解条块分割、部门分割、政社分离、社会参与乏力等突出问题，通过全响应社会治理信息系统的规划建设，构建了一条部门连通、上下（区及各委办局、街道与科站队所、社区、网格）连通、政社连通、网格连通的协同治理路径。

第四节　本书的基本思路、研究方法和基本框架

德国著名社会学家马克斯·韦伯在《社会学基本概念》一文中曾经指出，"社会学就是这样一门科学：它以解释的方式理解社会行动，并将据此而通过的过程和结果对这种活动作出因果解释"。《北京市西城区全响应社会治理创新研究》是基于西城区全响应社会治理创新实践探索经验的一个总结型案例研究，是对西城区全响应社会治理创新前期探索的一种总结和反思，是通过解释西城区全响应社会治理创新的过程和结果来理解西城区全响应社会治理创新实践的一种尝试。从 2010 年的开始试点至 2017 年的不断发展，西城区全响应社会治理创新从试点到全面推广，既取得了明显的进展和成效，也面临着进一步提升提速的压力和要求。因此，认真总结梳理西城区全响应社会治理创新取得的经验，剖析西城区全响应社会治理创新面临的形势、存在的问题及其成因，寻找西城区全响应社会治理创新的突破方向，是本书的主要目标。

一　本书的基本思路

德国著名社会学家马克斯·韦伯在《社会科学认识和社会政策认识中和"客观性"》一文中指出，"社会科学的对象是文化事件"。而"文化事件的规定包含着两种基本的要素，这就是价值与意义"。自从 2012 年开始接触到西城区全响应社会治理创新的探索以来，我一直在跟踪研究西城区全响应社会治理创新，并参与其中一些制度设计的思考与讨论。同时，作为研究人员，如何将西城区全响应社会治理创新的实践总结梳理出来，让更多的学者和社会各界了解西城区全响应社会治理创新，一起探讨和分析西城区全响应社会治理创新这一"文化事件"的"价值和意义"，这是我们组织写作本书的目的。基于这些考虑，这些年来，我们一边调研一边阅读，一边收集资料数据一边分析整理，一边观察一边思考，一边讨论一边写作，最后形成了本书写作的基本思路：就是在概括

介绍西城区全响应社会治理创新的产生背景、主要概念和内容体系的基础上，从西城区全响应社会治理创新的逻辑起点出发，分别论述西城区全响应社会治理的理论基础、发展历程、主要特点，然后再分别论述西城区全响应社会治理创新的运行机制、政府协同、社会协同和技术支撑，最后用一章的篇幅对西城区全响应社会治理创新进行一定的总结提升。目的就是将西城区全响应社会治理创新的主要内容和特色提炼出来，将西城区全响应社会治理创新的实践放在中国推进社会治理创新的大背景下进行考察，认识和思考西城区全响应社会治理创新这一"文化事件"所带来的治理变革的"价值与意义"。

二　本书的研究方法

作为一个总结案例研究，本书根据研究需要综合使用的研究方法主要有文献研究、座谈交流、小组研讨和比较研究等。

1. 文献研究。所谓"文献研究法"主要是指"搜集、鉴别、整理文献，并通过对文献的研究而形成对事实的科学认识的方法"。文献研究法一般"包括五个基本环节，即提出课题和假设、研究设计、搜集文献、整理文献和进行文献综述"。在本书的策划和写作过程中，课题组通过实地调研、参加研讨会等形式搜集了西城区全响应社会治理创新实践和外地开展网格化社会治理创新的很多素材。由于西城区全响应社会治理创新研究总体上是一个探索性、总结性研究，所以，在研究过程中我们使用了不少参考文献，并专辟一章进行西城区全响应社会治理创新的理论基础梳理，但总体上全书都是围绕总结西城区全响应社会治理创新的实践进行的。通过文献研究法，我们试图将西城区全响应社会治理创新的探索放在社会治理或协同治理的知识谱系中进行解读和对话。

2. 座谈交流。所谓"座谈交流"是指由训练有素的主持人以非结构化的自然方式对一小群调查对象进行的访谈，是一种最重要的定性研究方法。在这个过程中，我们紧紧围绕西城区全响应社会治理创新的主题，先后深入西城区社会建设办公室、西城区城市管理监督指挥中心、德胜街道、什刹海街道、西长安街街道、大栅栏街道、天桥街道、新街口街道、金融街街道、陶然亭街道、月坛街道、广内街道、牛街街道、白纸坊街道和广外街道等进行调研座谈，与大量的全响应社会治理创新一级策划者、指挥者、工作人员进行交流，获取了大量关于全响应社会治理创新的新鲜素材和观点看法。

3. 小组研讨。为了进一步深化对西城区全响应社会治理创新的认识和思考，课题组相关成员分别邀请相关专家，紧紧围绕西城区全响应社会治理创新的主要议题，如框架结构、理论基础、逻辑起点、发展历程、主要特色、运行机制、政府协同、社会协同、技术支撑及未来展望等内容进行了多次反复研讨，进一步明晰了研究思路、破解了一些研究难题，明确了下一步的研究方向和重点，为全书的顺利完成提供了重要的保证。

4. 比较研究。西城区全响应社会治理创新的探索实践是在中国经济社会发展到一个新的发展阶段的产物。与西城区全响应社会治理创新的探索实践差不多同时，全国有多地也在进行网格化社会服务管理的探索创新，如北京市东城区和朝阳区，上海市黄浦区和徐汇区，浙江省舟山市和宁波市，湖北省宜昌市，广东省深圳市等。我们在研究过程中也搜集了一些兄弟城区（市）的经验做法，并进行了简单的比较研究。

三　本书的基本框架

经过反复的思考、探讨和调整，课题组最终确定了本书的基本框架，本书共分十章（见图1-6）。

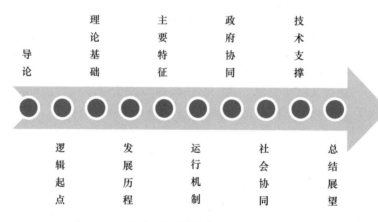

图1-6　西城区全响应社会治理创新全书框架图

其中第一章的主要任务是整体性地介绍西城区全响应社会治理创新

的背景、概念、内涵、内容体系及全书框架等。第二章讲西城区全响应社会治理创新的逻辑起点，介绍西城区民生需求的现状等内容，说清楚西城为什么要开展全响应社会治理创新。第三章讲西城区全响应社会治理创新的理论基础，主要从四个理论角度概括性地介绍西城区全响应社会治理创新的理论基础，既介绍相关理论的主要内容，同时又重点分析该理论与西城区全响应社会治理创新的关系。第四章讲西城区全响应社会治理创新的发展历程，在介绍国内北京市东城区、上海市黄浦区和徐汇区、浙江省舟山市和宁波市、湖北省宜昌市和广东省深圳市的网格化管理经验基础上，主要结合西城区全响应社会治理创新的发展脉络，将西城区全响应社会治理创新的探索梳理清晰，对每一阶段出台的主要文件、工作进展及工作成效等进行清晰的介绍。第五章主要分析西城区全响应社会治理的主要特点，主要结合西城区全响应社会治理创新的实践，对西城区全响应社会治理创新的特点进行自己的梳理。第六章主要讲西城区全响应社会治理创新的运行机制，主要对西城区全响应社会治理的六大运行机制和八大响应链进行描述和分析。第七章主要讲西城区全响应社会治理创新的政府协同，主要对西城区全响应社会治理创新政府协同的总体设计和协同实践进行描述分析。第八章主要讲西城区全响应社会治理创新的社会协同，主要对西城区全响应社会治理创新社会协同的情况进行描述分析。第九章主要讲西城区全响应社会治理创新的技术支撑，主要结合西城区全响应社会治理信息化规划和西城区全响应社会治理信息系统运行的相关数据进行重新梳理。第十章主要讲西城区全响应社会治理创新的回顾和展望。主要对西城区全响应社会治理创新进行简要的总结和提升、简要分析存在的问题，实施推广的条件，并提出下一步的展望，为下一步的改革提供建议。

第 二 章

西城区全响应社会治理创新的逻辑起点

第一章简要地概述了西城区全响应社会治理创新产生的背景、主要概念、内容体系和全书的框架，为我们粗线条地描绘了西城区全响应社会治理创新的概貌。从第二章开始，就要开始系统地描述分析西城区全响应社会治理创新的具体内容。那么，北京市西城区全响应社会治理创新因何而生，为何而来，这是我们探讨、研究、分析、总结西城区全响应社会治理创新的重要出发点，也是第二章应该回答的首要问题。"民有所呼，必有所应。"社会民生需求是西城区全响应社会治理创新的逻辑起点和重要的原动力，是西城区全响应社会治理创新的工作导向，是西城区委区政府开展社会服务管理工作的重要依据和风向标。更好地回应和满足民生需求是西城区全响应社会治理不断发展、不断推进、不断完善、不断创新的动力所在。

工作实践中，民生问题是各级党委政府普遍关注的重点问题。任何社会的正常运行都离不开社会财富的生产和分配，其中社会财富的生产直接关系着民众的创业、就业等问题，社会财富的分配既包括初次分配，也包括再分配，这些都与"民生"问题息息相关。因此，民生问题，既涉及民众的发展机会、发展能力、创业和就业等问题，还涉及民众在社会财富初次分配中的基本生计和劳动报酬等问题，也涉及社会财富再分配的社会福利、社会保障、社会服务等问题。郑功成教授曾经指出，"当下，中国已经进入后改革开放时代，社会急剧变迁。社会变迁所带来的社会风险不容忽视，而风险的背后实质就是民生问题"[①]。尽管现实生活

---

① 郑功成：《关注民生》，人民出版社 2004 年版，第 3 页。

中"风险"的范畴十分广泛，但"民生"问题对社会治理的重要性已经揭示无疑。西城区紧紧抓住民生问题推动全响应社会治理创新的探索实践，为践行习近平总书记倡导的"人民对美好生活的向往，就是我们的奋斗目标"提供了一个现实的借鉴对象。

第一节　西城区全响应社会治理创新的产生与民生需求

什么是民生呢？春秋时期，齐国著名的政治家管仲第一次明确地提出以"以人为本"的思想，他说，"夫霸王之所始也，以人为本，本治则国固，本乱则国危"①。"民生"一词古代早已有之，如《左传·宣公十二年》就指出，"民生在勤，勤则不匮"。我国的传统思想十分重视民生问题，中国古代思想家和政治家曾经提出过许多重民、爱民、惠民、教民、安民等民本思想，如"民惟邦本，本固邦宁""政之所兴，在顺民心""忧民之忧者，民亦忧其忧""民为贵，社稷次之，君为轻""轻徭薄赋，休养生息"，等等。

新中国成立以来，中国共产党始终把解决好人民的生产生活问题作为治国理政的重要内容，为此开展了艰辛的探索，既取得了一定的成绩，也走过一些弯路。中国共产党重视"民生"的主要表现体现在中国共产党明确地把自己的根本宗旨确定为"全心全意为人民服务"。党的十八大以来，党中央把民生放在"四个全面"战略布局加以统筹谋划，"民生"问题被提到前所未有的新高度。西城区全响应社会治理创新的产生有着独特的条件，既与西城作为首都功能核心区长期受首善意识的熏陶密切相关，更与西城区作为已经建成多年的老城区的特点相关。一方面是一心想为居民群众和社会单位提供更好的服务，另一方面是滞后的基础设施和略显不足的服务设施，这样一道难题就这样摆在西城区委区政府的面前。如何有效地破解这一难题，为辖区居民群众和社会单位提供良好的公共服务，成为西城区委区政府和各街道办事处必须解答的一个课题，全响应社会治理创新的探索实践就是他们提交的一份答卷。

---

① 管子：《管子》第二册，商务印书馆1936年版，第8页。

一　区情民意是全响应社会治理创新产生的土壤

北京市西城区既是国家政治中心、国家文化中心、国家科技创新中心和国际交往中心及其他城市功能的重要载体，又是普通北京市民生产、生活、休闲、娱乐等的重要城市空间。西城区既是首都功能核心区，服务中央的任务十分繁重，同时又是北京市的老城区之一，一些街道、社区的市政基础设施已经显得老旧破损，公共空间相对狭窄，公共服务设施显得有所不足，等等，成为西城区社会服务管理工作的"短板"。这些"短板"的存在极大地制约了广大市民生活质量的提升，难以很好地满足居民群众的日常生活需求。

当前，在西城区50.7平方公里的土地上，共生活着162.2万人口，西城区人口密度高达3.2万人/平方公里。这个人口密度与世界其他大城市相比，也是相当高的。考虑到西城区主要以历史文化风貌保护区和低层楼房为主的建筑格局，更加凸显了西城区的城市空间紧张。人口的高度聚集，进一步稀释了西城区作为老城区本来就较为紧张的社会服务管理资源，凸显了较为滞后的市政基础设施"短板"，在一定程度上影响了广大市民生活质量的提升与改善。随着广大市民服务需求的不断提升，西城区社会服务管理的"短板"效应越来越突出，广大市民对西城区社会服务管理方面的需求越来越集中，社会服务管理完善的任务越来越重，对社会服务管理的要求越来越高。在这个过程中，西城区因势利导，辖区的月坛街道、德胜街道等单位为了更好地回应和满足居民的服务需求，在西城区相关部门的指导和鼓励下，率先开始了全响应社会治理创新的早期探索，为西城区全响应社会治理创新的形成提供了宝贵的实践经验。试点街道的成功经验，进一步推动了西城区全响应社会治理创新在全区的推广和普及。

二　定期调查是了解掌握民生需求的重要渠道

民生需求是西城区全响应社会治理创新产生的重要动力。西城区坚持把社会民生的需求作为全响应社会治理创新的工作导向，那么，西城区又是如何了解和把握居民的服务需求呢？西城区的做法一是委托专业机构定期开展社情民意调查，及时了解掌握民生需求；二是在全区开展"访民情、听民意、解民难"工作，通过面对面的交流沟通全面感知居民群众关心的热点难点问题。结合对社情民意的汇总梳理和分析研判，西城区定期发布"西城区社情民意调查分析报告""西城区社情民意监测报告"，将收集梳理好的各类热点难点问题纳入区街两级办实事计划，形成长效的工作机制，作为全响应社会治理工作体系的工作重点，通过全响应社会治理工作体系等努力推动民生各类热点难点问题的解决，逐步改善西城区居民群众的生活环境。下面从第二节到第七节，我们以北京市西城区2011—2013年社情民意调查分析报告、社情民意监测报告及"访听解"工作情况分析报告等材料①为基础，对北京市西城区全响应社会治理创新的民生需求进行简要的分析，从而为更加全面深切地体会西城区全响应社会治理创新的运行提供一定的感性认识。

从2011年至2013年，北京市西城区与相关机构合作，先后共开展了6次社情民意的调查分析，1次"访听解"工作情况的分析。其中2011年调查1次，2012年调查3次（社情民意调查2次和"访听解"工作调查1次），2013年调查3次。调查的频率从2011年的一年一次发展到2012年的半年一次，到2013年每个季度一次，调查工作也越来越规范，调查指标体系也越来越完善合理，调查结果的动态变化在一定程度上也体现了西城区全响应社会治理创新体系的工作进展、成效和不足。据2011—2013年北京市西城区委社会工作委员会、北京市西城区人民政府社会建设办公室组织街道社区开展的社区基本公共服务调查和社情民意调研结果表明，登记、审核等行政类服务的提供已经基本能够满足社区居民的需求，居民们反映的问题主要集中在社会服务、城市管理、城市建设、社会管理、行政服务②等方面。其中社会服务、城市管理、城市建

---

① 本章的相关素材主要来自西城区社会建设工作领导小组办公室：《社会民生需求调查动态》，2013年10月。

② 经过2011年和2012年的探索，从2013年开始，西城区将社情民意监测调查的12个一级指标、58个二级指标修改调整为5个一级指标、15个二级指标和64个三级指标。其中一级指标包括社会服务、社会管理、城市建设、城市管理和行政服务。社会服务又具体包括公共服务与生活设施、文化娱乐、就业保障、低保、养老保障、教育、医疗7个二级指标，社会管理包括市场秩序监管、社会治安和公共安全、流动人口管理3个二级指标，城市建设包括道路交通1个二级指标，城市管理包括市容环境和公共卫生、住房和拆迁2个二级指标，行政服务包括基层政府职能和政府作为2个二级指标。当然，如果仔细分析，这个调查指标体系也有值得商榷和改进的地方。

设、社会管理等方面的问题和需求相对较为突出，是历次社情民意调查或监测集中反映的主要问题，成为西城区亟须解决的民生问题（见图2-1）。

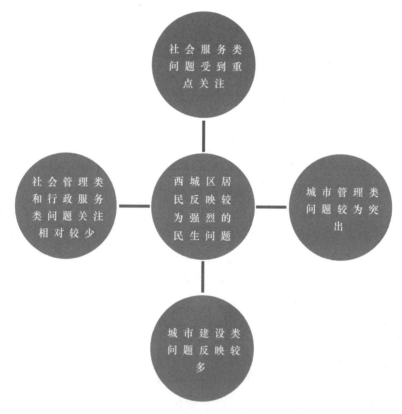

图2-1 西城区居民反映较为强烈的主要民生问题

第二节 西城区居民重点关注"社会服务"类问题

以前人们讲"公共服务"的概念比较多，"社会服务"的概念用得相对较少，社会服务与公共服务的概念时常被人们混淆。有人认为社会服务就是公共服务，有人认为公共服务包含社会服务，也有人认为社会服务包含公共服务。从目前学术界的研究来看，社会服务主要有非现金支付（如救济），主要针对人群中的困难群体、边缘群体、脆弱群体和问题群体；针对个人的人身服务，有政府供给、非营利性组织独立供给和政府与非营利性组织合作供给三种供给方式，不以营利为目的，主要采用免费或弥补部分成本收费的形式，具有无偿性或低偿性，服务的实施人员主要有专业社会工作者、志愿者、护理人员、家政人员、教师、医生等，服务方式包括家庭帮助、他人照料、康复治疗、心理疏导、教育培训、咨询指导、行为矫治、互助支持等特点①。从社会服务的这些特点看，"社会服务"和"公共服务"还是十分接近的。

西城区社情民意监测所用的"社会服务"概念并不是严格学术意义上的"社会服务"概念，主要包括公共服务和生活设施、文化娱乐、就业保障、低保、养老保障、教育、医疗等二级指标。其中"公共服务和生活设施"又包括社区公共服务设施、社区服务丰富性、购物便捷性、社区公共安全防护等三级指标。"文化娱乐"包括社区健身设施和活动场所、社区文娱活动等三级指标。"就业保障"包括就业帮扶和职工权益，低保包括贫困、弱势群体救助，应保尽保等三级指标。"养老保障"包括老年人权益保障、高龄群体保障、老年饭桌、老年精神慰藉、养老服务券使用等三级指标。"教育"包括教育资源、教育收费、教学质量、学校管理等三级指标。"医疗"包括医院就医、社区医疗、药品监管、医疗费用、医疗保险等三级指标②。

一　2011 年"社会服务"类需求旺盛

从 2011 年西城区社情民意调查结果看，西城区居民对社会服务反映的问题主要包括老旧小区及社区设施亟待改善，养老助残服务尚不能满足需求、就近就医还没有完全解决、买菜远买菜贵问题、社区居民身心健康类服务不足、知识型服务尚需加强等。

具体表现为，西城区老旧小区、平房胡同多，社区环境问题相对突出。在参加 2011 年社情民意调查的 14 个街道中，有 9 个街道反映住房条件及社区设施落后，水、电、热、管线等设施需整治。有 6 个街道反映

---

①　张序：《社会服务：一种重要的公共服务》，载《中国青年报》2013 年 7 月 8 日第二版。

②　西城区社会建设领导小组办公室：《社会民生需求调查动态》，2013 年 10 月，第 56 页。

养老助残券的使用网点较少、老旧小区开办老年餐桌难等养老服务问题。有5个街道反映社区卫生服务站数量少，药品不丰富，居民看病开药不方便。部分面积较大的街道反映，社区卫生服务站较为分散，居民不能就近就医。有5个街道反映，居民买菜不方便，希望增加便民蔬菜点或大型超市，让居民买菜更方便一些。有3个街道反映，文化场馆与文化广场等文化休闲场所不足。

在社区公共服务调查中，社区普遍反映垃圾分类服务不好落实，垃圾分类投放站按照面积6—8m²/100户设置能够落实的仅66.7%。在社区绿化方面，以社区为单位组织的绿化美化活动较少，社区绿化率低，约25%的社区未达到35%的绿化率标准。调查结果显示，西城区约有30%的社区存在托老（残）所及养老院建设不足的问题，有29%的社区在开展老人日间照料、全寄养照料、休闲娱乐等服务无法满足需求；约25%的社区在残疾人职业康复、日间照料等服务方面还不能满足。有10%的社区反映还没有被社区卫生服务所覆盖。调查结果显示，居民对社区健身场所与设施的满足率仅为76.8%，居民们普遍反映社区缺乏健身场所与设施。居民们对社区心理咨询场所的满足度也较低，仅为64.7%，主要问题是社区心理咨询场所较少，不能满足居民的心理咨询需求（见表2-1）。

表2-1　　　　　　　**2011年西城区社情民意调查主要结果**

街道反映的问题需求	反映该问题街道数量（个）	反映该问题街道占西城区参加调查街道总数的比例	社区反映的问题需求	反映该问题社区占西城区社区总数的比例
住房条件及社区设施落后，水、电、热、管线等设施需整治	9	64.28%	未达到35%的绿化率标准	25%
养老助残券的使用网点较少、老旧小区开办老年餐桌难	6	42.85%	存在托老（残）所及养老院建设不足的问题	30%

续表

街道反映的问题需求	反映该问题街道数量（个）	反映该问题街道占西城区参加调查街道总数的比例	社区反映的问题需求	反映该问题社区占西城区社区总数的比例
社区卫生服务站数量少，药品不丰富，居民看病开药不方便	5	35.71%	开展老人日间照料、全寄养照料、休闲娱乐等服务无法满足需求	29%
居民买菜不方便，希望增加便民蔬菜点或大型超市	5	35.71%	残疾人职业康复、日间照料等服务方面还不能满足	25%
文化场馆与文化广场等文化休闲场所不足	3	21.42%	还没有被社区卫生服务覆盖到	10%

数据来源：西城区社会建设领导小组办公室：《社会民生需求调查动态》，2013年10月。

在2011年社区公共服务调查中，居民们需求满足率最高的25个服务项目分别是社区老年人（残疾人）优待服务的高龄老年人津贴初审公示（需求满足比例100%）、办理残疾人证和社区老年人优待卡（需求满足比例100%）、优待证的初审及发放（需求满足比例100%），同时，居民需求满足率较高的公共服务还有社区企业退休人员服务、社区低保人员救助服务、社区特殊群体帮扶服务、社区计划生育服务、社区独生子女家庭服务、社区治安服务、社区老年人（残疾人）居家养老服务、社区临时救助服务等。居民需求满足率较低的15项服务（54.51%—74.91%）分别是社区便民商业服务（4项）、社区环境综合治理服务（2项）、社区托老（残）服务（2项）、社区绿化美化服务、社区群众体育健身服务、社区网络信息服务、社区居民体质测试服务、社区急救保健服务、社区心理咨询服务、社区物技防设施建设服务等，需要引起相关部门的关注和重视。具体说来，西城区社会服务类需求主要体现在"老旧小区"的改造需求、教育需求、就医需求、购物及生活便捷性等方面。

（一）2011 年"老旧小区"改造需求强劲

2011 年西城区社情民意调查反馈的意见建议主要集中在"老旧小区""煤改电""电表改造""危改回迁小区物业服务"等问题，其中"老旧小区"问题反映多达 17 项，有 5 个街道均反映了"煤改电"等问题。强劲的"老旧小区"改造需求从一个侧面反映了西城区作为老城区的一个重要特点及面临的现实困难，这类问题几乎遍及西城区 15 个街道办事处辖区，南城的 8 个街道办事处尤为突出，如白纸坊街道、广内街道、广外街道、牛街街道等，北城的新街口街道、德胜街道也有居民反映了此类问题。

（二）2011 年"教育"方面的需求旺盛

这些年来，西城区一直在努力推进中小学教育资源的均衡分布，为此采取了很多措施，取得了一定的成效，因此相对而言，教育方面的需求在各街道的反映并不相同，但部分街道办事处辖区受制于各种因素，教育资源依然存在着供不应求的矛盾，南城地区和北城地区均有居民反映此类问题。其中什刹海街道、陶然亭街道、月坛街道、广外街道、新街口街道的居民强烈反映了教育方面的问题和需求。

（三）2011 年就医需求满足度不高

尽管西城区汇集了为数众多的知名医院，医疗资源十分丰富，但不少居民依然反映了医疗卫生方面的问题。这一问题凸显了当前医疗卫生资源配置的不合理。白纸坊街道、牛街街道、月坛街道、德胜街道、广外街道的居民均反映了医疗卫生方面的问题和需求。

（四）2011 年"购物及生活便捷性"有待改进

西城区地理位置十分重要，但作为老城区，西城区也有不少短板，如购物和生活便捷性就显得相对不足。其中白纸坊街道、德胜街道、展览路街道、天桥街道、大栅栏街道、广外街道的居民反映了买菜难或购物不方便等问题。什刹海街道、白纸坊街道、广外街道部分居民反映了如厕难的问题。广外街道有居民反映洗澡难的问题。什刹海街道、牛街街道、天桥街道的居民反映了有线电视机顶盒发放不及时的问题，德胜街道部分居民反映请保姆难、养老难的问题，新街口街道反映信报箱缺失的问题等。

二 2012 年"社会服务"类需求依然突出

2012 年上半年西城区社情民意调查结果显示,西城区的养老服务、基础设施、购物及生活便捷性、健身、卫生医疗、教育等需求依然较为突出。西城区相关部门主持召开的三次居民代表座谈会,居民代表集中提出了"养老院建设不足""老年人优待卡使用不方便""老年人中午的吃饭问题""高龄老人的护理""找不到称心的保姆"等 14 个问题,占问题总数的 17%。2012 年上半年西城区居民依然集中反映"买菜远""买菜贵""购物不方便"等问题,居民们希望能够增加便民蔬菜点和大型超市。

2012 年下半年西城区社情民意调查结果表明,居民提出的问题主要包括公共服务和生活设施、医疗、文化娱乐、教育、就业和低保等问题。其中公共服务和生活设施问题 181 条,医疗问题 166 条,文化娱乐问题 166 条,教育问题 77 条,就业和低保问题 52 条。公共服务和生活设施问题、安全隐患和购物便捷性问题较为突出,具体问题为房屋陈旧、电线老化、消防通道阻塞、平房燃煤取暖、居民买菜难、周边缺乏综合性超市等。医疗方面主要反映医疗费用过高、就医难等问题。文化娱乐方面,主要表现为部分地区健身设施、活动场所缺乏,部分地区的健身设施受损未能得到及时的维护,存在一定的安全隐患。教育方面主要反映幼儿入托难、入托贵等问题,就业和低保方面主要体现在低保制度还不完善,特别是对低保人员的监督管理还不到位等。

三 2013 年"社会服务"类需求持续上升

2013 年前三季度西城区共开展了 3 次社情民意监测,从 2013 年前三季度西城区社情民意监测结果看,"社会服务"类需求依然较为强劲。其中 2013 年第一季度西城区社情民意监测共收到居民提出的各类问题 2455 条、建议 1444 条。其中涉及"社会服务"的问题共 819 条,排在第二位,涉及"社会服务"的建议 515 条,排在第一位。

从 2013 年第一季度各街道二级指标情况看,德胜街道涉及"公共服务和生活设施"的意见共 20 条,排在第三位,占街道意见总数的 8.7%。西长安街街道涉及"公共服务和生活设施"的意见共 14 条,占第三位，占街道意见总数的 17.5%。天桥街道涉及"文化娱乐"的意见共 13 条，并列排在第二位，占街道意见总数的 16.25%。新街口街道涉及"文化娱乐"的意见共 30 条，排在第三位，占街道意见总数的 13.76%。金融街街道涉及"公共服务和生活设施"的意见共 23 条，占第三位，占街道意见总数的 14.29%。椿树街道涉及"文化娱乐"的意见共 11 条，占第三位，占街道意见总数的 12.94%。陶然亭街道涉及"养老保障"的意见最多，有 20 条，占街道意见总数的 14.60%。月坛街道涉及"文化娱乐"的意见共 25 条，占第三位，占街道意见总数的 10.87%。广内路街道涉及"文化娱乐"的意见共 22 条，占第二位，占街道意见总数的 15.49%。牛街街道涉及"文化娱乐"的意见共 14 条，占第三位，占街道意见总数的 11.02%。白纸坊街道涉及"养老保障"的意见共 27 条，占第三位，占街道意见总数的 17.88%。广外街道涉及"医疗"的意见 18 条，与"流动人口管理"并列第三位，占街道意见总数的 7.59%（见表 2 - 2）。

表 2 - 2　　　　2013 年第一季度"社会服务"二级指标需求度

街道名称	社会服务的二级指标	意见数量	意见排位	占街道意见总数的比例
德胜街道	公共服务与生活设施	20	3	8.7%
西长安街街道	公共服务与生活设施	14	3	17.5%
金融街街道	公共服务与生活设施	23	3	14.29%
天桥街道	文化娱乐	13	2	16.25%
新街口街道	文化娱乐	30	3	13.76%
椿树街道	文化娱乐	11	3	12.94%
月坛街道	文化娱乐	25	3	10.87%
广内街道	文化娱乐	22	2	15.49%
牛街街道	文化娱乐	14	3	11.02%
陶然亭街道	养老保障	20	1	14.60%
白纸坊街道	养老保障	27	3	17.88%
广外街道	医疗	18	3	7.59%

数据来源：西城区社会建设领导小组办公室：《社会民生需求调查动态》，2013 年 10 月。

2013 年第二季度社情民意监测共收集到居民意见 2690 条，建议 1571 条。其中涉及"社会服务"的问题共 867 条，第二多；涉及"社会服务"的建议共 555 条，最多。在参加调查的西城区 255 个社区中，反映"社区健身设施和活动场的"的社区 147 个，居民共提出 194 条意见，反映"购物便捷性"的社区 79 个，居民共提出 104 条意见，反映最强烈的是大栅栏街道，9 个社区中有 7 个社区的居民反映周边缺少便利超市和便民菜站。

从 2013 年第二季度各街道二级指标情况看，德胜街道涉及"公共服务和生活设施"的意见共 24 条，排在第三位，占街道意见总数的 8.57%。西长安街街道涉及"公共服务和生活设施"的意见共 16 条，排在第二位，占街道意见总数的 20%。天桥街道涉及"文化娱乐"的意见共 11 条，排在第二位，占街道意见总数的 17.19%。新街口街道涉及"文化娱乐"的意见共 23 条，排在第三位，占街道意见总数的 12.5%。金融街街道涉及"公共服务和生活设施"的意见共 27 条，排在第二位，占街道意见总数的 17.2%。椿树街道涉及"公共服务和生活设施"和"医疗"的意见各 13 条，与"政府作为"并列排在第三位，占街道意见总数的 10.16%。陶然亭街道涉及"公共服务和生活设施"的意见共 16 条，排在第二位，占街道意见总数的 13.33%，涉及"养老保障"和"教育"的意见各 11 条，并列位居第三位，各占街道意见总数的 9.17%。展览路街道涉及"医疗"的意见共 21 条，与"市场秩序监管"并列排在第三位，占街道意见总数的 9.01%。月坛街道涉及"医疗"的意见共 35 条，排在第三位，占街道意见总数的 13.94%。广内街道涉及"医疗"的意见共 17 条，排在第三位，占街道意见总数的 10.69%。牛街街道涉及"文化娱乐"的意见共 16 条，排在第三位，占街道意见总数的 11.76%。白纸坊街道涉及"医疗"的意见共 21 条，排在第三位，占街道意见总数的 11.60%。广外街道涉及"养老保障"的意见共 26 条，排在第二位，占街道意见总数的 10.88%（见表 2 - 3）。

表 2-3　　　　2013 年第二季度"社会服务"二级指标需求度结果

街道名称	社会服务的二级指标	意见数量	意见排位	占街道意见总数的比例
德胜街道	公共服务与生活设施	24	3	8.75%
西长安街街道	公共服务与生活设施	16	2	20.00%
金融街街道	公共服务与生活设施	27	2	17.2%
椿树街道	公共服务与生活设施	13	3	10.16%
陶然亭街道	公共服务与生活设施	16	2	13.33%
天桥街道	文化娱乐	11	2	17.19%
新街口街道	文化娱乐	23	3	12.5%
牛街街道	文化娱乐	16	3	11.76%
陶然亭街道	养老保障	11	3	9.01%
广外街道	养老保障	26	2	10.88%
白纸坊街道	医疗	21	3	11.60%
月坛街道	医疗	35	3	13.94%
广内街道	医疗	17	3	10.69%
椿树街道	医疗	13	3	10.16%
陶然亭街道	教育	11	3	9.01%

数据来源：西城区社会建设领导小组办公室：《社会民生需求调查动态》，2013 年 10 月。

与 2013 年第一季度相比，反映"公共服务与生活设施"问题较多的街道从 3 个增加到 5 个，增加了 2 个街道；反映"医疗"问题较多的街道从原来的 1 个增加到 4 个，增加了 3 个街道；反映"养老保障"问题较多的街道依然是 2 个，其中陶然亭街道依然反映了这个问题；反映"文化娱乐"问题较多的街道从原来的 6 个减少为 3 个，减少了 3 个街道。涉及"社会服务"问题较多的街道主要有陶然亭街道（共反映了 3 个社会服务类问题）、椿树街道（共反映了 2 个社会服务类问题）。

第三节　西城区居民对"城市管理"类问题反映较为强烈

城市管理是城市发展的一个永恒主题，关系着城市的持续健康稳定安全运行，也是实际生活中与居民日常生活息息相关的一个重要领域，与居民的居住环境、生活质量等有着极为紧密的联系，因此也成为市民

反映的一个热点问题。西城区社情民意监测"城市管理"一级指标下设
"市容环境和公共卫生"和"住房和拆迁"2个二级指标，其中"市容环
境和公共卫生"又下设"社区环境卫生""垃圾车、箱、桶""小区路面
及草地""宠物管理""违章建筑""噪声污染""绿化美化""空气污
染""市容市貌""公厕改建""小广告""施工遗留""拆迁区管理"13
个三级指标。"住房和拆迁"下设"改善住房""老旧房修缮""出租房
管理""物业管理"和"拆迁问题"5个三级指标①。我们可以看到，城
市管理的内容十分丰富，与市民的日常生活息息相关。

一　2011年"城市管理"问题反映集中

2011年西城区社情民意调查结果表明，拆迁及拆迁遗留问题是群众
信访反映的主要问题，主要集中在拆迁与建设项目拖延过久、拆迁安置
的补偿标准前后不一，破坏公平正义、拆迁安置住房距离中心城区太远，
居民不方便等拆迁安置问题。同时，居民们还反映违章建设占有空间，
影响市容环境、社区路灯等照明设施不健全等城市管理问题；经济适用
房审批后，等待房源时间过长、廉租房寻找房源困难等住房问题。

2011年西城区社情民意调查结果表明，在基础设施方面，西城区12
个街道的部分居民主要反映了住房难、下楼难、拆迁遗留、地铁扰民、
基础设施需求等问题。在市容市政环境方面，白纸坊街道、椿树街道、
广外街道、西长安街街道、德胜街道、牛街街道、展览路街道、月坛街
道等主要反映了路灯、绿化、垃圾分类、环境整治等方面的问题。

二　2012年"城市管理"问题反映强烈

2012年，西城区相关部门组织完成的社情民意调查结果表明，西城
区居民对"城市管理"的问题反映主要集中在环境卫生、宠物管理、基
础设施等方面。具体表现在：第一，15个街道办事处均反映了环境卫生
有待改善，在居民提出的意见建议中，环境卫生共64条，占全部意见建
议的15.27%，占市容环境和公共卫生类问题的36.36%。第二，西城区

---

① 西城区社会建设工作领导小组办公室：《社会民生需求调查动态》，2013年10月，
第57页。

群众对不按规定饲养宠物的现象提出了批评意见，主要问题是，部分养狗人素质较低，遛狗时任由狗随地大小便，不及时清理，相关管理部门缺乏有效的管理和处罚措施。居民建议，一是要严格执行宠物管理相关规定，抓紧治理无证养宠物现象。二是要加强对宠物饲养者的文明教育。西城区 15 个街道有 14 个街道的居民都反映存在宠物管理不到位的问题。在居民提出的意见建议中，涉及宠物管理的意见建议有 25 条，占全部意见的 5.97%，占市容环境和公共类问题的 14.2%。三是居民们认为，对违章建筑的整治力度应该加大。调查结果表明，违章建筑不仅存在安全隐患，还影响市容环境，侵占公共空间。西城区 15 个街道中，有 9 个街道的居民对所居住小区的违章建筑共提出了 24 条意见，占全部意见的 5.73%，占市容环境和公共卫生类问题的 13.64%。四是西城区居民对公共设施管理的意见较多。问题主要集中在因下水道排水口少，排水口堵塞影响顺畅排水并造成积水，拆迁区居民反映居住环境差、用水不方便、用电不安全，小区的健身器材不能满足居民需要，垃圾桶数量少，小区内无自行车存放架等。在西城区 15 个街道中，有 11 个街道的居民对公共设施建设提出了意见建议。在居民提出的意见建议中，涉及公共设施建设的意见共 22 条，占全部意见的 5.25%，占公共服务和生活设施类问题的 48.89%。居民主要反映环境卫生、宠物管理、违章建筑、噪声和空气污染、绿化美化、小广告、施工遗留等问题。

三　2013 年"城市管理"问题的反映依然突出

从 2013 年前三季度西城区社情民意监测情况看，"城市管理"类问题十分突出。2013 年第一季度西城区社情民意监测共收到居民提出的各类问题 2455 条、建议 1444 条。其中涉及"城市问题"的问题共 828 条，排在第 1 位，涉及"城市管理"的建议 464 条，排在第二位。从各街道二级指标情况看，德胜街道涉及"市容环境和公共卫生"的意见共 66 条，排在第一位，占街道意见总数的 28.7%。什刹海街道涉及"市容环境和公共卫生"的意见共 71 条，排在第一位，占街道意见总数的 25.54%。西长安街街道涉及"市容环境和公共卫生"的意见共 21 条，占第一位，占街道意见总数的 26.25%。大栅栏街街道涉及"市容环境和公共卫生"的意见共 12 条，占第一位，占街道意见总数的 19.35%。天桥街道涉及"市容环境和公共卫生"的意见共 21 条，占第一位，占街道意见总数的 26.25%。新街口街道涉及"市容环境和公共卫生"的意见共 49 条，占第一位，占街道意见总数的 22.48%。金融街街道涉及"市容环境和公共卫生"的意见共 47 条，占第一位，占街道意见总数的 29.19%。椿树街道涉及"市容环境和公共卫生"的意见共 26 条，占第一位，占街道意见总数的 30.59%。陶然亭街道涉及"养老保障"的意见第二多，有 19 条，占街道意见总数的 13.87%。展览路街道涉及"市容环境和公共卫生"的意见共 78 条，占第一位，占街道意见总数的 32.9%。月坛街道涉及"市容环境和公共卫生"的意见共 67 条，占第一位，占街道意见总数的 29.13%。广内街道涉及"市容环境和公共卫生"的意见共 34 条，占第一位，占街道意见总数的 23.94%。牛街街道涉及"市容环境和公共卫生"的意见共 39 条，占第一位，占街道意见总数的 30.71%。白纸坊街道涉及"市容环境和公共卫生"的意见共 28 条，占第二位，占街道意见总数的 18.54%。广外街道涉及"市容环境和公共卫生"的意见共 62 条，占第一位，占街道意见总数的 26.16%（见表 2 - 4）。

表 2 - 4 　　　　2013 年第一季度"城市管理"类问题需求度

街道名称	城市管理下的二级指标	意见数量	意见排位	占街道意见总数的比例
德胜街道	市容环境与公共卫生	66	1	28.7%
什刹海街道	市容环境与公共卫生	71	1	25.54%
西长安街街道	市容环境与公共卫生	21	1	26.25%
大栅栏街道	市容环境与公共卫生	12	1	19.35%
天桥街道	市容环境与公共卫生	21	1	26.25%
新街口街道	市容环境与公共卫生	49	1	22.48%
金融街街道	市容环境与公共卫生	47	1	29.19%
椿树街道	市容环境与公共卫生	26	1	30.59%
展览路街道	市容环境与公共卫生	78	1	32.9%
月坛街道	市容环境与公共卫生	67	1	29.13%
广内街道	市容环境与公共卫生	34	1	23.94%

续表

街道名称	城市管理下的二级指标	意见数量	意见排位	占街道意见总数的比例
牛街街道	市容环境与公共卫生	39	1	30.71%
广外街道	市容环境与公共卫生	62	1	26.16%
白纸坊街道	市容环境与公共卫生	28	2	18.54%
陶然亭街道	养老保障	19	2	13.87%

数据来源：西城区社会建设领导小组办公室：《社会民生需求调查动态》，2013年10月。

　　2013年第二季度社情民意监测调查结果表明，德胜街道涉及"市容环境和公共卫生"的意见共76条，排在第一位，占街道意见总数的27.14%。什刹海街道涉及"市容环境与公共卫生"的意见共91条，排在第一位，占街道意见总数的24.01%。西长安街街道涉及"市容环境与公共卫生"的意见共13条，排在第三位，占街道意见总数的16.25%。大栅栏街道涉及"市容环境与公共卫生"的意见共24条，排在第一位，占街道意见总数的24.24%。天桥街道涉及"市容环境与公共卫生"的意见共16条，排在第一位，占街道意见总数的25.00%。新街口街道涉及"市容环境与公共卫生"的意见共51条，排在第一位，占街道意见总数的27.72%。金融街街道涉及"市容环境与公共卫生"的意见共35条，排在第一位，占街道意见总数的22.29%。椿树街道涉及"市容环境与公共卫生"的意见共20条，排在第一位，占街道意见总数的15.63%。陶然亭街道涉及"市容环境与公共卫生"的意见共24条，排在第一位，占街道意见总数的20%。展览路街道涉及"市容环境与公共卫生"的意见共94条，排在第一位，占街道意见总数的40.34%。月坛街道涉及"市容环境与公共卫生"的意见共63条，排在第一位，占街道意见总数的25.1%。广内街道涉及"市容环境与公共卫生"的意见共46条，排在第一位，占街道意见总数的28.93%。牛街街道涉及"市容环境与公共卫生"的意见共50条，排在第一位，占街道意见总数的36.76%。白纸坊街道涉及"市容环境与公共卫生"的意见共44条，排在第一位，占街道意见总数的24.31%。广外街道涉及"市容环境与公共卫生"的意见共65条，排在第一位，占街道意见总数的27.20%（见表2-5）。

表 2 - 5　　　　　　　2013 年第二季度"城市管理"类问题需求度

街道名称	城市管理下的二级指标	意见数量	意见排位	占街道意见总数的比例
德胜街道	市容环境与公共卫生	76	1	27.14%
什刹海街道	市容环境与公共卫生	91	1	24.01%
西长安街道	市容环境与公共卫生	13	1	11.25%
大栅栏街道	市容环境与公共卫生	24	1	24.24%
天桥街道	市容环境与公共卫生	16	1	25.00%
新街口街道	市容环境与公共卫生	49	1	27.72%
金融街道	市容环境与公共卫生	35	1	22.29%
椿树街道	市容环境与公共卫生	20	1	15.63%
陶然亭街道	市容环境与公共卫生	24	1	20.00%
展览路街道	市容环境与公共卫生	84	1	40.34%
月坛街道	市容环境与公共卫生	63	1	25.10%
广内街道	市容环境与公共卫生	46	1	28.93%
牛街街道	市容环境与公共卫生	50	1	36.76%
白纸坊街道	市容环境与公共卫生	44	1	24.31%
广外街道	市容环境与公共卫生	65	1	27.20%

数据来源：西城区社会建设领导小组办公室：《社会民生需求调查动态》，2013 年 10 月。

　　与 2013 年第一季度相比，西城区 2013 年第二季度社情民意监测结果表明居民的意见更加集中在"市容环境与公共卫生"，15 个街道收集到的涉及"市容环境与公共卫生"的居民意见数量均为最多，均排名第一位。这从一定程度上说明，"市容环境与公共卫生"成为西城区城市管理的一块"短板"，形成了制约居民生活质量的瓶颈因素，成为居民反映最强烈的问题。

第四节　西城区居民对"城市建设"类问题反映较多

　　据北京市交通管理局统计，截至 2013 年 12 月，北京市机动车保有量已经突破 561 万辆，但停车位不足 250 万个，机动车保有量与停车位数量之比为 2.24∶1。停车资源紧张已经成为北京市特别是中心城区的一大突出问题，因停车资源紧张导致或加剧的违章停车、交通拥堵等问题已经成为居民关注的焦点问题。西城区作为北京首都功能核心区，同时又是老城区，停车资源也是十分紧张。据西城区相关部门统计，截至 2011 年12 月，西城区机动车保有量已经达到 41.2 万辆（含客车、货车、小汽车、摩托车），共有各类停车场 1277 个，总车位 162813 个，机动车停车位缺口达 18 万个，西城区机动车保有量与停车位数量之比约为 2.11∶1。由于西城区老旧小区多，胡同多，平房多，停车位严重不足，社区内普遍存在无序停车、私装地锁等现象，并引发小区内道路堵塞、消防通道被阻等次生的安全隐患及环境秩序等问题，"停车难""违章停车""交通拥堵"成为近几年西城区居民反映最为强烈的问题之一。西城区社情民意监测调查的"城市建设"下设"道路交通" 1 个二级指标，具体包括"道路维修""道路设施""交通拥堵""公共交通发展""违章停车""黑车治理"等三级指标①。

一　2011 年"停车难"问题较为突出

在 2011 年的社情民意调查中，西城区参加调查的 14 个街道有 10 个街道都反映了"停车难"的问题，反映"停车难"的街道占参加调查街道总数的 71.42%。在社区基本公共服务居民调查中，"停车服务"成为居民满意度最低的一项服务，满意度得分仅为 54.51%。白纸坊街道、牛街街道、月坛街道、展览路街道、广外街道、德胜街道、大栅栏街道、什刹海街道、椿树街道、西长安街街道也都反映了停车方面的问题。

二　2012 年"停车难"问题依然突出

在 2012 年上半年的社情民意调查中，参加调查的 15 个街道有 13 个街道的居民反映了停车难的问题，反映"停车难"街道占参加调查街道总数的比重上升到 86.66%，"停车难"的问题依然排在首位。在居民提出的 419 条意见中，涉及"违章停车"的意见达 68 条，占意见总数的16.23%，占道路交通类问题的 55.74%，涉及"交通拥堵"的意见共 18条，占道路交通类问题的 14.75%。

---

① 西城区社会建设工作领导小组办公室：《社会民生需求调查动态》，2013 年 10 月，第57 页。

在 2012 年下半年的社情民意调查中，居民反映的"道路交通"问题共 507 条，排在"市容环境"之后，位居第二位。其中最突出的是"违章停车"和"交通拥堵"问题，共提出 394 条意见，占"道路交通"问题的 77.71%，占全部意见总数的 14.05%。

三　2013 年"城市建设"问题相对缓和

在 2013 年前三季度的社情民意监测调查中，"交通拥堵""违章停车"等作为三级指标放在"城市建设"（下设"道路交通"二级指标）这个一级指标中，居民的反映也变得没以前那么突出。其中 2013 年第一季度居民反映的"城市建设"问题共 450 条。占居民反映问题总数 2455 条的 18.32%，排在"城市管理"（828 条，占总数的 33.72%）和"社会服务"（819 条，占总数的 33.36%）之后。从 2013 年第一季度收集的建议看，涉及"城市建设"的建议 230 条，占建议总数的 15.92%，排在"社会服务"（515 条，占建议总数的 35.66%）和"城市管理"（464 条，占建议总数的 32.13%）之后。从 15 个街道情况看，"道路交通"作为二级指标反映最突出（排名第一位）的街道是白纸坊街道，反映第二突出的街道相对较多，包括德胜街道、什刹海街道、西长安街街道、大栅栏街道、天桥街道、新街口街道、金融街街道、椿树街道、展览路街道、月坛街道、牛街街道、广外街道，反映第三突出的街道有陶然亭街道、广内街道。

2013 年第二季度反映"城市建设"的问题共 496 条，占问题总数 2690 条的 18.43%，依然排在"城市管理"（878 条，占建议总数的 32.63%）和"社会服务"（867 条，占建议总数的 32.23%）之后；收集的涉及"城市建设"的建议 260 条，占建议总数 1571 条的 16.54%，排在"社会服务"（555 条，占建议总数的 35.32%）和"城市管理"（477 条，占建议总数的 30.36%）之后。从 15 个街道情况看，"道路交通"作为二级指标反映最突出（排名第一位）的街道是西长安街街道，反映第二突出的街道相对较多，包括德胜街道、什刹海街道、大栅栏街道、新街口街道、金融街街道、椿树街道、展览路街道、月坛街道、广内街道、牛街街道、白纸坊街道、广外街道，反映第三突出的街道有天桥街道，陶然亭街道的居民对"道路交通"问题反映相对较少。从 2013 年第二季度西城区社情民意监测调查数据看，居民反映的问题仍高度集中，比如在西城区参加调查的 255 个社区中，反映"交通拥堵"问题的社区有 147 个，居民共提出 200 条意见。反映"违章停车"的社区有 144 个，居民共提出 190 条意见。居民对"交通拥堵"方面提的意见从 2013 年第一季度的 150 条上升到第二季度的 200 条。

综合西城区三年社情民意监测调查数据我们可以发现，几年间，居民反映的"停车难"的问题逐渐为"交通拥堵"和"违章停车"等问题所替代。我们理解，主要是因为相关调查机构和居民们都逐渐认识到，"停车难"是一个结构性、长期性的城市问题，指望短期内做较大改善是不太现实的。因此，他们将关注的重点和治理的焦点转向"交通拥堵"和"违章停车"等通过努力可以实现局部改善的"交通建设"等城市建设问题上。相对而言，"城市建设"领域比"城市管理"和"社会服务"领域出现的问题逐渐要少一些，但依然稳定地处于第二位或第三位的位置，依然属于"相对突出"的问题，需要我们花较大力气加以改善。

第五节　"社会管理"类和"行政服务"类问题关注相对较少

与前三类问题相比，西城区居民对社会管理类和行政服务类问题的反映相对较少，这一方面表明，与社会服务类、城市管理类和城市建设类问题相比，居民们对社会管理和行政服务类问题的关注度要低一些。另一方面，也表明西城区的社会管理和行政服务工作较为规范，已经达到较高水平。当然，居民们对出租房屋和流动人口管理等问题的反映依然较多。

一　"社会管理"类问题反映不多

2011 年，西城区社情民意调查居民反映的社会管理类问题并不多，相对"社会服务""城市管理"和"城市建设"，西城区居民对"社会管理"的反映和需求并没有那么强烈。从居民们反映的问题看，主要有 7 个街道反映流动人口管理问题，居民们认为出租房、地下空间和流动人口管理不规范，影响社区环境和治安，存在扰民现象和不安全因素。

2012 年上半年西城区社情民意调查结果表明，广内街道、广外街道、展览路街道居民主要反映周边有无照游商，经常有人掏地沟油，路边乱摆摊位，建议相关部门加强管理。西城区居民还建议，要加强对流动人口的教育培训，提高流动人口的综合素质，增强其社区归属感。2012 年下半年西城区社情民意调查结果表明，西城区居民共提出"流动人口管理"的问题 175 条，"社会治安和公共安全"的问题 68 条，"公共秩序和市场监管"的问题 48 条。

2013 年西城区社情民意监测调查"社会管理"一级指标下设"市场秩序监管""社会治安和公共安全"和"流动人口管理"3 个二级指标。其中"市场秩序监管"下设"市场秩序"和"无照商贩监管"2 个三级指标。"社会治安和公共安全"下设"治安安全""打击不法活动"和"民警责任心"3 个三级指标。"流动人口管理"下设"加强流动人口服务管理""平等对待、关心流动人口"和"农民工权益保障"3 个三级指标①。

2013 年第一季度社情民意监测结果表明，在西城区收集到 2455 条意见问题和 1444 条建议中，涉及"社会管理"的问题共 307 条，占第四位，涉及"社会管理"的建议共 200 条，也占第四位。其中展览路街道涉及"住房和拆迁"的意见共 24 条，占第三位，占街道意见总数的 10.13%。什刹海街道和广外街道涉及"流动人口管理"的意见分别是 30 条和 18 条，占第三位，分别占街道意见总数的 10.79% 和 7.59%。

2013 年第二季度社情民意监测结果表明，在西城区收集的 2690 条问题意见和 1571 条建议中，涉及"社会管理"的问题意见和建议分别是 371 条和 241 条，占第四位。在调查的 255 个社区中，涉及"无照摊贩监管"问题的社区有 95 个，居民们共提出 122 条意见，涉及"加强流动人口服务管理"的社区 103 个，居民们共提出 118 条意见。其中椿树街道 7 个社区中有 6 个社区的居民反映辖区内存在无照摊贩，居民对"无照摊贩监管"的意见上升较快。什刹海街道、天桥街道涉及"流动人口管理"的意见分别有 32 条和 9 条，排在第三位，分别占街道意见总数的 8.44%

---

① 西城区社会建设工作领导小组办公室：《社会民生需求调查动态》，2013 年 10 月，第 57 页。

和 14.06%。展览路街道涉及"市场秩序监管"的意见共 21 条，与"医疗"问题并列第三，分别占街道意见总数的 9.01%。

二　"行政服务"类问题反映较少

从 2011 年西城区社情民意调查结果看，西城区居民对西城区的行政服务工作较为满意，提出的问题和需求较少，居民们提出的诸如物价问题、老年人福利问题、弱势群体帮扶问题、社区工作者队伍建设问题、物业管理问题等，虽然多多少少与基层政府的行政服务有些联系，但相对来说，有的如物价问题显得不是那么紧密，有的虽然较为紧密，如老年人福利问题、弱势群体帮扶问题、社区工作者建设问题和物业管理问题，基层有贯彻执行的责任，但这些问题的政策制定权往往在上级党委政府，因此更多的属于上级党委政府的事权范围。

2012 年上半年西城区社情民意调查结果表明，西城区居民主要希望强化社区居委会职能[①]，希望政府部门工作人员、人大代表等多办实事，多下基层。如什刹海街道某社区居民反映，现在居委会工作人员坐在办公室不办实事，不采纳群众反映的意见，不主动入户访问居民，存在着较明显的脱离群众现象，这在现实的基层社区工作中，也是经常可能见到的情况。广外街道居民对政府工作提出了意见，一是关于怎么管、管什么、谁来管的问题，政府部门常常推卸责任，经常推诿；二是政府部门合力不够，协同不足，导致居民反映的一些问题经常得不到妥善解决。来自广外街道、金融街街道、月坛街道、西长安街街道、新街口街道的居民提出建议，希望政府部门的领导、工作人员和人大代表等多下基层，多接触群众，多为群众办实事。2012 年下半年西城区社情民意调查结果表明，西城区群众共反映"政府作为"问题 69 条。

2013 年西城区社情民意监测调查"行政服务"下设"基层政府职能"和"政府作为"2 个二级指标。其中"基层政府职能"下设"社区联系群众"和"街道办事处服务职能"2 个三级指标。"政府作为"

---

①　说明：严格地说，居民对社区居委会的意见不能归入居民对行政服务的意见。这里遵从西城区居民的理解，把这个内容放在这里描述，不代表本课题组赞成把社区居委会看成基层政府。

包括"政府多办实事""办事能力、服务效率""服务态度""领导干部多下基层""党风廉政""精神文明宣传"6个三级指标。2013年第一季度西城区社情民意监测结果表明,在西城区收集的2455条意见问题和1444条建议中,西城区居民共提出"行政服务"类问题意见和建议分别是51条和35条,均是最少的。2013年第二季度西城区社情民意监测结果表明,在西城区居民提出的2690条意见问题和1571条建议中,居民们涉及"行政服务"的问题意见和建议分别是78条和38条,依然是最少的。

第六节　西城区"访听解"工作报告的内容分析

"访听解"工作是西城区委区政府贯彻落实群众路线教育的一个重要成果,自然成为西城区全响应社会治理创新的组成部分,成为西城区有别于其他兄弟城市推行网格化社会服务管理模式的地方。

一　2011年至2013年"访听解"工作的开展情况

从2011年11月开始,西城区在每月最后一个周末召开一次"访民情、听民意、解民难"居民代表座谈会。截至2012年上半年,西城区召开的3次座谈会共收到居民从便民服务、社区环境、市政基础设施、社区安全秩序、特殊人群管理等7个方面提出的各类问题86个,主要涉及的部门有区商务委、区民政局、区市政市容委、区房管局、区交通支队、区公安分局、区政府办、区社会办、区卫生局、区住建委、区环保局、区金融办、区人力社保局、区信息办、区教委、区文化委及各相关街道。西城区社会办对所有问题和建议进行了认真的梳理,并迅速传达给相关部门,区商务委、区市政市容委等部门和相关街道接到信息积极响应,认真组织调研分析,迅速采取有效措施,推动了部分问题的解决。如汽南社区居民反映的买菜不方便、西皇城根南街社区没有会议室和活动场地等问题,在相关部门的努力下得到了较快的解决,群众反映较好,这类问题占问题总数的14%。增加更多养老服务券服务网点、文化胡同路灯维修、拆迁区用电安全等问题和建议,相关部门已经拿出具体措施和完成时限,正在加紧落实,这类问题和建议占59%。白云观社区周边购物不方便、音乐学院没有社区卫生站等问题和建议，相关部门已经向居民进行了解释说明，并且也在积极协调为该地区居民创造更加便利的生活条件，这类问题占14%。社区工作者工资偏低、天桥演艺园西扩等问题和建议，由于涉及政策调整和综合规划等，相关部门正在进行调研，积极为下一步研究调整措施和规划方案做准备。

2012年4月，西城区委区政府下发《关于深入开展"访民情 听民意解民难"工作的实施意见》（京西发〔2012〕9号），全面开展"访听解"工作。2012年第二季度，西城区34个区领导、71个职能部门分别到定点的街道社区开展"访听解"工作，共收集各类民生问题375条，其中通过主要领导座谈收集的共175条，各部门联系社区收集的民生问题共182条。这些问题主要集中在三个方面：一是社区环境方面的问题，包括老旧小区绿化养护、宠物管理、违章停车、平房区私搭乱建等问题较为突出；二是市政基础设施方面的问题，主要包括下水道堵塞、返味，平房区电线老化，道路红绿灯设计不合理等；三是为老服务问题，主要表现为老年人找保姆难、缺乏精神慰藉，起居照料等问题较为突出。经西城区社会办梳理后，这些任务全部被分解到相关部门，截至2012年下半年，已经有14%的问题得到快速解决，76%的问题已经分别制定具体措施并加紧落实。区商务委党组成员和科室负责人分组走访定点社区3次，召开座谈会10余次，共收集到买菜、食品安全、空巢孤老、厕所设置、煤改电、房屋维修6个方面38个问题，通过积极协调，整合资源，买菜难、再生资源回收网点脏乱差、早餐等16个问题已经得到解决，受到居民群众的好评。区文化委为广内街道提供了10万元文化建设专项资金加强社区图书馆建设。区卫生局为新生儿筛查耳聋基因。

截至2013年2月底，西城区领导走访街道社区136次，区各委办局领导走访街道社区共354次，区、街道、社区通过访民情、听民意、解民难工作共收集各类社情民意38245条，其中已经解决的问题共27929个，占问题总数的73%，已经制订解决方案，正在落实过程中的8281个，占问题总数的21.66%，暂时还无法解决的问题2045件，占问题总数的5.4%。

西城区通过开展"访听解"工作，使各社区更好地发挥了及时、全面了解居民需求的"神经末梢"作用，服务群众的能力得到进一步提升。

各街道办事处通过协调各职能部门力量，统筹地区资源解决民生问题的能力得到进一步加强，各街道收集的问题解决率均在80%以上，广内街道、大栅栏街道、金融街街道问题解决的比例达到99%。各职能部门在区领导的带动下，服务意识得到进一步强化，初步树立了民需意识，服务和管理的重心进一步下沉，力量、资源进一步向基层倾斜，居民群众、社会组织、驻区单位等不同社会主体不同程度地为解决民生问题献计出力，在买菜难、停车难、胡同治理等方面探索了多种解决方法。

二　西城区"访听解"工作收集的问题分析

通过分析西城区"访民情　听民意　解民难"工作收集的问题，可以发现，"访听解"工作收集的问题与西城区社情民意调查收集的问题具有高度的一致性，居民反映最突出的问题是城市建设和城市管理类问题，这类问题占问题总数的47.0%，其中反映比较集中的首先是老旧小区改造和市政基础设施建设问题，两者的问题合计占城市建设和城市管理类问题总数的43.5%；其次是交通秩序管理问题，占问题总数的22.5%。道路拥堵、停车位缺乏、无序停车等问题仍然突出；最后城市卫生环境问题，占问题总数的18%。排在第二位的问题是社会服务类问题，占问题总数的28%，主要是社区便民服务体系建设明显滞后于群众需求、社区养老服务资源匮乏、文教卫体服务问题等。排在第三位的是社会管理类问题，主要包括城市安全秩序问题、物业管理问题等，占问题总数的18%。排在第四位的是"行政服务"类问题，占问题总数的7%左右，主要包括外来人口子女异地高考、住房保障、低保政策调整等问题。

从西城区"访听解"工作收集问题的分布区域分析，城市建设和管理类问题较为集中的街道主要有德胜街道、西长安街街道、广外街道、什刹海街道和月坛街道。这类街道具有面积大、人口密度大、老旧小区多的特点，城市建设和管理需求较为突出。社会服务类问题反映比较集中的街道主要有广内街道、新街口街道、牛街街道、金融街街道和展览路街道，主要反映为老服务、少数民族生活需求、新市民入托难、看病难等问题。社会管理类问题在各街道之间差异不明显，陶然亭街道、金融街街道、椿树街道等反映相对集中的主要是城市安全秩序、物业管理和社会工作者队伍建设。行政服务类问题主要集中在天桥街道、大栅栏街道、广内街道等，主要是完善行政政策、产业发展服务和住房保障等。

从西城区"访听解"工作收集问题所涉及的部门看，区市政市容委、区房管局、区民政局、区城管大队、区住建委等部门是居民意见建议比较集中的部门。区市政市容委主要涉及城市建设管理类问题，如市政基础设施建设、公共交通安全秩序、停车管理、市容环境等，其中市容环境还涉及城管大队职责。区房管局涉及的问题主要是老旧小区改造、拆迁区管理、小区物业管理等问题，这些问题又往往与住建委、重大办、城管大队等职责相关联。区民政局涉及的问题主要集中在养老、社区工作者队伍建设、社区服务等方面。区城管大队涉及的问题主要集中在城市环境和城市安全秩序等方面。区住建委涉及的问题主要集中在拆迁区管理、老旧小区改造、市政基础设施等方面。

第三章

西城区全响应社会治理创新的理论基础

当前的中国正经历着史无前例的经济社会大转型。与此同时，政府的管理模式也在发生着相应的变革。中国共产党十八届三中全会通过的《中共中央关于全面深化改革若干重大问题的决定》，明确提出要"创新社会治理体制"，体现了党和政府推进国家治理体系和治理能力现代化的重大决心。北京市西城区地处首都核心功能区，对社会治理创新的需求更为迫切。"全响应社会治理创新"便是在社会转型的大背景下应运而生的，这代表着基层政府增强治理能力的实践创新。当然，任何的实践创新都不可能是无源之水，无本之木，其背后都有着深刻的理论基础。全响应社会治理创新看似一个管理学的问题，但实际上涉及多学科的内容。本章试图对全响应社会治理创新作一简单的理论剖析（见图3-1），一方面通过理论梳理使全响应社会治理创新的来龙去脉更为清晰，另一方面也为全响应社会治理创新今后的发展提供一种理论支撑。

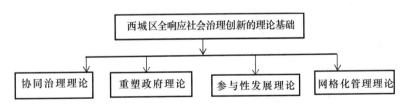

图3-1 西城区全响应社会治理创新的理论基础

第一节 协同治理理论与西城区全响应社会治理创新

西城区全响应社会治理创新是一个复杂的系统工程。网格化是一个静态的区域划分，而全响应是动态反馈，社会治理则是多主体参与的社会互动过程，而这一模式又以人们日常生活的社区为载体。如何能将如此复杂的系统工程整合为一体，不仅仅是一个实践中的问题，也是一个理论问题。只有对全响应社会治理的基础理论作一清晰的梳理才能更好地理解这套系统，也才能在实践中发挥全响应社会治理系统的最大功效。

一　治理与善治

对治理理论的研究，来源于多个学科，如社会学、政治学、经济学、法学和管理学等。不同学科的共同关注，赋予了治理这一概念多样化、多面向的含义。治理理论的主要创始人之一罗西瑙在其代表作《没有政府的治理》一书中指出：治理"是由共同的目标所支持的，这个目标未必出自合法的以及正式规定的职责，而且它也不一定需要依靠强制力量克服挑战而使别人服从"①。这就是说，治理"既包括政府机制，但同时也包含非正式、非政府的机制，随着治理范围的扩大，各色人和各类组织等得以借助这些机制满足各自的需要并实现各自的愿望"②。罗西瑙的界定明确了治理的主体不再是单一的政府组织，治理的机制也不再是单一的正式制度，企业组织、社会组织都是治理合法有效的主体，非正式制度在解决人类公共问题上也将发挥更大的作用。

随着社会的持续发展，"治理"被不断加入新的含义。全球治理委员会也对治理的概念进行了界定，指出："治理是各种公共和私人机构管理其共同事务的诸多方式的总和，它是使相互冲突或不同的利益得以调和，并且采取联合行动使之得以持续的过程。治理既包括有权强迫人们服从的正式制度和规则，也包括各种符合人们共同利益的非正式的制度安排。概括起来，治理具有以下四个特征：①治理不是一套规则，也不是一种活动，而是一个过程；②治理不是控制，而是协调；③治理既涉及公共部门，也包括私人部门；④治理不是一种正式制度，而是持续的互动行为。""在全球层次上看，治理主要被看作政府间的关系，但是也必须被

---

① ［美］詹姆斯·N. 罗西瑙：《没有政府的治理》，张胜军译，江西人民出版社 2001 年版，第 5 页。

② 同上。

理解为与非政府组织（NGO）、公民运动、跨国公司以及影响较大的全球公民有关的一个现象。"①

与治理紧密相关的一个概念是善治。学者们认为，善治也是指政府与社会各主体合作起来对社会公共生活进行的管理，只不过，这种管理呈现为一种多元主体合作解决公共问题的最好状态。学术界一般认为，这种最好状态的实现需要以下四个基本条件的达成："①通过司法独立来实现公民安全得到保障、法律得到尊重，即实行法治；②公共机构正确而公正地管理公共开支，即进行有效的行政管理；③政府领导人就其行为向人民负责，即实行责任制；④信息灵通，便于全体公民了解情况，即具有政治透明性。"② 因此，最好的治理状态的达成（善治）是建立在社会公众积极参与社会事务治理的条件之上的。社会的公共服务虽然应当由政府来提供，但公共服务的提供并不一定要完全由政府来直接完成。在治理和善治的框架下，可以通过政府与社会组织、企业、公民等多元社会主体的合作完成对公共服务的供给，这就是治理或者善治的达成。

二　社会治理

（一）社会治理的含义

社会治理，是指"为促进社会的公正公平，维护正常的社会秩序，保障社会的有序运转，在党的领导下，政府、企事业单位、社会组织、新经济组织、其他群体及广大人民群众依据法律法规政策和道德规范等共同对社会公共事务进行规划、组织、规范、引导、协调、服务、调适、监督的治理活动"③。

推进社会治理创新，不仅是党中央、国务院提升国家治理能力现代化的重要举措，也是北京市经济社会发展的客观要求，是北京实现首都功能的必然要求。早在 2010 年 7 月，北京市就制订了《北京市社会服务管理创新行动方案》，提出要着眼于解决目前社会服务管理中的突出问

---

① 全球治理委员会：《我们的全球伙伴关系》，牛津大学出版社 1995 年版，第 23 页。

② 玛丽－克劳德·斯莫茨：《治理在国际关系中的正确运用》，载《国际社会科学》1999年第 1 期。

③ 袁振龙：《社会管理与合作治理》，知识产权出版社 2013 年版，第 33 页。

题，进一步推进首都社会建设与社会管理工作。2011 年 6 月，北京市召开市委十届九次全会，出台《关于加强和创新社会管理全面推进社会建设的意见》，同年 10 月，北京市人民政府常务会议讨论通过《北京市"十二五"时期社会建设规划纲要》，提出要大力推进社会服务管理创新工作，对首都社会治理创新工作进行周密的部署和安排。

为认真落实《北京市社会服务管理创新行动方案》等工作部署，西城区创造性地提出了"全响应"理念，开始了全响应社会治理的探索实践，为完善首都核心区功能、提升城市管理水平、改善社会服务供给状况、提高社会服务管理水平进行了全面的探索创新，并取得了突出成绩。

（二）社会治理体系

党的十八大报告明确提出，我国要建构起"党委领导、政府负责、社会协同、公众参与、法治保障"的总体格局下运行的中国特色社会治理体系。中国特色的治理体系强调以维护人民群众的权利为核心内容，充分发挥社会力量参与公共事务治理的作用，完善社会福利，保障改善民生，化解社会矛盾，促进社会公平，推动社会有序和谐发展的过程。党的十八届三中全会的《关于全面深化改革若干重大问题的决定》进一步指出，我国的社会治理要坚持系统治理、依法治理、综合治理和源头治理，以网格化管理、社会化服务为方向，在党的领导下，以政府、企事业单位、社会组织、其他群体及居民群众依据法律法规和政策规范等共同对社会公共事务进行规划、组织、引导、监督，切实反映和协调人民群众各方面、各层次的利益诉求。

从党和政府最新的文件可以看出，我国社会治理的定位正逐渐走出由党和政府来治理社会的路径，开始更加强调政府与社会各方合作来共同治理社会。所谓政府与社会各方合作的社会治理，就是要充分发挥社会力量的作用，当出现公共问题的时候能够通过相关利益主体的协商进行解决，而非再去找政府来解决。如同市场机制在经济领域中作用的发挥，在社会领域，社会本身是具有自我调节机制的，治理强调发挥社会的自我调节机制解决公共问题。当社会自我调节机制协调发展和良性运行的时候，政府最好不要介入其中。当然这一社会自我调节机制也有其自身的弱点，比如说容易情绪化，如勒庞在《乌合之众》中所提到的群众"容易被鼓动"①，因此要构建"党委领导、政府主导、社会协同、公众参与、法治保障"的社会治理格局，既要发挥好各方主体治理社会的积极性、主动性，又要使各方的社会治理行动在法治的轨道上运行。

三　协同治理与西城区全响应社会治理创新

从治理、善治到社会治理和协同治理这一系列概念的提出，围绕的一个核心主题都是对公共问题或公共事务的解决方式。理论界和实践界对这些概念的逐步演化和深入探讨，伴随着人们对公共问题解决路径在理念和方法上的变革和突破。正如同治理概念的提出，针对的是对长期以来实行的自上而下的等级制统治方式的变革。统治式的管理方式，其典型特征是单一主体、垂直的、命令式的和自上而下的，与此不同，治理倡导的是多元主体、自下而上的、平等的和合作的。多元主体通过平等合作的方式，效益最大化地解决了公共问题，就实现了善治。

从治理、善治到社会治理，体现了一个关注领域或针对对象的变化。比如，在罗茨（R·Rhdes）的理论中，治理应用的领域非常广泛，它可以应用在国家公共事务的管理中，可以运用在公司中，可以应用在社会控制体系中，也可以应用在自组织运行管理中。所以，治理能够在多领域中运行，它也是一个多学科的概念。社会治理概念的提出，主要是治理机制在社会领域和社会运行当中的应用，在本书中，也可以理解为治理社会。

治理是如何可能的，或者说，治理是如何实现的，强调的是治理的机制，对这一问题的思路引出本书的核心概念：协同治理。协同治理是协同科学和治理理论的一种结合，是对治理理论的发展。协同治理指的是参与治理的主体针对共同的利益和共同的目标，通过合作与协调，灵活有效地调动和使用资源，实现治理效应的最大化。协同治理的核心特征是，通过部分（部门）之间的有效整合和紧密合作实现的整体效益大于各部分（部门）效益之和。所以，协同治理是对治理理论的补充与完善，是社会治理的有效实现方式。

---

① ［法］勒庞：《乌合之众：大众心理研究》（汉英对照），群言出版社 2015 年版，第 23 页。

西城区的全响应社会治理创新，充分体现了这种政府部门之间、政府部门与社会组织之间以及其他治理主体之间在平等合作、沟通互动基础上实现社会治理效应最大化的目标模式。现代社会治理处于参与主体众多、运行方式复杂、形势瞬息万变的格局之下，利用信息化时代的大数据手段，西城区全响应社会治理创新系统有效突破了以往行政管理运行模式下存在的"政出多门""职能交叉""部门分割""人浮于事""信息孤岛"等公共管理难题，将政府部门、企业组织、社会组织、居民个体的治理资源和要素整合起来，通过资源共享、优势互补，积极构建起包括职能部门响应链、街道统筹发展响应链、社区为民服务响应链、驻区单位资源共享响应链、社会领域党组织引领创新响应链、社会组织公益服务响应链、社工队伍专业服务响应链和居民群众共同参与响应链等"八大响应链"的网络格局，有效推动了部门间信息互通共享、行动协同联动，主体信任合作，形成了一个"全面感知、快速传达、积极响应"的多元协同共治的社会治理有机体系。

四 西城区全响应社会治理创新的推进

西城区自 2010 年探索建立全响应社会治理模式以来，牢牢把握服务民生的目标要求，积极构建以民生需求为导向、以街道统筹为重点、以社会服务为核心、以居民参与为基础、以信息化手段为支撑、多元主体积极响应社会需求的"全响应"网格化社会服务管理工作体系。经过几年的共同努力，初步形成了政府治理、社会参与、居民自治的全响应社会治理框架。

为全面、深入推进全响应社会治理工作，西城区加强组织保障，有效推进"全响应"工作。一是成立了以区委区政府主要领导为组长的建设领导小组，统筹协调区属 28 个部门，负责全区"全响应"网格化社会服务管理建设工作的组织实施。二是各街道（部门）分别成立专项工作领导小组，通过强化工作责任推动"全响应"网格化社会服务管理创新工作顺利开展。在街道层面，西城区通过强化街道职能，逐步推进社会治理力量下沉，全面贯彻落实全响应工作。一是各街道分别成立了全响应工作科室，负责贯彻落实街道层面的"全响应"工作。同时，在街道层面将多个业务系统进行整合，设计了 9 个基础应用模块，规范技术标准，实现民生服务、城市管理、应急处置、分析研判、统筹协调等功能。二是全区 14 个街道建设并使用街道全响应业务指挥调度系统。三是加强工作统筹，稳步推进"三网合一"工作。按照"完整性、便利性、均衡性、差异性"的原则，将全区原城市管理网格、社会面防控网格、社会管理网格进行统一调整，划分了 1541 个网格，完成了网格空间标绘，形成 GIS 电子地图。推进网格图层数据在手机端、区级和街道指挥调度系统之间实现互联互通，在指挥调度系统上实现对网格人员力量的配置部署、实时监管和调度使用，统一部署工作。三是发动五种力量，构建"条块"结合工作机制。三网合一后，人员配备根据"基础力量一员一格、专业力量一员多格、响应力量一格多员"的标准，重点发挥街道领导干部、执法力量、社区工作者、综合协管员、楼门院长五种骨干力量，形成"一格五员"的网格人员队伍。将全社区工作者、综合协管员、楼门院长、街道的科级以上干部、公安、防火、工商等相关执法职能部门的工作力量下沉到网格，并将加大各执法力量在街道、社区职能发挥的工作考核；各街道普遍建立了"处级领导包片、科级领导包社区、科员包网格"的"三包"工作机制。

　　通过政府与社会全面协作，西城区的全响应社会治理系统已经建设起社会服务的八大"响应链"，使全响应系统已经能够常态化地发挥解决城市管理和社会治理问题的基础作用，同时也是西城区区级、街道、社区三级民生诉求表达网络以及社情民意发布和分析研究的重要平台。西城区全响应社会治理系统紧密结合当前城市社会治理领域中亟待解决的问题发挥支撑作用。例如，针对有效落实首都人口规模调控的重大任务，为认真做好街道"疏非控人"① 工作，准确掌握地区实有人口数据，西长安街街道将实有人口管理及日常监测工作纳入网格化管理。西长安街街道已经在 2016 年年底前完成各房屋实有人口核对工作，2017 年，全响应社会治理系统将"疏非控人"，人口数据维护工作成果与街道实有人口库数据进行整合，将实有人口管理及日常监测工作纳入网格化管理，从社

---

① 所谓"疏非控人"，是指北京市为了治理日益严重的"大城市病"，按照科学规划管理的要求，对城市中不符合首都城市战略定位的"非首都功能"进行疏解，控制人口规模的措施，以推动首都人口资源环境协调发展。

区层面起强化实有人口管理工作，全面动员全体网格员更好地开展日常化管理，切实发挥好全响应社会治理系统在解决首都重大社会治理难题上的基础支撑作用。

第二节　重塑政府理论与西城区全响应社会治理创新

重塑政府理论出现于美国政府面临严重的财政危机和国民对政府的信心危机之下。在 20 世纪 80 年代，美国政府的公共管理成本居高不下，管理效率低下，政府的信用降低。公共政策的决策者们虽然作出种种挽救危机的努力，但由于他们的思路局限在传统的政府管理体制框架内，政府的信任危机和财政危机没有得到根本解决。在这一背景之下，理论界针对公共决策和社会运行中出现的难题提出一些理论的创新，试图解答当时的公共问题，重塑政府理论就是在这一背景之下产生的。

一　"重塑政府理论"的提出

1993 年，迈克·哈默和詹姆斯·钱辟合著的《再造公司：企业革命宣言》一书出版。他们认为，"再造"意味着不能过多地考虑现存的组织结构、政策和方法，而是必须从头开始。将这个观点运用于政府，也就是要对政府运行的模式进行全方位的变革。这种观点直接促成了重塑政府理论的形成。这也如同美国学者戴维·奥斯本和特德·盖布勒在《改革政府：企业精神如何改革着公营部门》里所说："那种在大工业时代建立起来的政府管理模式，反应迟钝、官僚集权、先入为主、条例命令烦琐、阶层控制在今天再也不灵了。它在属于它的那个时代曾经辉煌，但继续往前，它就与我们背道而驰了。它变得臃肿、耗费而低效。当世界发生变化时，它就被抛在后面。20 世纪三四十年代设计的阶层的、集权的官僚体制，面对日新月异、信息纷繁、知识爆炸的社会已是力不从心。它就像豪华客轮在超音速飞机的时代，显得庞大、笨重、昂贵和转向不灵。逐渐地，它被新的公共机构取而代之。"① 在一波波对传统政府治理

---

① ［美］戴维·奥斯本、特德·盖布勒：《改革政府：企业精神如何改革着公共部门》，上海市政协编译组译，上海译文出版社 1996 年版，第 3 页。

运行的批评声流中，重塑政府的理论在这种背景下逐渐形成。

二　"重塑政府理论"的基本框架

重塑政府理论（或称政府再造理论）的基本观点是要对政府的运行模式进行全方位的变革。戴维·奥斯本和特德·盖布勒是两位经典的代表性人物。他们在其撰写的经典著作《改革政府：企业精神如何改革着公营部门》一书中，从十个方面旗帜鲜明地倡导了政府改革的方向，即用企业精神来变革政府。这十个方面反映了建立政府管理新体制有意义的探索。

（一）起催化作用的政府：掌舵而不是划桨

"从划桨到掌舵"的管理模式，是指政府应当转变以往全面参与公共服务生产者和供给者的观念，承担起社会服务和公共政策的制定者职责。面对社会多样化的需求，政府不需要直接进行具体的公共问题的解决和公共服务的提供，而是应当采取多种方式广泛地与经济和非经济的合作方式，与社会组织联合为社会提供公共服务，通过市场组织和社会组织自身的运行方式制定公共服务和公共物品的供给方式，形成由"政府掌舵，社会力量联合划桨"的管理方式。

（二）社区拥有的政府：授权而不是服务

奥斯本和盖布勒说："当家庭、居民点、学校、志愿组织和企业公司健全时，整个社区也会健康发展，而政府最基本的作用就是引导这些社会机构和组织健康发展。"[1] 由此而培育的健康而有活力的社会基本单元，也就能构成健康而有活力的国家。重塑政府理论鼓励企业组织提供公共服务项目，依据市场最大化的原则，企业组织能够在更有效率、更富有责任和创新精神的市场化规律下创造更符合公众需要的产品。因此大量的公共服务应当通过政府购买的方式由政府花钱，企业生产和供给。同样，社会主体需要什么样的服务，只有需要者自身更为清楚，由社会组织为主形成的社会力量能够创造比政府供给更满足自身需要的产品和服务，因此，社会公共事务的治理也应更多地由社会自组织去完成，这样

---

① ［美］戴维·奥斯本、特德·盖布勒：《改革政府：企业精神如何改革着公共部门》，上海市政协编译组译，上海译文出版社 1996 年版，第 27—28 页。

的社会治理方式成本更低，效率更高。

（三）竞争性政府：把竞争机制注入提供服务中去

政府提供公共物品效率低下的关键问题是，政府的公共物品供给模式是垄断性的。"从服务到授权"的政府管理中，政府的作用表现为通过竞争的方式对参与公共服务供给的各类主体加以激励，使他们在组织内部和组织之间开展公平竞争。竞争能够在利益最大化原则的驱使下，通过变革和创新带来效率，实现公共物品的供给效率。社会治理的许多问题，比如停车场管理方式、垃圾的回收和处理、城市道路保洁服务、社区老年人服务、儿童托管服务等，如果由政府或社区自组织引入市场化的竞争秩序，参与的主体在其自身运转机制下能够提供高质量的服务。

（四）有使命的政府：改变照章办事的组织

"从规章到使命"即改变照章办事的政府为有使命感的政府。大部分传统政府部门和组织不是按完成任务的要求而工作，而是按规章制度的要求工作。按照奥斯本和盖布勒的观点，传统的政府部门或组织是按照不同的分工确定其权力的范围的，各部门之间的财务预算、人事用工、工作流程和考核机制都是按照既定的规章制度中明确下来的。这种固化的工作流程和运行机制使政府部门承担的功能也相应地条块分割而且不连贯，从而导致工作效率低下，综合效果更不理想。通过调整规章制度来提高效率则意味着权力的重新划分。任务和完成任务的条件是变动的，但规章制度的改变却难以完成。依据企业管理模式运转的政府效果会发生根本改变。这样的政府具有责任感，通过制定明确的工作目标，通过完善的激励机制发挥人员的工作积极性，激励创新，围绕核心任务和项目以有效的方式达成目标，从而更有效率。

（五）讲究效果的政府：依据效果而不是依据经费

在重塑政府理论中，政府的投入也要基于其可能产生的业绩进行测评后加以确定，这完全不同于以往的政府管理模式和公共服务供给方式，后者往往因为不能真正迎合需求者的需要而造成巨大的浪费。比如在社会治安方面，犯罪率升高，警署反而能获得更多安全经费；在公共房屋管理上，住房管理机构如果通过有效措施合理配置住房资源，更好地满足住房者的需求，住房管理机构可能不能得到持续的补助经费，相反，住房者不满意度越高，越有可能使住房管理机构得到经费补偿。这样的结果是政府投入越多，效果反而越差。企业经营不善，经济效益低下，会被市场淘汰。政府不同于企业，即使其运转效率低下也没有淘汰机制，因此，传统政府管理模式下的政府组织缺乏改进的动力。这说明，建立工作表现的衡量与激励体系在管理中具有重大意义。重塑政府理论主张，"政府管理的资源配置应该与管理人员的业绩和效果联系起来。在管理上强调按效果而不是按现状决定投入，按业绩而不是按任务决定付酬"①。

（六）受顾客驱使的政府：满足顾客的需要，而不是官僚政治需要

即变政府活动由官僚满足政治需要驱动为顾客驱动。政府拥有的权力是社会赋予的，然而，政府及其官员一旦获得这一权力，便往往忽视其权力的来源和与此相伴随着承担的服务职责。在经济社会发生巨大变化的时候，社会大众的思想观念和行为方式也相应地发生了变化。人们的需求日益多样化，对社会公共生活也产生了多样化的服务需求。而政府已有的公共管理体系和运行机制却难以适应形势的变化，不能灵活而人性化地为公众提供多样化的公共服务。因此，奥斯本和盖布勒指出，"要让公共服务机构像那些由顾客驱动的企业一样运作，具有企业家精神的政府服务机构要像企业一样通过提供优质服务获得资金，并在竞争中求得生存。置于顾客的驱动之下，政府才有望服务得更好"②。

（七）有事业心的政府：有收益而不浪费

以往的政府运行模式很少考虑使最少的政府经费发挥最大的使用价值，政府官员对项目的执行也很少进行市场化的价值核算。也正是因为如此，政府开支在20世纪80年代的美国居高不下，造成严重的财政危机。奥斯本和盖布勒认为，正是20世纪80年代以来美国政府严重的财政危机和贸易赤字，使美国民众对政府失去了公信力。由此，迫使政府进行自上而下的变革，通过学习企业精神，谋划在为民众提供有效公共服务的同时，努力增加政府的公共收入，比如通过增加公共资金的投资渠道、加速资金的流动性、提高资金的使用效率等多种方式改变巨大的财政困难，通过提升服务质量提高民众对政府的信心。

①　［美］戴维·奥斯本、特德·盖布勒：《改革政府：企业精神如何改革着公共部门》，上海市政协编译组译，上海译文出版社1996年版，第121页。

②　同上书，第155页。

（八）有预见的政府：预防而不是治疗

即政府应面向未来的发展而不能只注重任期内的短期行为。公共管理的最佳状态就是能够在公共问题出现之前，通过预见性的分析判断提前作出决策避免问题的出现。传统的公共管理模式一般是在问题出现之后采取手段加以消解，这是典型的"头痛医头，脚痛医脚"的被动式管理方式。这种方式缺乏预见性，消耗众多社会资源却成效低微，也是重塑政府理论变革政府的重要原因。重塑政府理论的政府改革要求创立机制淘汰不顾社会长远利益的短视政治家。

（九）分权的政府：从等级制到参与和协作

伴随着现代信息技术的飞速发展，公共治理面对的问题也日益复杂。公共管理部门面对庞大的数据流和信息流，需要在最短的时间内获取信息，进行分析、制定决策并有效落实。针对传统政府运行方式下管理链条长、管理程序复杂僵化的运行特征，重塑政府理论要求变政府传统的成绩管理模式为项目主导模式，即围绕核心任务，制定任务目标，确定职责任务，精减人员结构，使政府及其官员具备更强的创造性和责任心。具有企业家精神的政府领导勇于开拓分权管理方式，大胆放权，或授权于社区，或放权于非政府部门的社会服务机构。在机构内部，管理者通过先进技术，管理涵盖面扩大，管理能力增强，授权给基层，逐渐减少中间管理层次，取而代之的是被授权的团队合作的结构，这是信息技术进步对机关结构带来的必然影响①。

（十）以市场为导向的政府：通过市场力量进行变革

即改变依靠计划和运用行政手段的政府为市场导向的政府。传统政府的管理手段主要是使用自上而下的行政命令式实现目标的达成，这种运行方式僵化不灵活。重塑政府理论强调运用市场法则和市场竞争的运行机制变革政府的运行，通过利益的比较选择，以竞争为原动力，对公共服务部门进行机制重塑②。

---

① ［美］戴维·奥斯本、特德·盖布勒：《改革政府：企业精神如何改革着公共部门》，上海市政协编译组译，上海译文出版社 1996 年版，第 233 页。

② 同上书，第 262—263 页。

三 西城区全响应社会治理创新与再造管理流程

从 20 世纪 80 年代开始，欧美许多国家纷纷进入后工业革命时期，传统官僚体制变得越来越没有效率，强调通过公共部门间的竞争和市场化来提升公共服务的新公共管理模式逐渐引领了西方政府变革的风潮，成为后工业革命时代的重要思想资源。进入 21 世纪以来，随着互联网技术的不断创新发展并获得广泛的应用，全球化、信息化、网络化、流动化、多元化等对各国政府的行政管理又提出了新的挑战，一种强调跨部门合作的新的政府协同管理思想开始出现，成为引领全球治理变革的新思潮。各国特别是西方发达国家的政府管理基本上开始了新公共管理模式的转向，其中，以政府协同、整体政府、网络化治理为核心内容的"跨部门合作"模式的影响日益深远。

伴随着各国公共管理治理变革及政府协同的历程，西城区进行了自己的探索和实践。在总结德胜街道、月坛街道、广内街道等街道试点探索经验的基础上，西城区开始了全响应社会治理创新的顶层设计，对公共管理的运行机制进行了总体设计。西城区政府公共管理流程再造体系的主要内容包括"访听解"工作机制、全响应信息化系统、街道统筹协调机制、行政服务体系建设和区街绩效管理机制五大机制，从而形成了一个较为完整的政府工作流程框架，初步打造了全响应社会治理创新的"职能部门响应链"和"街道统筹发展响应链"两条响应链，为全响应社会治理体系的顺利运转创造了良好的格局。

西城区全响应社会治理创新把城市管理同行政服务、社会服务、社会管理、应急处置有机结合，建立了区级"全响应"网格化社会服务管理指挥中心，并运用电子信息技术将各系统功能进行叠加，形成各类资源优势互补的工作格局。通过划分社会管理网格单元，将"人、地、事、物、组织"等要素信息化、数字化，按照"小事不出社区、大事不出街道、难事区内统筹、条块各司其职"工作原则，搭建"两级指挥"（区、街）、"三级平台"（区、街、社区）、"四级管理"（区、街、社区、网格）的服务运行体系，促进社会服务管理重心下沉，延伸基本公共服务职能。西城区全响应社会治理创新开展行政服务事项向街居延伸办理，逐步建立"一站通"的行政服务体系，实现公共服务事项"全区通办"

和区、街、居三级联动，方便社区居民就近办事；制定网上服务工作流程，实现网上预约、网上预审和网上通办等功能，实现行政办事服务"一网通"，改善公众办事体验度；整合西城区现有各相关单位的咨询、公众服务热线，整合、共享知识库，建立覆盖区、街、居统一答复、接转咨询的"一号通"行政呼叫服务平台。

西城区全响应社会治理体系对再造社会服务管理流程方面也非常有效。全区建设了15个街道指挥分中心，实现区、街调度系统的对接，逐步实现对社会服务管理事项的监控、预警、上报、处置、分析、评价的全周期管理。新的管理流程的意义，一是通过信息化技术的应用，实现了信息的实时传递，提高了社会服务管理事项的处置效率。二是通过两个轴心的体制，将社会治理中出现的问题反映和对事件的处置分为两个层面，明确了责任主体，推进了管理流程的科学性和合理性。三是顺畅了城市社会治理的问题反馈渠道，减少了管理的中间环节，缩短了管理路程，实现了管理的扁平化，有效地提高了工作效率。

第三节　参与性发展理论与西城区全响应社会治理创新

参与性发展理论最早出现在20世纪60年代。针对发展中国家经济增长缓慢和普遍的贫困问题，学者们发现，即使通过采取多种措施刺激了经济的增长，一般民众的生活状况依然不能得到很好的改善。学者们提出，虽然经济增长是基础，但要想真正提升民众的福利水平，就应当改变策略，强调以参与性为主的发展理念，创造更多就业机会，消除收入和财富的分配不公平现象，为更多人提供更大的社会公共福利。到20世纪90年代，参与性发展的理论在更多的领域内被广泛关注。

一　参与性的含义

随着参与式工作方法在实践中的不断发展与提升，"参与性"概念逐步清晰起来，人们认识到参与性中的参与不是一般意义上的参加，参与性的本质在于分担、分享、共担、共享。世界银行给出的定义为"参与性"是一个过程，通过这一过程，相关者共同影响和控制发展的导向、决策权。"参与性"的概念发展到今天，仍然没有形成一个较为统一的理解，但关于"参与性"的一些一般观念基本上能够为人们所认可，这些有关"参与"的观念包括：①参与的特征首先表现为参与者是项目中的决策角色，在项目的决策中能够作出贡献，同时也能够在项目中获得公平的权益和利益。②参与式发展中的参与行动一般是指参与主体能够在正式或非正式的制度保障下以有序规范的参与渠道进入决策。③参与首先表现为参与者对其所关心的问题在方案确定前有能够作出选择的权利。④参与的主体性地位是普及性的，凡是项目的利益相关者都应该有作出选择的权利。⑤参与是全过程的参与，涉及项目的有关决策、实施、运行、收益分配等各环节都应该在相关主体的参与和监督之下。总结以上所述，参与是指具有共同利益、兴趣的社会群体对政府涉及公共利益事务的决策的介入，同时享有决策成果的社会行为模式。这种参与的对象是政府的社会公共事务，而不是政治决策及政府的人事选择，后者讨论的是公众的政治参与。

二　参与性发展理论的基本内容

参与性理论之下的参与行动包含以下内容：

（一）参与是人类的基本需要

基本需要是指人类维护自身生存而必需的最基本条件，即基本的收入、工作、住房、教育、卫生、健康和营养以及自身安全、社会秩序等各方面的基本需求。这也是20世纪70年代提出的发展基本概念，从这一概念出发，发展被定义为通过物质生产来满足人类基本需求的过程。在这一过程中，发展的主要目的是促进人的生存条件的改善。因此，参与是发展必不可少的条件。人们通过积极参与到涉及自身利益的各项事务中，本身就是一个通过学习获得发展的过程，这一学习过程能够提高参与者的能力和自信心。

（二）只有积极地参与行动才能获得发展

通过参与性的活动，个体和组织能够在活动中相互分享知识和经验，不但使个人和组织相互学习和交流，而且在这一过程中，个人的信心和能力也得到了发展。也就是说，参与性活动能推进个体的发展，而个体的发展是社会发展的基础。过去人们常常批评某些贫困地区有"等、靠、要的思想"和"输血型"扶贫的弊端，这些行为或方法并没有使贫困地区得到改善，反而加重了经济发达地区的负担，这样的情况是不可能长久保持下去的。只有依靠当地人和农民自己的行动才能促使当地的经济社会面貌得到彻底的改观。然而，人的行动取决于他们所作出的决定或决策。因此，没有当地人（农民）的参与和行动，就不可能实现真正的发展。

（三）人们的知识结构存在差异性

不同的人群有不同的知识背景。参与式理论强调，发展中要充分发挥出当事人的知识。由于当事人具有不同的生活背景，受到不同的文化教育，因此他们具有不同的知识结构。现代化的发展要求多学科、多层次、多类别的人群参与。参与性的精神是承认人们拥有不同的知识，无论你是科学家，还是居民。人们在其生活阅历中学习知识，创造经验，减轻甚至消除生产和生活中的压力，解决存在的问题和困难。参与性发展就是要创造和提供一个宽松的环境，鼓励每一个生活在不同背景下的群体或个体，能够利用自己的知识，施展自己的才华，在与自身紧密相关的事务决策中行使自己的权利，并使自己的知识在决策中发挥作用。

（四）注重"谁"来参与、"谁"做决策

在发展项目中，"参与"是指所有利益相关者的参与，这里的利益相关者包括政府官员及工作人员、技术人员、非政府组织成员、科研人员、居民和其他利用当地资源的人员等。参与式发展注重与政府部门、居民群众、资助机构等社会各个阶层建立伙伴关系。参与式不仅是工具和手段，也是一个过程和一种理念。在传统的项目中，居民是最容易被忽视的"重要成员"，是弱势群体，而在参与式发展项目中，他们是最受重视的人群之一。不同的参与者有其不同的角色定位，起着不同的作用。如技术人员提供技术支持和服务，居民则应参与发展项目的决策、管理、实施和监测与评估。

（五）"参与"具有层次性

参与性是一个发展的概念，社区居民和当地人的参与是循序渐进、逐步发展的，不可能一次到位。尽管许多项目是为了当地人的利益开展的。但是，由于采取了不合适的行政手段而得不到民众的积极配合。项目的开展如果通过广泛的参与，使当事人加深认识，参与度会逐步提升。

（六）参与增加了当事人对项目的认同

参与性是过程而不是结果。当事人的参与性表现在他们是否参与了项目周期的全过程，从项目概念的提出、编制项目建议书、项目的可行性研究、制订项目计划、项目实施管理到项目影响评估的整个过程。评价当事人的参与性要看当事人在各个项目阶段参与的程度和民主决策的能力。

三 西城区全响应社会治理创新的多元参与

社会治理的多元化参与主要是从主体的角度来谈，强调的是政府职能的转变和社会自治的进步，是对社会治理责任领域的重新划分。多元参与强调政府与社会之间的协作治理，更大程度地发挥社会在治理领域的灵活性和开放性，从而提高社会治理的效率。

西城区全响应社会治理模式坚持在"政府履职，社会参与，群众自治"的原则下，积极尝试多渠道的公众参与社会治理的路径和渠道。例如，全响应社会治理模式开发了"随手拍"APP系统并面向社会开放，使用者只要下载"随手拍"APP安装，就可以通过手机终端向系统报送全响应业务事项，通过一整套科学完整的事项受理、处置、反馈的业务流程，让市民对事项的处理过程进行全程监督。比如，金融街街道地区居民及从业人员可以通过下载金融街手机无限交互服务平台上报城市管理、环境卫生、社会治安等问题，由全响应社会服务管理指挥分中心进行分类处理，派发相关部门协调处置，最后结案反馈。又如，西城区金融街街道网格服务员在日常巡查时发现砖塔53号门口污水井周边塌陷，影响市民出行安全，于是通过"随手拍"APP平台上报了该问题，全响应指挥中心接到案件后第一时间通知城管科协调相关单位进行维修，经过两个工作日，路面修复完成，指挥中心再利用短信平台对上报人进行回复并结案。又如，辖区居民通过"随手拍"APP平台反映新文化街6号院一家主食店门前摆放液化石油气，存在安全隐患，指挥中心接到市民反映后立刻通知安全生产办对该店进行调查，责令其改正，消除安全隐患。西城区大部分街道制定完善了《APP平台案件对接明细》，将辖区范围内所有案件进行详细分类，每项都设定结案标准、完成时限、承办单位以及主要负责人，从而更加及时、准确地进行案件派遣。

为进一步加强政府与社会公众的沟通与联系，西城区对原有的行政客服热线、社区服务热线以及非紧急救助热线进行整合，开通了西城区"12341"政府热线，受理城市管理、行政服务、便民服务、社情民意和投诉举报五项服务内容。这些措施不但拓展了社会公众直接参与社会治理的渠道，而且促使各级政府部门有效接受社会监督。

12341系统是全响应社会治理体系的重要组成部分，是"智慧政务"服务创新的主要手段。通过对目前全区各部门、各单位面向社会公众提供的140余条服务热线进行系统整合，统一接入号码，集中前台服务，整合后台处置流程，全程监督监控，形成咨询齐抓共管、处置协作协同、服务联合供给网络、建设公众使用简便、政府高效运转、群众满意的新型民众电话问询平台和全员参与的城市社会治理新模式。例如，12341热线收到市民来电，反映其居住某区域存在地下空间出租现象。当事人通过对地下空间改造，打隔断进行"群租"，狭小的空间居住了餐厅服务员、保洁员、厨师等五六十人，"群租"现象影响周边居民正常生活，也存在较大的消防安全隐患。接到热线后，指挥中心立即通知相关科室进行处置：一是联合相关职能部门加大对违法出租房屋的排查工作，针对前期记录在册、警告整改的重点区域、主要房屋进行突击检查。二是强化执法责任，加大清理力度。三是组织开展"严禁违法群租房"宣传活动，提高辖区居民对违法出租房屋的危害意识，积极配合街道彻底整顿违法出租房屋，有效杜绝安全隐患。

第四节　网格化管理理论与西城区全响应社会治理创新

网格的概念最早来源于电力网，电力网是将所服务的区域划分为网格，并利用通信手段监控电力网格的电力供应情况。后来，网格的概念首先被应用于计算机科学领域，计算机的网格技术在最近的几十年中逐渐被应用在不同的行业和领域内，成为一项日益普及人们的生产生活的非常重要的信息技术。

一　网格与西城区全响应社会治理创新

研究网格理论的学者福斯特和凯瑟曼指出，"网格的最终目的是希望用户在使用网格计算能力时能够做到如同使用电力一样方便，为用户提供与地理位置无关、与具体计算设施无关的通用计算能力，消除信息孤岛和资源孤岛，实现信息的高度融合与共享"①。从城市社会治理的视角来看，网格是依据特定地域范围内的所有的人口状况、地理分布、物件、事件等所做的地理上的划分。这种对城市区域的进一步划分，能够有助于在更小的范围内实现城市管理与社会治理的精细化。

西城区全响应社会治理中的"网格"则特指一种地理数据模型，即将地理信息表示成一系列的按行列排列的网格单元，每一网格单元根据其地理位置来划分，并按照网格的范围划定网格责任。责任网格是指按照标准划分形成的边界清晰、大小适当的管理区域，是城市网格化管理的基本单位。格的确定带来的管理上的变革主要是它明确了责任主体和管理对象，在格内实现了部门利益冲突的消解，降低了组织间协调的成本，实现了管理全覆盖，无缺漏。

二　网格化管理与西城区全响应社会治理创新

"网格化管理"的灵感同样来自电力的应用，假设当一个地区突然停电时，用户就会反馈，在电力网格中就会迅速反映出来，方便进行解决。网格化管理也是借用这一思想，将服务的对象依据一定的原则分成一定数量的网格，通过先进的通信手段和网格之间与上下层级之间的互联互通，传递信息，分享数据，实现这个系统内高效优质的多方互动，提高管理的效率。

了解"网格化管理"的含义，首先要分析信息技术领域的"网格"和管理领域"网格"的区别。在福斯特和凯瑟曼的著作中，可以把握从技术层面理解的网格化管理，网格化管理"是构筑在互联网上的一种新兴技术，利用互联网把分散在不同地理位置的电脑组织成一台虚拟的超级计算机，将高性能计算机、大型数据库、传感器、远程设备等融为一体，实现计算资源、存储资源、通信资源、软件资源、信息资源和知识

---

① I. Foster, C. Kesselman, *The Grid : Blueprint for a new Computing Infrastructure*, Morgan Kaufmann, Publishers, USA：1998，pp. 34 – 37.

资源的全面共享"①。福斯特和凯瑟曼的解释表述了一个信息社会的网络技术平台，人们通过这一集成的信息基础设施，能够完成复杂的计算程序，获得丰富的信息资源，并可以利用这一网络技术平台进行收集、加工、分析、处理和传输，实现数据地共享和高效利用。这一信息平台能够利用灵活有效的分布式计算资源，获得更强大的计算能力，实现互联网信息的采集、传输和利用，给人类的生产和生活方式带来巨大的变化。

如同"网格"一样，虽然网格化管理技术相关的实践探索早已展开，但"网格化管理"的概念界定和应用范围却尚未达成共识。明确了网格化管理在技术上的含义之后，还需要从管理层面理解这一提法。学者郑士源指出，网格化管理"指的是借用计算机网格管理的思想，将管理对象按照一定的标准划分为若干网格单元，利用现代信息技术和各网格单元间的协调机制，使各个网格单元之间能够有效地进行信息交流，透明的共享组织资源，以最终达到整合组织资源、提高管理效率的现代化管理思想②。"网格"能够更好地实现资源共享和远程协作，是郑士源对网格化管理突出特征的概括。学者池忠仁、徐辉和王浣尘提出，"网格化管理是在动态复杂背景之下，实现社会经济资源共享和多组织业务协同，降低用户使用和组织管理的复杂性，并提高管理效率的一种新兴管理模式"③。池忠仁等三位学者同时认为，网格化管理由于其信息传递的高效与数据共享的特征，在解决数量规模较大的服务对象问题时，面对多层级的管理格局时尤其有效。服务需求个性化，资源分布地方化，需求与资源动态化、虚拟化，管理机构多层化等特征。社会学者向春玲提出，"网格化管理"的实质是数字化管理，它的基本管理特征是根据虚拟的信息数字地图手段，"根据属地管理、地理布局、现状管理等原则，将管辖地域划分成若干网格状的单元，并对每一个网格实施动态化、精细化和

---

① 邢月潭：《上海市社区网格化管理研究》，硕士学位论文，华东政法大学，2008 年，第9 页。

② 郑士源、徐辉、王浣尘：《网格及网格化管理综述》，载《系统工程》2005 年第 3 期。

③ 池忠仁、王浣尘、陈云：《上海城市网格化管理模式探讨》，载《科技进步与对策》2008 年第 1 期，第 43 页。

全方位的管理"①。

综上所述，借助计算机技术中的网格化管理方法，现代公共管理模式中对这种新兴技术的应用越来越多。城市社会中的"网格化管理"与计算机领域中的"网格化管理"有其相似之处。"网格化管理"在其管理思想上具有的以服务对象的需求为特征和管理方式上的快速响应及工作协调的优势，其管理模式被广泛应用于社会生活的各个方面，目前最具有代表性的就是已经在城市管理领域取得突出效果的应用和已经在逐步实践探索深化应用的社会治理领域就是城市社区网格化管理的实践探索。

三　西城区全响应社会治理创新的网格化基础

西城区全响应社会治理模式是借用计算机网格治理的思想，将社会治理的对象依据特定的标准加以划分，划分的单元就是网格。因此，"网格"是社区往下划分的一种治理单元，并根据网格资源信息形成一种数字化的地理数据模型，将网格的地理信息表示成一系列的按行列排列的网格单元，在全响应信息系统上显现出来，每一个网格单元都可以在全响应信息系统中显示其地理位置和其他相关信息，清晰地显示每一个网格的范围。

（一）网格的划分

全响应社会治理体系的第一步工作是划分网格。依据社会治理工作的任务和难度，确定网格的大小是一件十分重要工作，网格过大不利于精细化管理，网格过小又浪费人力物力。同时，考虑到行政管理的单位和管理边界，如何更好地科学统筹地划分网格是一个非常重要的问题。西城区整体上按照"完整性（不打破现有社区和物业管理范围）、便利性（利于管理）、均衡性（各网格任务量均衡）、差异性（充分考虑区域差异和服务管理对象差异）"的原则，对原有城市管理网格、社会服务网格、社会治安综合治理网格边界进行统筹整合和科学调整。同时按照"街巷定界、规模适度、无缝覆盖、动态调整"的要求，在社区工作者"分片包户"工作责任制的基础上，按照权属和服务管理人口数量等要素

---

① 向春玲等：《加强和创新社会管理 18 个经典案例》，中共中央党校出版社 2011 年版，第27 页。

合理划分网格责任区。一般，按照500户左右居民户的规模，将社区划分为若干网格责任区，每个街道总体确定的网格一般不超过60个。网格范围一旦确定，网格内的人员、地点、事件、部件、组织、公共服务资源、项目等相关内容即纳入工作网格之中，实现城市管理网格、综合治理网格、社会服务管理网格的"三网合一"。

网格划分完毕后，制作网格划分的网络图和网格责任公示牌。根据各社区实际情况，由社会办调整社区网格负责人，做到"一格一长、全责管理"。将社区服务站和社区居委会承担的公共服务和社会管理事务落实到网格，实现工作任务的精细化管理。同时，进一步完善网格划分地理信息数字化，对所有网格内的人、地、事、物、组织、服务资源、管理项目等进行动态调整。由区、街道社会办、智能办、指挥中枢、城管科、综治办等部门负责完善城市管理网格、综合治理网格、社会服务管理网格"三网合一"。例如，为进一步加强网格管理，西城区新街口街道建立网格岗位责任制，逐一明确网格工作人员及岗位职责。街道要求社区加强事件上报质量，按照改版后的规范上报民情日志；为网格员录入社管通管理软件并指导其使用；规范网格员定期走访制度，做到"家庭情况清、人员类别清、区域设施清、存在问题清"，成为网格责任区域内的"活户籍、活档案、活地图"。同时，探索建立绩效考核机制，强化考核落实和平台应用。新街口街道通过完善网格管理制度，探索提升网格运行机制，切实推动全响应社会治理创新的持续运行，有效地营造出全响应长效运行环境。西城区最终划分了1541个网格，完成了网格空间标绘，形成GIS电子地图。

（二）网格中的责任管理机制

网格如何完成信息收集和问题发现的功能，这主要依靠网格管理员。在网格中每个网格都有负责人，网格负责人的主要职责就是采集社情民意信息。信息采集完成后，出现的问题如果能立即处理的就及时处理，不能处理的及时上报，等待由上级部门处理。这样，网格化社会治理系统即承担着访民情、听民意（采集社情民意信息）的功能，又能部分地起到解民难（处理）的作用。

网格事件的处理需要根据事件的轻重缓急由全响应社会治理系统进行分级管理。分级管理具体按照"区、街道、社区、网格责任区"的层次，对各类资源、事件、力量进行精细化配置、监控和分析，实现事件的上报、接收、分派、处置等一系列业务高效流转。各街道将所有社区网格责任区统一进行分级管理，根据社会秩序、治安状况、城市环境、服务人群的综合情况，将所有网格划分为日常管理、一般关注、重点关注、综合治理四种等级。建立网格化信息动态服务管理的工作平台，实现"网格全覆盖、工作无缝隙"。因此，责任网格是按照标准划分形成的边界清晰、大小适当的服务管理单元，是西城区全响应社会治理的基本单元。以西城区大栅栏街道联合地区派出所推进的"一格一警"工作机制进一步说明责任网格的落实。"一格一警"工作是西城区大栅栏街道当前社会面防控的重要工作方式，"一格一警"工作方式强调将工作落实到基层一线，在日常工作中抓好检查管控。"一格一警"工作模式通过召开工作对接会，向辖区各社区详细介绍"一格一警"工作基本情况、网格划分情况以及民警在社区网格里所承担的义务职责，并对社区提出三点工作要求：一是高度重视，配合民警开展工作，提高社会防范意识；二是认真执行，落实相关配套措施；三是狠抓落实，认真组织动员社干和群众，共同参与到社会面防控中来；四是注意细节，从问题入手，做好各类矛盾研判和解决。通过"一格一警"工作方式，社会面防控的工作任务在责任网格内得到了有效落实。所以，从某种角度上来说，全响应社会治理创新等于在社区这个层面往下深挖了一层，划分了更小的网格，构建了一个更加小型化的社会治理单元。

第 四 章

西城区全响应社会治理创新的探索历程

在全国各地网格化社会服务管理创新的推动下，位于北京首都功能核心区的西城区自主地开始了社会服务管理创新的探索，并率先提出了"全响应"的理念。经过多年的探索与完善，西城区全响应社会治理创新越来越完善，实现了社会服务管理创新的一次飞跃，成为我国网格化社会服务管理创新探索升级版的典型代表。因此，探讨西城区全响应社会治理创新的探索历程，就不能不从"网格化管理"这一概念的提出和网格化管理的广泛应用开始说起。

"网格化管理"这一概念，从文献梳理来看，最早应用于企业管理之中，见于发表在 2003 年第 1 期《上海水务》的《供水区域网格化管理初探》① 一文中。该文从上海自来水公司地下管道的管理问题出发，谈到网格化管理对地下管道管理的应用，这之后陆陆续续有学者开始从社会管理、社会治理的角度对此进行分析和讨论。

网格化管理理念在社会治理的实践则发端于北京市东城区 2005 年前后的万米网格管理施划运用之中，在东城区的网格施划过程中，采取了以 10000 平方米为单位，将城市管理的边界划成了若干个网格，在此基础上，将一些城市管理的部件要素与网格进行联系，形成一套工作机制。从而实现了通过网格单元的形式来发现问题、解决问题，从而保障了城市管理的精确性。

经过数年的探索，2010 年出台的《北京市社会服务管理创新行动方案》已经提出要着眼于解决目前社会服务管理中的突出问题，进一步推

---

① 蔡学进、张学明：《供水区域网格化管理初探》，载《上海水务》2003 年第 1 期。

进首都社会建设与社会管理工作。2012 年，北京市又出台了《关于推进
网格化社会服务管理工作体系建设的意见》等，明确了网格化社会服务
管理的目标、步骤和要求。

　　2010 年，西城区选取了条件较为符合的德胜街道等作为全区网格化
社会服务管理的试点街道，开始了西城区全响应社会治理创新的探索历
程。2012 年，西城区全响应社会治理创新的探索在全区推广，西城区全
响应社会治理创新进入了新的发展阶段。

第一节　我国网格化社会服务管理模式的主要实践

　　我国网格化社会服务管理模式的发展，经历了一个"地方探索—树
立示范—扩大试点—全国推广"的过程，了解全国同时期的网格化社会
服务管理模式的探索实践，对于认识西城区全响应社会治理创新在全国
的地位和发展阶段，具有重要的意义。为此，我们选取了全国在推广网
格化社会服务管理模式工作中，较为典型的北京市东城区、上海市黄浦
区和徐汇区、浙江省舟山市和宁波市、湖北省宜昌市、广东省深圳市等
几个地区和城市进行简要的论述和介绍（见图 4 - 1）。

图 4 - 1　我国网格化社会服务管理的主要探索

一　北京市东城区网格化管理

2005 年前后，北京市东城区开始了网格化管理工作的摸索，最初的网格化管理偏向于城市管理方面，已经包含了精细化管理的精髓，但在社会服务、参与式治理等方面体现得不够。随着国家在服务理念、治理理念方面的转变，东城区网格化社会服务管理也开始向人性化服务、社会参与等方面发展。2010 年北京市召开全市社会服务管理创新推进大会，东城区被确定为首批网格化社会服务管理创新的试点地区，开始了东城区网格化社会服务管理发展的新阶段。

在完善网格化社会服务管理工作中，东城区在组织机构上成立了社会服务管理综合指挥平台，在区、街、社区层面形成三级体系，将社会治安、城市管理、矛盾调解、人口管理等力量进行整合，统一到社会服务管理综合指挥平台中。在基层基础工作上，由于网格是比社区服务管理更小的单元，因此确定网格的划分标准是十分重要的，如果划分过细可能会导致工作碎片化，而划分过粗又会导致管理方式无法精细化，为此，东城区根据人口和面积等因素将每个社区划分为 2 个到 5 个网格。为了使管理工作更为直观，采取了数字化标记的方式，并通过统一数据标准将城市服务管理的数据按照一定的逻辑组织起来，形成独特的数据系统。如果想了解某一方面的服务管理对象和数据，通过该系统可以非常容易地实时获得。同时，充分发挥社会参与治理的优势，在社区推广"一委三会一站"模式，充分调动社区积极分子、楼门院长、普通居民的积极性。

在网格化社会服务管理模式的深入推进过程中，东城区对信息技术的运用达到了高度整合的程度，按照"化解社会问题，维护社会稳定"和"做好社会服务，提高群众满意度"两个重大需求，围绕网格化社会管理、网格化社会服务和网格化社会参与三条业务主线，综合应用云计算技术、地理空间技术、互联网技术三大技术，从基础设施、支撑平台、业务系统和展示应用四层，通过资源整合盘活、流程梳理再造、工作流协同联动和服务交融集成，建设业务办公、基础数据库、基础地理、社会管理、社会服务、政民互动、综合分析展示和信息产品开发八大系统，从而构建一个符合东城区社区现状并可扩展的"天上有云、地上有格、中间有网"的信息化支撑体系，系统整合了 17 个街道、29 个委办局以及 5 大类数据（人、地、物、组织、房屋）、73 小类数据（监督指挥平台上能查看到 73 小类数据）。

同时在网格化社会服务管理的运行机制上，东城区也进行了相应的调整，表现在：①在保留网格内的七种力量之基础上，将社保、团委、统战等具有一定专业性的力量组织进入网格，将原有的网格力量扩展成为一格中有多支力量，一个网格员承担多项职能，一个工作岗位富有多个职责的"7＋X"力量配置模式。②为了完善网格界定的合理性，遵循"完整性、便利性、均衡性、差异性"的原则，将东城区的网格划分重新进行调整。按照网格的日常显著用途，将网格分为住宅类、商业类、单位类和人员类四种类型，在投放力量的标准上，又将上述类型的地区进行等级分类，分别根据网格的管理特点划分为日常管理类、一般防范类、重点关注类和综合治理类，从而实现对网格类所有社会治理事项的全覆盖。③重新界定了工作中的三条主线。为了提高社会治理的责任意识，将提高群众安全感、幸福感、参与度作为网格化服务管理的主线和精髓。④聘请专业力量升级了涵盖区、街、社区、网格四级信息系统，将从网格中收集来的数据建立成动态数据库，同时在每个网格配备移动终端 PDA，网格员运用该移动终端将问题上报到信息系统中，分流由相关部门负责处理。⑤完善闭环工作流程。网格化服务管理涉及的所有部门和事项，一律按照"采集上报—指挥派遣—处置反馈—任务核查—入库评价—结单归档"的闭环流程进行处置，做到在闭环中解决社会服务管理的问题。

二　上海市黄浦区和徐汇区的网格化管理

上海市的网格化管理工作起步比较早，网格化管理这个概念正是上海市率先提出来的。在进行全面的网格化服务管理模式试点之前，上海市进行了相应的准备工作。例如在 2005 年编制上海市社区公共服务设施规划时，上海市就开始以网格为规划单元来整合地区资源。上海市在推进网格化管理过程中，主要采取了以下措施：一是在街镇建设街镇网格化综合管理中心，以街镇网格化中心作为网格化管理工作的中枢，从而发挥街道乡镇对职能部门派出机构的统筹功能。二是在城市网格化建设的基础上，将网格化管理延伸到农村地区，增加农村社区管理的内容，建立居村工作站。三是在管理内容上进一步拓展。网格化综合管理的内容向食品药品监管、安全生产、技术质量监督等领域覆盖，在做强网格化中心城市管理职能的同时，积极推进养老、家政、健康等社区服务进网格。四是进一步优化运行机制。建立城市网格化综合管理责任清单，完善网格监督机制，健全以源头防控为目标的联动治理机制。2013 年和2014 年，上海市网格化管理工作开始加速。上海市对于网格化管理立法工作十分重视，2013 年上海市通过了政府 4 号令《上海市城市网格化管理办法》，在上海市开展网格化管理工作具有了法律依据。为了进一步深化网格化管理工作，上海市政府 2014 年印发了《关于深化拓展城市网格化管理积极探索和推进城市综合管理的若干意见》。该《意见》指出，上海城市网格化管理实施以来，集相关体制机制、管理标准和信息平台于一体的管理模式日趋成熟，已基本建立市、区县相关城市管理、执法、监督、作业、服务等部门共同参与的网格化管理工作体系，基本形成网格确定、内容明了、责任清晰、流程闭合的网格化管理标准体系，基本建成覆盖全市主要城市化区域和基本城市管理领域的网格化管理信息平台体系，具备了对本市城市化地区公共空间范围内城市管理问题从发现到处置实施监督指挥的能力，推动了城市管理领域各相关部门工作效能的提升，实现了城市常态长效管理的模式创新。提出要用五年时间，基本建成以城市网格化管理信息系统为核心，与"12345"市民服务热线相衔接，与"12319"城建服务热线相融合，并与其他相关行业管理信息系统互联互通的城市综合管理信息平台；基本建成市、区县、街镇三级管理体系，完善健全标准明确、管理规范、联动高效的城市综合管理监督指挥体系，形成与联勤联动工作机制的有效对接，实现非紧急类城市综合管理领域的全覆盖，全面提升城市管理水平。下面重点介绍上海市黄浦区和徐汇区网格化管理工作。

（一）黄浦区网格化管理的主要做法

黄浦区网格化管理起步早，运行规范成熟。2005 年，上海市原黄浦区、原卢湾区就开始了网格化管理的探索，后来，原黄浦区和原卢湾区合并为新黄浦区。黄浦区城市网格化综合管理中心由原黄浦和原卢湾中心整合而成，作为上海市网格化管理首批试点单位，黄浦区的网格化管理工作起步于 2005 年，从定标准、搭平台、建机制入手，建立了较为完善的网格化管理体系，在城市管理中起到了积极的促进作用，积累了较丰富的经验。2015 年 3 月黄浦区启动深化拓展工作，2015 年 6 月完成基础建设，2015 年 7 月开始试运行。2015 年 12 月通过上海市委督查组考核验收，2016 年 1 月正式运行。上海市黄浦区认为，网格化是理念，是平台，更是模式。与以前相比，现在黄浦区的网格化管理体系更加完善，网格化管理覆盖更加全面，网格化队伍管理更加到位，网格化力量延伸更加到底，网格化运行机制更加健全。

从黄浦区的网格化管理体系看，黄浦区先后出台了网格化综合管理联勤联动意见、网格化综合管理标准等文件，有力地推动了网格化综合治理工作的推进。建立了区网格中心（正处级事业单位，1 个）—街道网格中心（正科级事业单位，10 个）—网格工作站（29 个，22 个街区工作站，7 个特定区域工作站）—居民区信息点（183 个，推动网格化综合管理向居民区延伸）的四级工作体系。如淮海中路街道网格管理中心是街道下属正科级事业单位，于 2015 年 6 月 29 日建成并投入试运行。下辖东部、西部、新天地 3 个工作站。2015 年 10 月 1 日，网格中心和工作站结束试运行，开始正式运行。黄浦区将原来区网格中心、区热线办、区应急办和区总值班室四个机构合并为区网格中心，在街道网格中心加挂了街道应急联络中心的牌子。在案件流转方面，黄浦区城市网格化管理系统已成为全区最大、最完整的政务平台，编织了"横向到边、纵向到底"的信息网络，接口开放，可不断叠加，实现了网格化管理、"12345"热线和应急管理业务的整合。

从黄浦区的网格覆盖情况看，目前，黄浦区共有 782 个万米网格，75 个责任网格，174 类种部事件。建立了 1 + 10 + 29 个监控平台，视频来源为公安探头共 2600 个。如淮海中路街道共设网格中心 1 个，3 个工作站，7 个责任网格，18 个居民区。在日常工作中，街道网格中心和工作站在 7 个责任网格开展不间断巡查，并与 18 个居民区保持密切的工作联系。

从黄浦区的队伍整合情况看，黄浦区从几个层面对队伍进行整合。首先，依托区市政综合管委员会的组织架构，发挥网格化管理的平台优势，将公安、市场、城管、绿容、房管、建委等部门的执法管理资源进行整合。其次，通过标准化的网格处置流程、配强指挥长（街道主任担任指挥长，街道分管副主任担任常务副指挥长，相关所队办负责人为副指挥长）有效增强网格处置效能。各级网格中心工作人员组成如下：区中心共有事业编制人员20人，辅助人员50人；街道中心一般有事业编制10—12人，社工编制12—15人。其中淮海中路街道网格化综合管理中心人员配备工作人员34人，其中事业编制5人，社工9人，聘用信息员6人，聘用网格监督员14人。淮海中路街道网格中心设指挥长一名，由街道办事处主任兼任，常务副指挥长1名，由街道分管城市管理副主任担任，副指挥长4人，分别由街道社管办、派出所、市场监管所、城管中队负责人担任。

从黄浦区网格力量延伸情况看，黄浦区的网格力量延伸体现为"一多一无二全"：在管理范围上从城市管理逐步向社会治理延伸，实现了平台"多领域"；在管理区域上从"围墙外"街区向"围墙内"居民区延伸，实现了覆盖"无死角"；在管理时间上从白天8小时监管向24小时延伸，实现了治理"全天候"；在管理重点上实现从事中、事后管理向事前联动、前端治理延伸，实现了管理"全过程"。22个社区工作站负责管辖范围内各类网格化管理案件的及时发现和快速处置；组织协调管辖范围内职能部门派驻机构、有关单位开展共治活动，对接、协调支持居民区开展共治、自治事项。7个特定区域工作站如人民广场地区网格工作站等，负责特定区域内各类网格化综合管理案件的巡查发现、视频监控和问题处置；参与街道网格化中心统一指挥的联动联勤处置。在居民区建立了183个居民区信息点，建立26个路管会、弄管会等居民自治组织，建立12个联勤联动工作站，推进"社区单位参与城区管理"共治模式建设。

从黄浦区的运行机制看，黄浦区建立了发现机制（监督员发现，区级督查发现，叠加视频发现，工作站、居民区信息点发现，开放式APP发现，舆情受理，热线互通）、联勤联动机制、评价机制等。如淮海中路街道网格中心形成了"发现问题—受理派遣—问题处置—协调督办—结案反馈"的闭环管理流程。黄浦区淮海中路街道城市网格化综合管理视频巡视要求将不同区域分为四类，其中A类主要包括学校、医院、地铁站、菜市场等周边主要区域，轮巡时间为07：30—09：30和15：00—18：00，轮巡频率为15分钟，这类区域的探头数量为学校：11个，医院：4 个，地铁站：9 个，菜市场：3 个。B 类区域主要包括历史文物保护建筑、窗口风景区等，轮巡时间为 07：30—22：00，轮巡频率为 15 分钟，有探头 118 个。C 类为市容顽症地区、重点设摊地区等，轮巡时间为 07：30—22：00，轮巡频率也为 15 分钟，有探头 82 个，D 类为市级主干道，轮巡时间为 07：30—22：00，轮巡频率为 30 分钟，有探头 50 个。为网格监督员配备了 18 辆电动自行车，1 辆 4 轮电动车，30 部对讲机。淮海中路街道网格中心从 2016 年 7 月开始实现了 24 小时运转，成立了夜间专门队伍，1 名派出所警员、1 名城管、特保队员夜间路面巡查，中心 1 名信息员视频巡查，两者相结合，实现了问题巡查发现的全天候。根据区统一部署，2016 年在 18 个居民区建立了居民区信息点，将网格平台开通到居民区，居民区可以通过平台及时上报需要协调解决的各类问题。淮海中路街道网格中心联合辖区内的社区单位共管共治，在新天地地区及周边 6 处重点地区、重要场所建立了联勤联动站点，鼓励、引导社区单位参与到城管管理问题的发现、上报和处置中，点面结合，实现新天地核心区域及周边更加有效的管控。围绕"快速发现、快速处置"，淮海中路街道网格中心相继建立完善了联勤联动、沟通联络、考核奖惩、常态长效四类工作机制，和《信息员、监督员工作守则》《信息员、监督员考核评价实施办法》《关于建立新型勤务模式工作的实施意见》等 16 项工作制度。从 2016 年 1 月 1 日至 12 月 31 日，淮海中路街道网格中心共发现各类案件 76028 起，其中"12345"市民热线事项 604 件，部件类 5824 件，事件类 70204 件；已结案 75770 件，结案率达到 99.66%，其中"12345"市民服务热线结案率达到 100%。

黄浦区网格化管理工作的目标是，将紧紧围绕"基层、基础、基本""三基"建设，不断深化网格化综合管理。具体包括：一是深化标准体系建设；二是开展常态教育培训；三是强化指挥平台建设；四是优化综合考评办法；五是加强网格队伍建设。

（二）徐汇区网格化管理的主要做法

徐汇区网格化起步晚，但起点高，运行规范有力。徐汇区网格化管理的总体目标是以网格化管理为基础，将联动联勤、"12345"市民服务热线、应急处置等职能统一纳入完善区网格化城市综合管理平台，建设现代化、符合徐汇特点的"1＋13＋X"城市综合管理体系，以"天上有云、地上有格、格中有人、人能管事、事皆有序、序后评估"为标准，构建"一个组织体系、一套运行机制、一张统一网格、一个信息平台、一支综合力量"的城市综合管理格局，有效破解各类城市治理顽症，探索基层社会治理新路，以提高城市管理水平，适应城市快速发展和社会多元化需求，达到"信息化建设，精细化管理，人性化服务"的目标。

徐汇区推进网格化管理的原则共有四条：首先是以问题为导向。打破条块分割、部门本位主义，最大限度地推动网格化与联动联勤、"12345"市民服务热线、应急处置相结合，实现工作界面无缝衔接、工作资源统筹调度。其次是以街镇为重心。围绕做实基层、重心下移，实现街镇在城市综合管理中的责权利相一致，使街镇有职有权有人有物，更好地为群众提供精准有效的服务和管理。第三是以社会化为动力。通过建立多元发现、社会化监督等机制，引导社会自治力量参与社会管理，实现政府行政管理与社会自我管理有效结合。第四是以法治为保障。运用法治思维和联动方式切实加强依法治理，坚持有法必依、执法必严，进一步加强源头治理，确保城市生产与运行安全。

徐汇区网格化管理的主要内容包括：①强化组织领导。成立区城市综合管理推进领导小组，主要领导担任组长，负责领导协调推进全区的城市综合管理工作，负责督促检查街镇城市综合管理落实情况、研究协调城市综合管理难点问题。设置徐汇区城市网格化综合管理中心，作为领导小组办公室。实行相关职能部门领导交叉任职，区相关委办局领导兼任中心副主任。各街镇成立相应的城市综合管理推进领导小组，由街镇主要领导担任组长，负责组织实施城市综合管理工作。成立街镇城市网格化综合管理中心，街镇城市综合管理推进领导小组下设办公室，设在街镇城市网格化综合管理中心，中心主任由街镇城市综合管理推进领导小组相关领导兼任，中心常务副主任由街镇科级领导干部担任，由公安派出所、城管执法中队、房管办事处等部门领导兼任中心副主任。居民区（园区）设立城市综合管理工作站。形成市—区—街镇—居民区（园区）城市综合管理组织。②构建工作体系。坚持上下对接和全区联动，在工作机制、信息网络上互联互通，实现"发现—立案—派遣—处理—反馈—核查—评价"的双向功能链，形成现代化、符合徐汇区特点的"1＋13＋X"的城市综合管理工作体系。③优化网格设置。以城市网格化管理中的责任网格为基准，以有利于精细化管理、有利于治理资源整合、有利于管理责任落实为原则，统筹考虑区域特点、人口数量、管理幅度、管理内容、管理资源、管理空间、服务设施、力量配置等因素，科学设置管理网格，实现管理网格在各类区域全覆盖。尽可能兼顾小区、街面的自然形态设置，根据本区区域差异大的特点，差别化设置管理网格规模，同时兼顾到网格设置的稳定性和持续性。将治安巡逻防控网、武装应急处置网、群防群治守护网与城市管理网格充分结合，确保城市管理、社会治安、规划、社区等各类网格相互叠加、减少交叉，形成纵向到底、横向到边、无缝衔接的管理网格。④厘清工作职能。城市网格化管理主要集中在与群众基本生活直接相关、可巡查发现的城市管理、市场监管、街面治安等领域，具体包括公用设施、建设管理、交通管理、市容环卫、园林绿化、房屋管理、水利水务、规划土地、生态环境、地下空间管理、食品药品监管、工商行政、安全生产监管、劳动保障管理、街面治安秩序、公共卫生等方面部件、事件问题的巡查发现、派单、处置、监督、考核；重点牵头协调处置与城市综合管理相关，以违法建筑、非法客运、无序设摊、群租等各类顽症为主，需多部门协同解决的问题。适宜城市网格化管理的其他社会管理和公共服务事项可按照规定程序逐步纳入。⑤加强力量配备。主要是推进执法管理力量下沉和建立联动联勤工作机制。⑥明确工作职责。分别明确区城市网格化综合管理中心共有12项职责，区职能部门有5项职责，街镇城市网格化综合管理中心有9项职责，居民区（园区）工作站有4项职责。⑦完善信息平台。打破部门间信息壁垒、统一数据标准，多网协同、拓展内容、丰富功能，整合数据采集、受理监督、指挥处置、综合评价、综合展示、应用维护、基础数据管理、数据交换等相关子系统，将现有城市网格化管理信息系统进一步打造升级为涵盖城市综合管理各领域、各层级的综合性信息平台。横向整合集成联动联勤、视频监控等系统，纵向推进城市网格化综合管理信息系统街镇平台和居委会工作终端全覆盖建设。进一步强化城市网格化综合管理信息系统与政府相关服务管理系统互联互通，重点加强与"12345"市民服务热线、"110"指挥系统的有效对接。形成了发现、派单、处置、督办、考核、奖惩、参与、源头治理、分析评价等机制。

　　2015年，徐汇区中心明确为直属于区政府的正处级事业单位，人员配置到位到岗，2015 年 4 月区编办下文明确全区 12 个街道（华泾镇参照街道设置）网格化综合管理中心"三定"方案，共核定事业编制 113 名。各街镇结合区域特点组建工作班子，各中心定编 7—11 名，一般由街道分管领导担任中心主任，正科级干部担任副主任，成立实体指挥中心。同时，网格中心的社工额度也进行了核定，总计 125 名，平均每个街镇 10 名左右。以街镇为单位，徐汇区共划分为 63 个管理网格，从地上延伸到地下、从围墙外延伸到围墙内，网格化管理进商圈、地铁、园区、交通枢纽、开发建设区域等，形成管理边界的无缝衔接，实现了公安、小区 4000 路视频全面联网。徐汇区主要抓了四个层次的培训：一是区中心工作人员的业务素质培训，区中心承担着指导街镇中心的工作任务，徐汇区采取请进来走出去、举办网格化管理专题研讨班等方式加大培训力度。二是加大街镇中心平台工作人员的业务指导，区中心每半月组织一次平台工作质量讲评，同时专门制作了一套培训材料，组织力量到各街镇巡回讲课。三是理论和实际相结合，深入街面一线做实网格监督员的实务操作培训，以老带新手把手传帮带网格巡查，发现上报核实结案等各环节的正确操作。四是抓好居民区工作站轮训。以街镇为单位，对全区 600 多名居民区书记、主任，开展了 13 场网格化管理业务和实务操作培训，为居民区工作站正常运行打好了基础。2017 年 2 月底我们参观的徐汇区漕河泾街道网格化综合管理中心成立于 2015 年 1 月，为漕河泾街道直属的全额拨款正科级事业单位，是漕河泾街道开展综合性城市管理巡查、监督业务工作的主体。目前，漕河泾街道网格化管理模块共分为 8 个网格块，下设 30 个居民区工作站，中心拥有管理人员 8 人，街面网格巡查员共 10 名。中心主要负责漕河泾辖区内城市网格化管理、受理"12345"市民服务热线以及城市管理相应的一般突发事件指挥处置等工作。目前，上海市徐汇区已经形成了"一个组织体系、一张统一网格、一个信息平台、一支综合力量、一个运行机制"，"1＋13＋X"全覆盖、一体化运行的三级城区的城市网格化综合管理格局。

三 浙江省舟山市"网格化管理、组团式服务"

浙江省舟山市"网格化管理、组团式服务"是根据网格划分，按照对等方式整合公共服务资源，组成服务团队对网格内的居民进行多元化、精细化、个性化服务。

2008年年初，舟山市普陀区桃花岛镇探索实施"网格化管理、组团式服务"工作模式。2008年4月，舟山市委组织部根据"组工干部下基层调研"活动安排，在桃花岛蹲点调研，发现基层实行网格化管理，管理服务能力大大提升，综合效应非常明显。2008年7月，舟山市委书记亲自赴桃花岛调研，肯定了基层的创新举措，决定将"桃花做法"在全市推广。舟山市的做法也得到浙江省委、省政府的重视，2009年7月，时任浙江省委书记赵洪祝批示："网格化管理、组团式服务"工作成效明显，坚持和发展了"枫桥经验"，完善了综治维稳机制，提高了党在基层的执政能力和领导水平，既是基层社会管理工作的创新，也是基层党建工作的创新，要在全省适时加以推广。2009年8月，浙江省"网格化管理、组团式服务"工作现场推进会在舟山市召开，在全省部署推进"网格化管理、组团式服务"工作。

（一）组织领导体系建立情况

2008年9月，舟山市委、市政府决定成立"网格化管理、组团式服务"工作领导小组，市委书记、市长任组长，市委副书记任常务副组长，领导小组下设办公室，办公室设在市委办公室，市委副书记兼任办公室主任。办公室下设综治平安组（由市委政法委负责）、团队管理组（由市委组织部负责）、城区工作组（由市民政局负责）、渔农村工作组（由市渔农办负责）、技术保障组（由市信息中心负责）。2010年4月，舟山市委、市政府对网格化工作领导小组及办公室的组成人员进行了调整，组长由市委书记、市长兼任，办公室由市委办公室调整为市委组织部，办公室主任由市委组织部部长兼任，办公室常务副主任由组织部副部长兼任，加强组织考核。区（县）成立相应领导机构，领导小组办公室相应设在区（县）委组织部。在镇街层面，成立网格办（对外称"联系与服务群众办公室"），网格办主任为镇街办事处的主任助理，编制为两人，专门负责网格化服务管理工作。这是舟山市网格化服务管理工作取得明显成效的优势所在，也是舟山市网格化服务管理工作的主要特色。

（二）网格划分、服务团队组建情况

舟山市按照城市社区、渔农村、企业三种不同情况划分网格。城市社区一般以300—500户划分网格，渔农村一般以150户划分网格，企业根据地域分布划分企业网格。城市社区、渔农村网格的每支服务团队由镇街中层以上干部、镇街一般干部、社区干部、医护人员，教师和民警组成，并在显著位置公示公告，留下每个人的手机电话。企业网格服务团队由镇街经贸、工商、税务以及辖区供电站、水厂等人员组成，由经贸科牵头负责。每支网格服务团队实行组长负责制，组长由团队中责任心强、群众工作能力强的人员担任。2009 年 9 月，舟山市在流动人口集中居住的企业、地区，聚居人数在 500 人以上的，建立一个或多个流动人口专属网格，每个网格按规定配备流动人口专职协管员，确定相应的服务团队。

（三）各部门融入网格化工作情况

自 2008 年以来，舟山市委市政府逐步深化"网格化管理、组团式服务"工作。①将党建和组织工作纳入网格。深化完善党员联系和服务群众，在网格全面建立党小组。舟山市先后出台《关于推行"网格化管理、组团式服务"深化完善党员联系和服务群众工作的意见》《关于市直干部在职党员干部融入社区"网格化管理、组团式服务"活动的通知》和《关于"两代表一委员"全面融入"网格化管理、组团式服务"工作的实施意见》（"两代表一委员"指党代表、人大代表和政协委员）等，充分发挥党组织的先锋模范作用，畅通社情民意的收集渠道，完善网格化服务管理工作。②将流动人口服务管理工作纳入网格。2009 年，舟山市出台《关于流动人口服务管理工作纳入"网格化管理、组团式服务"的实施意见》，根据流动人口聚居情况，探索划分流动人口专属网格（流动人口 500 人以上）、交互网格（流动人口 200—500 人）、兼容网格（流动人口 200 人以下）等不同类型的网格，建立集流动人口教育、服务、管理、维权于一体的服务管理新机制，为流动人口创造平等、公正、友好的社会环境。③将有关部门工作融入网格。2010 年，舟山市委、市政府两办《关于部门融入"网格化管理、组团式服务"工作的意见》，要求各级各部门将部门工作与"网格化管理、组团式服务"工作结合，实现组织机构对接、工作力量对接、专业团队对接、党员干部对接，实现各级各部门公共管理服务职能和工作力量在基层的延伸和拓展，密切党群干群关系，提高群众满意度。

（四）网格化规范运行情况

1. 制订考核办法。舟山市委、市政府"两办"印发《舟山市"网格化管理、组团式服务"工作考核办法》，对网格化工作的组织机构、联系走访群众、社情民意记载、服务办事、民情研判、配合开展重点项目、群众满意知晓率和满意度、工作创新等内容进行考核。

2. 严格奖惩举措。市委组织部、区（县）委组织部将"网格化管理、组团式服务"工作纳入领导班子和领导干部考核目标，将考核结果作为领导干部提拔任用的重要依据。普陀区桃花岛镇党委书记在网格化工作中成绩突出，被提拔为区领导。

3. 严格工作流程。通过基层社会管理综合信息系统，对群众反映的诉求和矛盾纠纷，相关职能部门能解决的立即解决，不能立即解决的必须在5个工作日以内予以答复，并报上一级部门。如果超过5个工作日，系统自动亮红灯，每次扣除5分，纳入组织部门考核。

4. 开展大比武和优秀评选。2009年，舟山市委组织部开展首届网格民情大比武，主要考察网格管理员对群众生产生活的了解情况，如对大屏幕中给出的网格内群众的照片，要求写出其姓名、家庭住址、家庭成员等，考察网格员对社保、流动人口等基本政策的熟知情况。2011年，舟山市委表彰上年度网格工作的"十佳镇街""十佳社区""十佳服务团队""十佳群众贴心人""十佳创新项目"等，并给予以奖代补的奖励。如对优秀网格服务团队，每人每年给予2400元的奖励。

四　湖北省宜昌市"一本三化"网格化管理

湖北省宜昌市网格化服务管理模式起步于2011年，其特色可以概括为"一本三化"，即以人为本、网格化管理、信息化支撑、全程化服务。

（一）宜昌市网格化管理的特色

1. 以网格化管理为基础

宜昌市按照"街巷定界、规模适度、无缝覆盖、动态调整"的原则，对城区的社区进行网格划分，最终形成1110个网格。为了做到有人管，网格管理员成为每个网格的标配。在网格管理员的选任上，一方面充分发挥综治、公安、民政等部门现有的力量，将其中一些富有经验的基层工作人员纳入其中，另一方面向社会公开招录，明确标准，采取双向选择。在网格管理员队伍的业务能力发展上，首先将其定位为社会工作者，享受国家有关社会工作者的待遇，然后对其进行统一培训，主要负责公安、综治、人社、民政、计生、城管、食品安全七项信息采集和综合服务，确定市网格管理监管中心作为网格管理员队伍的管理部门，实现对网格管理员的管理和组织。通过以上措施，将城区的人、地、事、物、组织等要素全面纳入网格管理之中，实现网格管理的全方位、动态化和高效率。

2. 以信息化为支撑

为了实现数字化管理，宜昌市搭建了"数字网格"和"电子地图"两个功能板块，将人口、房屋两大信息融于其中，形成两套基础数据系统，同时将综合服务管理信息、专业服务管理信息加以运用，从而形成了一套统一的、动态化的社会服务管理信息平台，可以实现信息的互联互通、及时共享。人口信息的范围覆盖自然人和社会组织。房屋信息覆盖各种不同的产权房屋以及城市附着物，同时建立人口与房屋的对应关系，通过房屋可以查到人口，通过人口可以查到房屋。在此基础上，建立社区、网格综合服务管理信息应用系统和专业服务管理信息应用系统，使基础数据真正在社会服务管理中发挥作用，而不是沉睡在系统内部，提高服务管理的精度和效率。

3. 以全程化服务为核心

宜昌市充分挖掘社会服务管理综合信息平台的作用，将系统的运用设计成覆盖常住人口和流动人口的全过程，根据人口变化情况，对基本公共服务进行主动调整，及时满足人口变化产生的社会需求，实现了对常住人口从摇篮到坟墓的全程关注，对流动人口生活的全程关怀。

（二）宜昌市网格化服务管理模式的机构及运行机制

1. 组织机构

为实现对社区网格管理员的管理，宜昌市设立"市社区网格管理监管中心""社区网格管理监管分中心""网格管理中心（站）"三个层级的管理机构，统一安排在综治系统之中。在基层实现社区网格管理站的领导高配，由社区居委会副主任兼任站长。同时为了体现民主管理，副站长由民主推荐产生，由街道网格管理中心任免。

2. 职能定位

宜昌市对三层级的管理机构的职责进行了宏观区分，市社区网格管理监管中心作为最高一层管理机构，主要负责分派任务，监督督办，同时也负责综合协调数个部门共同办理一些棘手案件。社区网格管理监管分中心则与街道网格管理中心形成联动，对辖区内网格管理员的人事管理进行统一调配，同时协助上级管理机构具体监督各项任务的执行。最基层的社区网格管理站则负责对网格管理员的直接管理。

3. 运行机制

为了实现扁平化运行，在上下级之间形成联动机制，宜昌市让社区党组织发挥统筹作用，社区网格管理站与其他部门共同完成基层服务管理工作，相互之间形成配合关系。为了使社会服务管理落到实处，职能部门内部之间建立起统一的智慧平台，对网格管理员上报的信息进行一站式受理和内部工作分流机制。为避免部门之间的相互推诿扯皮，实行电子监察机制，并将电子监察的结果与单位、个人的考核挂钩。

4. 网格"准入制"

宜昌市为了避免网格管理员被强迫摊派不属于网格服务管理的职责，保障网格管理员能够专心致力于网格服务管理工作，对网格管理员的负责事项实行准入制。即凡纳入网格管理员职责中的事项，都必须由职能部门提出申请，由市社区网格管理监管中心进行审核，最后由市政府进行批准，否则任何部门和个人都不得向网格管理员安排职责之外的工作。防止出现网格管理一箩筐，什么东西都往里装的现象。同时赋予基层网格管理站拒绝的权力，对于没有进入准入门槛的事项，基层网格管理站有权拒绝并同时向市网格管理监管中心报告。同时，对任意摊派工作的部门进行一票否决制，摊派工作的事实被查证属实的，对摊派工作的部门实施一票否决。

（三）宜昌市网格化服务管理模式的联动机制

网格化社会服务管理在基层面对群众的只有一个网格，而对着网格的是多个职能部门和专业力量，因此，要实现小网格发挥大作用，没有上面这些职能部门的相互配合，互通有无，网格只会是空有表面。为此，宜昌市通过建立相关制度，加上信息技术的辅助，实现各职能部门和专业力量的主动联动。

1. 融合信息资源，实现综合集成

宜昌市着力打破部门之间的信息壁垒，实现社会服务管理信息的互联互通。在信息采集制度上，采取"网格员与志愿者相结合、网格与部门相结合"的做法，将网格员采集的信息与志愿者采集的信息进行融合，将网格采取的信息和部门渠道获得的信息进行融合，建立起"一方采集、多方响应"的机制，实现同一目标的数据能够在系统内进行比对，避免出现数出多门，无以为依的现象。在上述工作机制的基础上，打造社会服务管理的综合信息平台。将公民的身份证信息作为数据采集的切入口，通过该信息可以在信息平台上获取职业、主旨、社保等多方位信息，从而使社会服务管理更加精准。

2. 融合工作力量，夯实基层基础

网格管理员作为网格的服务管理力量，与网格内的工作相比仍有不足。为了充实网格内的社会服务管理力量，宜昌市引导各职能部门将专门管理力量都下沉到网格之中，做到街道、社区、网格之中都有职能部门的力量，从而将网格力量充实起来。在街道层面成立便民服务中心、综治信访维稳中心、网格管理中心"三个中心"，在社区层面成立便民服务站、综治信访维稳站、网格管理站"三个站"，中心与站形成对接关系，共同运用社区专职工作者、网格管理员、志愿者"三支队伍"做好社会服务管理工作。打破传统的科室设置，实现上述"三个三"的管理体制创新，从而发掘出现有社会服务管理力量的潜力。

3. 融合工作流程，提升服务效能

宜昌市对社会服务管理的流程进行重新改造，将人口信息作为流程的出发点和工作中心，将社会服务、管理工作进行重新布局，实现街道、社区工作效率的提高。

（四）宜昌市网格化服务管理模式的服务机制

1. 全程便捷服务

宜昌市在职能部门管理力量下沉到网格的基础上，开展社区代理工作，由社区代理职能部门收受代办事项，社区居民无须到职能部门服务窗口，在社区就可以办理诸如生育服务证、老年人优待证等事项。同时拓展网络服务平台，方便社区居民通过网络获取相关信息。成立家政便民服务信息中心，在居民和企业之间搭建起桥梁，实现社区服务事项的社会化。

2. 全程精细服务

宜昌市针对不同社会群体，有针对性地设计开展特色服务项目，使社会不同群体的需求都能得到相应专业力量的支撑。对特殊人群的需求，开展专项工程建设，引导特殊人群运用合理的手段途径实现自己的目标。

3. 全程监察服务

宜昌市为了保障社会服务的质量，建立了电子监察系统，对服务工作进行记录，通过对服务工作的痕迹化管理，督促相关部门切实履行其社会服务管理职责。

（五）宜昌市网格化服务管理模式的保障机制

1. 建立组织领导机制

宜昌市将网格化服务管理作为"一把手"工程来抓，市党政领导共同组成该项工作的领导小组，下设办公室，实现集中办公。并在网格化服务管理的推进过程中保持近距离关注和控制，使网格化服务管理工作不走样，落到实处。

2. 建立日常运行机制

宜昌市将创新办与综治办的工作进行融合，两个部门相辅相成、形成合力。将网格化服务管理工作提到市委市政府日常工作，对网格化服务管理工作进行周期性考核。

3. 建立投入保障机制

宜昌市将网格化服务管理工作写入"十二五"规划当中，网格化服务管理不再是特事特办，而是作为一项长期性工作。在财力、人力上都能够得到持续的保障。

五　浙江省宁波市镇海区"互联网＋"网格化

"人在网上走，事在网格办"，这是宁波市构建基层社会治理体系的一个缩影。宁波市从 2009 年开始网格化服务管理模式的实践。在不断摸索中，宁波市围绕着"互联网＋"这一主旨，探索如何在互联网时代做好做强网格化服务管理工作。

为此，宁波市在全国率先建立政务云计算中心，同时整合基层 20 多个信息系统和形式多样的采集终端，统一建立"宁波市基层社会服务管理综合信息系统"标准化共享平台和信息采集终端"e 宁波",实现巡视检查、入户走访、信息报送、任务处理、绩效评价"五位一体"智能管理,在实时掌握治安动态、预判需求热点、推送个性服务、助推科学决策等方面,发挥着"大数据"的重要作用。在网格的设置上,宁波市明确把网格定位为社会治理的基本单元,将网格化管理作为社会治理的基本方式,按照全域、全员、全能的理念设置网格,细化网格内容,明确网格标准,建立网格流程,推进服务管理精细化、全覆盖。目前,宁波已建立全市统一的基层社会治理网格体系,拥有 1.2 万余个网格,1.2 万余名网格长,近 4 万名网格员,实现地域全覆盖,全市无缝隙,初步实现了基层社会管理服务事项"一网打尽"。同时,为了实现网格化服务管理工作的扁平化,减少中间环节。宁波市从推进乡镇(街道)行政体制改革入手,做强乡镇(街道)社会服务管理中心,强化资源整合、联动支撑、协调运作的协同机制,着力打造扁平化的指挥平台。其中,明确在乡镇(街道)社会服务管理中心统一建立综合指挥室,以事件处置为中心,实现统一指挥、及时响应、协调联动、有效处置,推动事件处置的高效化,提升社会治理协同能力。

宁波市镇海区全区 40 万人口,有 3000 个摄像头。镇海区庄市街道办事处实行的"网格化管理、组团式服务",庄市街道总人口共 2 万余人,共 7 个行政村,7 个社区,2009 年开始启动网格化管理,2014 年进一步深化,目前庄市街道共划分 189 个网格,配备 116 个网格员,每个网格员配备平安 e 通手机。其工作架构是:

(一)全域网格

①明确定位,将网格定位为村社区下一级的基层社会治理单元。②统一标准,网格的区域大小、管辖人数必须与管理力量相匹配。③清晰边际,划分网格,尽量以地理分界线(道路、河流)为边界。④事务准入,执行上级要求,根据任务清单实行总量控制。

(二)全员参与

庄市街道探索"德治 + 法治 + 自治",1 + 1 + 1 + X,即 1 名网格长、1 名网格指导员、一批网格员,X 个其他志愿力量。探索实行"网格 + 党建","网格 + 微信"的参与方式。

（三）全能社工

庄市街道全能社工实行服务流程、服务清单、服务形象和服务制度"四统一"。实行前台一口受理，后台分类处置。共确定 12 类 52 项服务，制订便民服务"一本通"。实行亮牌服务"三统一"，设置 2—4 个服务窗口。实行延时服务，全程受理，限时办结，书记坐班，首问责任。

（四）全程代理

实行即时响应，就近办理，一柜办理。实行发现上报—调度分流—处置反馈—任务核查—评价考核—结单归档的闭环管理。

庄市街道探索形成了信息自动集成、事件自动流转、考核自动生成、数据自动分析的工作机制。工作要求是底数清、动态明、反应快、服务好。将辖区人口划分为骨干对象、服务对象和管控对象，工作内容包括统战工作，归正矫正，国安禁毒 610，外来人口管理，信访矛调，治安隐患，安全生产，消防安全，食药安全，交通安全，环境保护，市场监管，金融监管，气象灾害，养殖种植，水域管理，山林管理，违建违法用地，危房排查，市政绿化，保洁保序，物业管理，农村卫生，弱势帮扶，文教体育，医疗计生，老龄殡葬，劳动监察，党建宣传，妇联家庭，团委工作，工会工作，民生服务等。

六　广东省深圳市的"织网工程"

近年来，广东省深圳市面临着人口迅速增长、城市化进程迅速推进带来的巨大挑战、服务对象及其服务需求难弄清等诸多城市问题和治理困境。在整体性治理理论的指导下，在大数据时代背景下，2011 年，深圳市为提高政府服务效能，改善百姓办事体验，创造性地提出了"织网工程"建设，以高规格的组织架构、强有力的组织保障推进"织网工程"建设，从体制机制上打破不同部门间的信息孤岛，利用信息化手段进行流程再造，倒逼政府改革，实现从电子政府向智慧政府质的飞跃。深圳市提出了包括"内外上下"四个维度的整体政府组织模式，其中"上"指的是自上而下的目标设定方式以及对上的责任承担，途径是以结果为导向的目标分享、公共服务协议、绩效评估等。"下"就是以公众需要为服务宗旨的新型公共服务供给过程，合作方式是一站式服务、公众参与等。"内"是组织内部的合作，方法是建立新的组织文化、价值观，及实现人员培训和信息管理等。"外"就是组织间的合作，通过分享领导权、联合团队、共同预算等方法实现协同，是一种跨部门的工作方式。以往，出台一项公共政策前，只能基于抽样数据来考虑公共政策、资源规划的配置，存在偏差，使得作出的决策分析存在一定的片面性和局限性，现在通过网格采集的基本信息和部门的专业信息，深圳市掌握了动态鲜活、真实准确的人口数据，可以以时间为维度，构筑人的生命周期信息动态管理体系，涵盖从出生、教育、就业、人口流动、婚姻、住房、医疗、社保、司法、退休养老、死亡等全过程。通过数据挖掘，实现从经验决策到循数决策的转变，实现从数据到信息的转变，实现从事后管理到事前预测的转变，实现从被动服务到主动服务的转变。以往，以管理为导向制定的办事流程烦琐，百姓办事体验差，各层级各部门工作效能低，不能适应互联网时代极致快速的发展需要，深圳市以服务为导向进行办事流程优化，根据业务需求来调整部门设定，省去非必要环节，利用信息化手段，改善百姓办事体验。积极探索数据开放、信息惠民和信息消费模式，通过特许经营、购买服务、股权合作等方法推动政府和社会资本合作模式，将发展提升的空间让渡给社会，让市场的力量发挥作用，更好地满足不同社会群众的差异化需求。

深圳市"织网工程"是以数据共享为基础，以业务协同为核心，以三码关联（身份证号码、组织机构代码、房屋编码）为抓手，以三统一（统一采集、统一受理、统一分拨）为原则，以三跨越（跨部门、跨区域、跨层级）为突破。通过打造一个互联互通、动态准确、权威可信的基础数据库，实现循数管理、科学决策，通过业务协同、再造工程流程，转变政府职能，改变工作作风，提升公共服务效能。通过思想认识的现代化、技术手段的现代化、制度建设的法治化，最终实现治理能力的现代化。深圳市"织网工程" 1.0 版本的构成主要包括"一库一队伍两网两系统"，其中"一库"指的是公共信息资源库，"一队伍"是指网络信息员队伍，"两网"是指社会管理工作网和社区家园网，"两系统"是指决策分析支持系统和综合信息采集系统。"一库"汇集业务部门信息、网格信息员上门采集信息、自主申报信息、互联网收集信息、12345 电话信息等多类信息来源，各类数据进行碰撞，清洗比对，形成实时准确、动态鲜活的公共信息资源库。"一队伍"是基于网格化管理模式，整合现有的出租屋综管员、计生协管员以及数字化城管信息采集员等建立的专职从事基础信息采集以及事件发现、跟进和复查的网格信息员队伍，实现全覆盖、精细化的社会服务管理网格工作格局，主要承担采集公共基础信息、管理事件信息、服务事件信息，提供上门代办服务等。社会管理工作网联通各部门业务系统，对各类事件进行分流、处置、反馈和评价。社区家园网联通社区居民，以统一的标准，在统一平台的基础上构建面向社区居民服务和互动的统一门户，探索虚实结合的社会服务管理模式。综合信息采集系统是对基础信息和事件进行统一采集，实现数据实时更新的信息采集系统。该系统改变了原有的纸质录入的采集方法，采取智能 PDA 设备信息采集方式。决策分析支持系统是以电子地图为基础，直观展示人口、法人、房屋、城市部件等公共基础信息及事件情况，展示人口分布及各类业务叠加信息，为各级部门科学决策提供数据支撑和依据。深圳市"织网工程"目前已经实现了政务数据的互联互通、集中共享，以区为单位进行统一采集、统一受理、统一分拨的三统一运行模式探索，突破了以往不同区域、不同部门、不同层级的限制，业务协同达到新的高度，做到了网格统一管理、信息统一采集、交换统一平台、资源统一入库、服务统一受理、事件统一分拨、绩效统一评估。

第二节　西城区全响应社会治理创新的发展历程

　　与上述各城市（区）差不多同步，北京市西城区从 2010 年就开始了全响应社会治理创新的探索与创新。纵观西城区全响应社会治理创新自从 2010 年以来的探索实践，大致可以分为"试点孕育期""全面推进期"和"提高升华期"三个阶段（见图 4-2）。

一　西城区全响应社会治理创新的试点孕育期

　　西城区全响应社会治理创新的试点孕育期大致从 2010 年至 2011 年年底。2010 年，北京市整体推进社会面防控网格化工作，并在东城、朝阳和顺义三个区开展以网格化为重点的社会服务管理创新综合试点工作。2010 年，西城区正式提出全响应理念"全面感知、快速传达、积极响应"，并主动选择德胜街道作为西城区网格化服务管理创新的试点，有着

图 4 - 2　西城区全响应社会治理创新的三个发展阶段

多方面的考虑。德胜街道辖区面积 4.14 平方公里，辖区内常住人口 11.7 万人，流动人口近 3 万人。2001 年，经国家科技部批准，德胜科技园成为中关村科技园的重要组成部分，享受中关村科技园区支持高新技术产业发展的各项优惠政策，重点发展研发设计、文化创意、金融后台等产业。德胜街道辖区有北京普天德胜、北京康华伟业等 8 家孵化器企业以及中国交通建设股份有限公司、中国工程院、国家核电等 205 个中央单位。从街道的大小、人口的规模、科技引入的便捷等诸多条件来看，德胜街道都具有一定的优势。

在承担了网格化社会服务管理创新试点任务之后，德胜街道从地区实际出发，把推进社会服务管理创新作为各项工作的出发点和落脚点，制订了《德胜街道智能化民生服务与城市管理行动计划（2011—2013）》，以"全面感知""快速传达""积极响应"为核心理念，具体包括全面掌握整合地区人、地、事、物、组织数据，感知地区发展态势，拓宽地区百姓与街道之间的双向互动渠道，使双方的信息能够快速畅通传达，紧紧围绕群众切身利益，把社会服务管理创新同社区居民、企事业单位意愿、需求结合起来，积极响应百姓个性化、多样化需求等多方面的内容和要求。

在框架设计上，德胜街道采取扁平化设计，核心组成包括数据中心、传输渠道和指挥中心，贯通民生服务、城市管理、维稳应急、绩效考核、分析研判、统筹推进 6 大职能，涵盖楼门院长 PDA、综合调处系统、流动人口服务管理、社会服务平台、一刻钟服务圈等多个服务管理项目。数据中心作为掌握地区人、地、事、物、组织的重要抓手，将市区街居80 多个业务系统、316 个科室台账、23 个社区数据与街道数据中心实现数据对接和实时更新，并与区人口库、法人库保持对接和共享，实现多来源渠道、多技术标准的数据接入与共享。通过整合各类资源，集成各个业务系统，通过"一张图"的 GIS 系统，按照"街道—社区—网格化责任区"的层次，层层递进地对各类资源、事件、力量进行配置、监控和分析。而指挥中枢利用社会服务平台和社会管理平台两大平台，打破科室与科室之间、科室与社区之间的壁垒，实现跨科室、跨社区的指挥协调，快速反应、联合行动。街道社会服务管理指挥中枢的工位坐席可实现社会服务信息管理、街道应急处置值班、安保图像监控、城市管理派案等工作，实现了指挥中枢多任务、多职能、多工种的综合利用及共享的集约化办公，实现了对各科室相对独立的办公系统及台账的统一数据对接，对地区的人、地、事、物、组织等各类数据进行统管，使市区街居多个业务系统和台账与街道数据中心实现了实时更新，实现多来源渠道、多技术标准的数据接入和共享。

在具体工作机制上，德胜街道网格化社会服务管理模式的试点探索主要表现在：

第一，根据业务对事件进行分类，将事件按严重程度分为五个等级，明确每名工作人员的具体执行动作，实现业务处理标准化。例如按照严重程度共分为五级。分别是五级事件：不出网格化责任区的"身边事"，在网格员责任区权限范围内和能力所及的范围内，可以由责任人及时解决的。四级事件：不出社区的"小事"，超过网格员责任区权限和能力范围，需要业务负责人处理或上报社区主任和书记进行决策和协调的，不出社区。三级事件：超过社区权限和能力范围，需要上报街道指挥中枢和相关业务科室进行协调处理的。二级事件：超过社区权限和能力范围，需要上报街道指挥中枢和相关业务科室以及街道主管主任进行协调处理的。一级事件：最高级别，不只需要上报街道指挥中枢和相关业务科室主管主任，还需上报街道办事处主任和街道工委书记进行协调的。

第二，在业务流程优化的基础上，以事件的发生频次、处置质量和处置时效以及各类基础数据的更新频次和质量为抓手，梳理评价指标，建立针对业务科室、社区、责任区责任人的评价体系。实现权责分布的明晰化和考核评价的即时化，提升了工作效率和工作质量。

第三，合理划分网格并完善网格内管理机制。综合考虑居民户数、单位数量、业态情况、社区工作力量等因素，按照完整性、均衡性等原则，将街道23个社区划分为233个网格化责任区，将社区居委会、服务站负责的各类服务管理业务下沉到责任区，实现业务的扁平化管理。采用"一格一长、多员进格、全责管理"的模式，每个网格都由一名社区工作者担任格长，同时由一名街道干部担任指导员，各专业力量明确与网格的对应关系，实现对责任区中人、地、事、物、组织的精细化服务管理。

第四，完善优化社会治理组织机构。为了更好地开展网格化社会服务管理的试点，德胜街道对现有的社会治理组织机构进行了调整，组建增设了一些新的部门，包括智能化建设办公室，负责总体制订信息化工作发展规划，组织、协调重点信息化建设项目，提供技术保障；指挥中枢办公室，负责整合机关、社区及辖区内相关资源和各方面力量，统筹推进辖区社会服务管理体制建设；民族宗教科，负责民族、宗教、侨务工作，贯彻民族宗教侨务的政策、法律，反映民族宗教侨务方面的意见和信息，协调解决有关问题，组织开展民族团结进步创建活动；社会建设促进中心，负责全面统筹推进地区社会组织的发展，增强社会建设的活力；科技园区服务办公室，负责更好地联系地区企业，协调有关部门为企业提供服务平台，优化园区企业发展环境。

以德胜街道试点为发端，西城区开启了全响应社会治理创新的序幕，这一时期网格化社会服务管理模式探索的突出成果还体现在全区制定的两份规范文件中，其一是中共北京市西城区委办公室、北京市西城区人民政府办公室共同印发了《西城区关于构建网格化社会面防控体系的实施意见》的通知（京西办发〔2011〕29号），要求各街道工委和办事处、区委区政府各部委办局、各公司、各区级机关、各人民团体结合实际认真贯彻执行，全区共划分了1203个社会面防控网格。其二是西城区社会治安综合治理委员会办公室于2012年2月向各街道综治委发出了《关于进一步推进网格化社会面防控体系建设的通知》，为进一步加强和创新社会管理，全面提升城市管理水平，进一步细化和规范社会面防控各项措施，充分发挥网格化社会面防控机制的作用。

在德胜街道网格化社会服务管理创新试点工作过程中，具有西城特色的网格化服务管理模式逐渐被总结出来，即"全响应社会治理"模式，"全响应"的提法取自德胜街道试点工作中所秉持的"全面感知""快速传达""积极响应"三个核心理念的首尾关键词，即通过传感器、数据中心、指挥中心等现代科学技术和设备，全面感知居民和企事业单位的需求，并为其提供及时的服务。2011 年，西城区提出全响应八大响应链。

二　西城区全响应社会治理创新的全面推进期

全面推进期从 2012 年年初到 2013 年年底。2012 年 5 月，北京市委、市政府主要领导牵头召开全市网格化社会服务管理大会，提出要构建"精细化管理、个性化服务、多元化参与、科学化运转"的社会服务管理工作体系和运行机制。同时，西城区经过一年多的试点探索，德胜街道总结形成了"全响应"网格化社会服务管理创新模式并得到了西城区的认可，从此，"全响应"网格化社会服务管理创新模式开始在西城区进行普及和推广。2012 年 4 月西城区委、区政府两办共同印发了《关于加强全响应社会服务管理创新信息化建设的指导意见》，这是西城区最高等级的以"全响应"为标题出现的文件，2012 年 5 月区委区政府又印发了《关于深入开展"访民情、听民意、解民难"工作的实施意见》。这些文件的研究制定、印发与实施，标志着西城区正式进入"全响应"社会服务管理模式的全面推进阶段。

2012 年 5 月 30 日，北京市召开网格化社会服务管理体系建设推进大会，标志着这项工作在全市全面推开。计划用一年左右的时间，北京市将初步建立起网格化社会服务管理工作体系框架。市委书记刘淇出席会议并讲话，市委副书记、市长郭金龙主持会议，市委副书记、市政协主席、市委政法委书记王安顺作工作报告。会上印发了《关于推进网格化社会服务管理体系建设的指导意见》，由此西城落实市精神，推进形成全响应社会治理体系。2012—2013 年西城区重点推进区街社会服务管理信息化平台建设，推进访听解。2014 年出台《西城区关于进一步加强全响应网格管理工作的方案》，一是加强工作统筹，推进"三网合一"。区领导牵头定期调度，推进城市管理网格、综合治理网格和社会服务网格三网合一工作，按照"完整性、便利性、均衡性、差异性"的原则，以街道为主体推进，经过"并网、定数、出图、比对、修正、融合"六个步骤，形成全区统一的 1623 个网格责任区（后来进一步调整为 1541 个网格），成为北京市首个实现"三网融合"的区县。二是加大平台建设，推进"五位一体"。区级层面依托区全响应社会服务管理指挥中心，推进行政服务、社会服务、城市管理、社会管理、应急处置五大功能的有机结合，力图实现统筹指挥、监督评价、决策支持三大功能、三级联动。街道层面区信息办牵头梳理 9 个模块，规范各街道全响应社会治理分中心建设（大屏、会商室等硬件及 9 个应用模块）。2014 年 7 月，区街调度系统对接。三是发动五种力量，构建"条块"有机统筹的工作机制。发挥街道统筹辖区发展的作用，强化网格"五员"力量，完善沟通联动、统筹公共服务、工作准入、考核监督、财政管理、共驻共建、区域化党建协调等工作机制，进一步理顺"条""块"关系。

《关于加强全响应社会服务管理创新信息化建设的指导意见》指出，全响应社会治理创新信息化建设是贯彻党的十七大精神、深入学习实践科学发展观、践行"服务立区"战略的重要举措，是推进城市现代化建设的迫切需要，也是完善社会服务管理机制的现实选择。推进全响应社会治理创新信息化建设，需要遵循增强政府科学决策能力，促进资源集成共享和跨部门业务协同，推动公共服务和社会管理有效覆盖到全社会，提升社会服务管理水平的思路。并规定加强全响应社会服务创新信息化建设的主要目标是充分整合利用现有资源，在全区建立全响应社会服务管理指挥中枢，在街道建立全响应社会治理指挥中心，在社区逐步建立全响应服务平台。全响应社会治理创新信息化建设工作采取"整体研究、集成优势、区街同步、分批推进、由易到难"的原则。区级全响应社会服务管理指挥中枢要实现社会服务、行政服务、城市管理和社会管理四个主要功能，街道全响应社会治理指挥中心要实现民生服务、城市管理、应急处理、绩效考评、分析研判、统筹协调等功能。通过区街两级指挥中心联动，不同层级服务中心、服务管理机构和部门之间网络互联互通、信息共享和业务协同，实现社会服务管理"全覆盖、全感知、全时空、全参与、全联动"。

《关于深入开展"访民情、听民意、解民难"工作的实施意见》指出要着力完善以群众需求为导向的社会服务管理"响应"链，建立规范有效的信息采集体系和社情民意处理、研究机制，建立健全社区（楼宇）、街道、区级部门协调联动、相互衔接的运行机制，让解决人民群众最直接、最现实、最紧迫的问题能够制度化、日常化，最大限度地把改革开放的成果和社会资源用于为人民服务和社会共享，并提出了推行"一本一会一单"社区民生工作法①，发挥街道加强社会服务管理的基础性作用，加强区级民生统筹督导工作，完善各级领导、各部门联系街道、社区制度等具体任务。该《实施意见》规定西城区34名四套班子领导和71个职能部门主要领导，每月末走访定点联系街道、社区，与居民群众面对面，倾听老百姓需求、意见和建议，现场解答群众提出的问题。居民的诉求，无论是就业、就医、教育、居住等民生领域的大事，还是"柴米油盐酱醋茶"等生活中的琐事，都能够以"唠家常"的方式，直接向区领导反映，向区各委办局的一把手反映。

由此可以看出，《关于加强全响应社会服务管理创新信息化建设的指导意见》通过指挥平台的信息化建设，明确了区、街两级在全响应社会治理创新中的职责任务，《关于深入开展"访民情、听民意、解民难"工作的实施意见》则是网格化服务管理的一种细化，通过确立领导包片的方式将区街两级"响应"链接打通，从而为"全响应"服务管理模式的推进建立起了一项重要的机制。

在"全响应"服务管理模式推进过程中，各街道、社区也纷纷结合地区实际和群众的迫切需求，有计划、分步骤地开展网格化服务管理的建设工作。例如白纸坊街道按照网格功能属性，遵从"完整性、便利性、均衡性、差异性"原则，对18个社区原有140个网格进行优化，以每个社区最多4个网格，最少2个网格的标准，重新划分成66个网格。金融

---

① 一本是指建立社区民情日记本制度，社区工作人员一人一册民情日记本，记录每天开展工作情况、参加活动情况、作用发挥情况等内容，细到反映问题的居民联系方式、居民邻里纠纷、群众意见建议等。一会是建立健全社区居民议事会制度，由居民代表、辖区单位代表、社会组织代表、驻社区科站队所代表共同商议决定社区的大事小情。一单是建立民情民意转移督办单，民情日记收集上来的问题，社区能够解决的，要明确专人尽快解决；社区不能解决的问题，可通过民情民意转移督办单将问题转给街道相关科室或驻街科、站、队、所解决。

街街道建立"每周社区日"制度，街道17名处级领导作为联系社区的第一责任人和作为网格协调员的科级干部，每周至少安排半天时间到社区办公，深入社区、综合包户，真正倾听群众的呼声、了解群众的需求，切实解决群众的困难，认真落实"每周社区日"制度，由全响应工作办公室按照"一格五员"工作机制进行综合业务指导、监督，由19个社区进行考勤登记反馈，把"访民情、听民意、解民难"工作与切实促进区域民生工作的改善有机结合。

在区委区政府认可"全响应"理念的基础上，西城区进入"全响应社会治理"模式的全面推进阶段，这一时期以"全响应社会治理"模式在区、街道、社区三级基本形成为结束标志。

三 西城区全响应社会治理创新的提高升华期

这一时期从2014年开始至今。西城区以"三网融合"为契机，进一步加强完善"全响应社会治理"模式，是这一时期的主要内容和工作目标，"全响应社会治理"模式在信息化、精细化、智能化方面有了更大的提高。2014年年初，西城区社会建设工作领导小组印发了《西城区关于进一步加强全响应网格管理工作的方案》。该《方案》指出网格化服务管理有利于精细化管理，有利于落实工作责任制，有利于提高工作效率，是新形势下改进社会治理方式、坚持源头治理的重要途径和有效抓手。要立足首都功能核心区定位和西城区经济社会发展实际，改进社会治理的方式方法，坚持"需求导向、服务为先；街道统筹、重心下移；精细管理，科技支撑；协调联动，多元治理"，进一步提高全响应社会治理的科学化、规范化、制度化水平，更好地保障和改善民生，努力建设"活力、魅力、和谐"新西城。《方案》对工作任务进行了分解，包括：①合理划分与及时调整社区网格；②进一步规范社区网格的人员配备与管理；③明确社区网格责任区工作职责和要求；④建立健全网格管理运行机制。

为了做实社区工作，将社区打造成全响应社会治理创新坚实的基础，西城区同年还印发了《关于进一步加强和改进社区服务群众工作的指导意见》，要求以服务社区居民需求"全响应"为目标，围绕转变社区服务方式，增强服务群众能力，改进和完善社区服务群众工作机制，建立健全社区综合受理、全科服务、预约办理和延时工作等社区工作制度，提升社区工作者业务素质和工作能力，提高社区办事效率，为建设"活力、魅力、和谐"新西城奠定坚实基础。《指导意见》规定，将现有的社区服务站单项业务窗口，按照业务相近的原则整合为2—3个综合受理窗口，作为社区事务接待前台，按照前台受理、后台代办的原则，科学调整配置前后台工作人员，按照《北京市社区基本公共服务指导目录（试行）》，对社区能够办理的公共服务事务、便民服务事项进行梳理，规范受理程序、受理依据、办理流程和办结时限，通过社区公示、网络发布等方式向社区居民公开，便于居民了解社区事务办理过程，主动接受群众监督。延伸、拓展区、街"全响应"网格化社会服务管理信息化平台功能，通过数据集成、共享和流程优化，积极探索在本区居住的户籍居民社区事务全区通办。

为了支撑全响应社会治理创新的深化，西城区制订了《北京市西城区全响应网格化社会服务管理信息化建设规划》，规定全响应信息化建设，将紧紧围绕西城区全响应社会治理创新工作和任务，把握以人为本、创新驱动的原则，以信息技术为抓手，搭建西城区政府、社会组织、群众等多元主体共同参与、各司其职、协作运行的管理信息网络；建立区街两级指挥中心，形成上下联动、协同响应的区、街两级全响应信息化平台，构建"社区便民服务、街道资源整合、政府职能部门协同、驻区单位资源共享、社会组织公益服务、专业社工优质服务、社会领域党组织、社区居民广泛参与"的八大响应链，不断完善"全面感知、快速传达、积极响应"的全响应社会治理模式，全面提升社会服务管理能力和水平。未来三年的建设目标，通过完善整体框架，夯实现有基础，扩充平台应用、研究制订机制体制，完善系统平台的功能，逐步建立健全工作规范，不断调整业务组合、优化工作流程，推动全响应社会服务管理体系平稳、高效、全面地运行，最终实现社会服务管理"全覆盖、全感知、全时空、全参与、全联动"的目标。2015、2016年进一步发挥网格基础性作用，推进网格议事。截至2015年，全区共1541个网格试点建立了536个网格议事会，楼宇俱乐部、胡同议事会等各类议事平台在3万多个楼门院遍地开花。据不完全统计，60个试点社区召开社区议事会和网格议事会8000余次，参与居民人数达4万余人次，解决居民实际问题2500余件。

第三节　对西城区全响应社会治理创新发展历程的分析

一　网格化管理模式的共同特征

作为一项体现人本精神、充实基层服务管理力量的社会治理举措，网格化社会服务管理工作模式在全国范围内正在持续而深入地推进。各地在进行网格化社会服务管理工作模式的探索中，都自然而然地结合着本地区社会治理的现状，探索出符合地区实际的方式方法。不过，综合起来，可以看出，各地网格化社会服务管理工作模式有着一些共通之处：

（一）普遍建立了适合操作的网格化划分机制

网格化划分是进行网格化社会服务管理模式探索的前提条件，无论网格化社会服务管理模式在各地具体名称如何，都离不开对最小管理单元的划分，这是网格化社会服务管理模式的应有之义。在划分机制的设计上，各地都有着自己的原则，无论是北京市东城区的根据人口规模每个社区划分2—5个网格的做法，还是浙江省舟山市的"尊重传统、便于管理、促进发展"的原则，抑或是湖北省宜昌市的"街巷定界、规模适度、无缝覆盖、动态调整"的原则，都体现了尊重既定界限，从中灵活划分，考虑社会服务管理效果的思路。这一点上，西城区的做法与宜昌市的"街巷定界、规模适度、无缝覆盖、动态调整"比较类似，在综合考虑人员组织、地理建筑、部门事务状况、网格工作量和资源大体平衡的基础上，按照权属和服务管理人口数量等要素合理划分网格责任区，一般按500户左右居民的规模，将社区划分为若干个网格责任区。这样做的优点在于既充分考虑到社会服务管理的效果，又充分考虑到社会服务管理的资源分配，从而能够达到较好的网格化社会服务管理效果。

（二）普遍建立了综合性的网格化社会服务管理平台

网格化社会服务管理模式不同于传统治理模式的一个重要特点是，其内发地要求打破条块分割，实现社会治理的条块统一。打破条块分割的一个必要途径是在条与块之间建立起实质性的联系，因此，网格化社会服务管理平台应运而生。当然，这一服务管理平台在不同的城市（区）有不同的叫法，比如北京市东城区叫作"城市社会服务管理综合指挥平台"，浙江省舟山市叫作"网格服务管理办公室"，湖北省宜昌市叫作"网格管理监管中心"，上海市叫作"网格化管理中心"等。不论名称上如何，其作用在于承接直接从网格上反映过来的属地问题，再将这些问题按照政府职责分工等反馈给不同的职能部门、社会单位和社会组织，从而将属地与职能部门、社会单位、社会组织等有效地联系起来。

（三）普遍以信息化的方式建立了从网格到平台的信息渠道

在网格化社会服务管理推进的浪潮中，各地普遍运用了信息化的技术手段，将社会服务管理信息数字化，通过打造网格化社会服务管理信息平台，使相应的信息在系统中流动，以体现网格化社会服务管理模式实时化、动态化的优势。信息化过程中运用比较多的是移动终端＋定制信息系统的方式，通常的做法是网格中的管理力量普及配备移动终端（PDA 或者智能手机），在移动终端中内置了定制信息系统，将社会服务管理信息分门别类地划分为若干种类，由网格管理力量借此收集社会服务管理中存在的问题，存入信息系统，再通过系统的程序设置将社会服务管理中的问题分类共享给特定的管理部门，由管理部门实际解决，再通过管理部门的信息后台将问题解决情况数字化，反馈给信息系统，信息系统再分类反馈给问题上报部门。这种实时化的问题收集反馈渠道的建立，一改传统管理方式的信息滞后的现状，有可能通过处理情况的实时显示来督促管理部门提高社会服务管理效率。

（四）普遍以闭环设计为网格化服务管理的逻辑结构

从东城区的网格化社会服务管理模式开始，闭环设计就成为各地网格化社会服务管理模式探索推进的工作逻辑。网格化服务管理工作模式的提出，能够实际解决问题显然是制度设计的最终目的。为此，网格化社会服务管理设计了网格—平台—职能部门—平台—网格的工作闭环，起点在网格，终点也在网格，如果职能部门没有及时解决网格上报的问题，则该问题会一直显示在定制的信息系统中，不断提醒职能部门尽早解决。

从网格化社会服务管理模式的国内发展脉络上来看，以北京市东城区的探索为肇始，各个地区相继汲取北京市东城区经验做法的内核，再形成各地的经验做法。北京市西城区虽然不在全国社会管理创新试点地区之列，但却享受着自己的后发优势，避免在网格化社会服务管理模式的建设中走弯路，避免实施投入虽大、收效不高的措施。同时在这一时期全国其他地区也开始进行了网格化社会服务管理模式的试点探索，这就为北京市西城区的全响应社会治理模式建设提供了其他可以学习借鉴的榜样。

二　西城区全响应社会治理创新的特色

从北京市西城区全响应社会治理创新的三个发展阶段来看，应当说其走出了一条既有借鉴又有自身特色的道路。

（一）试点孕育期既有借鉴又有提升

借鉴主要体现是施划网格，配齐网格管理力量，配备全响应的移动终端，建立起全响应社会治理创新的硬件设施，建立起包含诸多服务管理信息的 GIS 系统，将条块的职能纳入全响应社会治理创新中来，等等。创新则体现在西城区在此基础上以"全响应"理念为统领，实现了对网格化社会服务管理的一个提升。

（二）全面推进期形成自身特色

这一时期，西城区的全响应社会治理创新开始出现了具有自身特色的变化。如这一时期提出的"服务立区"的理念，更多地强调全响应社会治理创新的服务宗旨，突出了以人为本的特色，而全响应中的管理措施只是服务的手段和措施。再例如这一时期推出的"一本一会一单"社区民生工作法，则更是跳出了传统的网格化社会服务管理模式的做法，更进一步地赋予全响应社会治理创新以实质性内容，"一本一会一单"社区民生工作法采取了领导包片的方式，网格发现的服务管理中的问题可以直接向区领导、委办局一把手反映，从而实现问题的解决，以一种补充的方式解决全响应社会治理创新可能存在的短板。在全国网格化社会服务管理模式推广试点的过程中，有一类问题凸显出来，即网格化服务管理部分领域、部分环节的失灵现象，网格虽然将问题报送上来，但是属地或者职能部门迟迟没有解决，这样的问题便在信息后台堆积起来。这种情况下如果没有相应的机制配套，督促职能部门或者属地尽早解决，就会出现网格化社会服务管理失灵的问题。解决这个问题的途径无非有两种，一种是内部监督途径，通过网格化社会服务管理的内部闭环机制，实现问题的解决，另一种是自上而下的联系机制，通过地区的服务管理机关自上而下地落实。前者能够解决网格内的大部分问题，但有些情况下问题涉及的管理部门不止一家，有些问题凭借单一部门的单一管理渠道不能够得到很好解决，这种情况下就需要后者进行补充。

这一时期的发展，主要有两个目标，一个是将全响应社会治理创新模式在全区范围内推广，经过前期的试点，打造出西城区内部的网格化社会服务管理模式样板，在样板的基础上推广到西城区的其他街道和社区；另一个是针对准备孕育期出现的问题，在推进过程中形成机制，改进流程加以解决。这一时期，舟山市的组团式服务模式也有类似的措施，舟山市在网格化管理的探索中，也发现了网格在特定情况下失灵的问题，不过其采取的措施是通过党联系群众的方式来解决，由各级党组织建立定期和不定期网格民情研判制度，重点研究处理网格团队无法独立解决的疑难问题和关乎民生、民富、民安的普遍性问题。与西城区的做法不同的是，其从党建的角度，独立于服务管理者，对一些问题的发掘可能更有一些独到的视野，而西城区由于是领导直接联系，在解决问题的效率上可能更高。

（三）提高升华期面临挑战

这一时期，是全响应社会治理创新模式发展进程较为具有挑战性的时期。在国内纷纷试点网格化社会服务管理模式当中，如何使这样一个社会治理创新不会成为社会治理的"一阵风"，如何在划网格、建硬件、建机制的基础上实现不断的突破，正在成为考验网格化社会服务管理模式成败的关键。在这场提高升华的进程中，没有现成的经验可以学习借鉴，各地出现了一些不同的做法：作为网格化服务管理的率先者，东城区近年来主要在两方面进行了升级，一是对信息化建设的再完善。随着网格化管理工作的发展，出现了网络部门越来越多、处置标准越来越细、管理范围越来越大等，为此需要对网格化管理的信息系统进行升级改造，以适应新情况的需要。二是对网格化服务管理的督导考核机制进行了强化。由东城区网格化服务管理中心具体负责此项工作。网格化服务管理中心采取每月数字统计分析的方式，形成网格化服务管理工作通报，包括当月的便民事项办理情况、网格案件情况、对接市级考核项目自查情况等内容，同时附录便民热线事项办理考核成绩和城市管理监督考核评价成绩，督促属地和职能部门积极发挥网格化服务管理模式的效能。宜昌市"一本三化"模式的拓展，在前文已经阐述。应当说这种网格化服务管理思维的横向拓展，具有一定的积极意义，一方面能够有助于职能部门更好地开展工作，职能部门的工作有了更好的依托平台，另一方面可以充实网格的服务管理力量，在原有网格化服务管理模式所设定的网格力量的基础上，增添了其他职能部门的作用，这与网格化服务管理模式的力量下沉的需求是一致的。网格化服务管理的长效化，是网格化服务管理模式升华提高的一种形式，而立法则是将其长效化的直接手段。从笔者目前了解到的情况来看，国内针对网格化服务管理模式的立法多数还处在调研阶段，2016 年年初，湖北省网格化管理立法调研组在宜昌市调研，网格化服务管理的立法呼之欲出。而上海市早在 2013 年就以政府令的形式颁布了国内第一部网格化服务管理的地方政府规章《上海市城市网格化管理办法》，其中对城市网格化管理、责任网格等概念进行了界定，并确立了"条块联动、资源整合、重心下移、实施监督"的管理原则。该规章还规定了网格化管理的规划、工作标准和信息系统建设管理流程，特殊案件的处理，评价和考核以及法律责任等。

西城区全响应社会治理创新的升华提高，主要是从三个方面发力，一是抓住"三网融合"的机遇。西城区是北京市确定的"三网融合"的试点地区。"三网融合"是指城市管理网、治安防控（综合治理）网和社会服务网的融合。三网融合的结果是政府各项服务管理资源的高度整合，这对于深入推进全响应社会治理创新可能产生重要的推动，因为在全响应的建设过程中，政府条上的管理力量如何实现无缝衔接、最佳整合，多多少少存在着一些障碍，少数部门壁垒现象客观存在。以统一的信息网络为基础的三网融合，恰恰扫清了这些障碍，实现了社会服务管理资源的共享。二是抓住社区体制改革的契机。推行全响应社会治理创新后，网格与社区之间的联系更为紧密，社区作为传统的、法定的自治组织，从原来政府管理职能的实际延伸，向全响应社会治理创新的服务协助转变，在协商式民主的社区改革趋势下，社区要发挥比以前更为积极重要的自治平台作用。而社区服务站作为直接承担社区服务管理日常性事项的组织，尤其要改进其工作方式，以适应全响应社会治理创新发展的需求。三是抓住信息化建设。这一点和其他开展网格化社会服务管理模式的地区具有相通之处。随着网格化社会服务管理模式的深入推进，网格化社会服务管理的内涵和要求不断丰富，原有的网格化信息系统不同程度地与实际工作的形势和需求产生差距，信息化建设的提升工作不可回避。而西城信息化建设的完善，主要是从全响应社会治理创新信息化建设的规划入手，对信息系统建设的目标、所要实现的功能、流程的优化、社会公众如何参与等问题进行了设计。

综上所述，在全国网格化社会服务管理模式的推进浪潮中，西城区的全响应社会治理创新所处的发展阶段应该是居于前列的。西城区的全响应社会治理创新在网格施划、人员配备、硬件投入、机制建设、信息化运行等方面都较为成熟，其中既有学习他人所长的因素，更是西城区积极探索的成果。从当前全国其他地区的网格化社会服务管理模式发展现状和趋势来看，西城区要保持这种领先的地位，有必要注意以下几个方面的发展：

第一，全响应社会治理创新的长效化发展问题。从目前网格化社会服务管理模式的进行情况来看，这一社会治理创新模式已经基本固定下来，网格化社会服务管理模式早期面临的诸如社会治理成本过高、社会参与程度较低、基层负担加重等问题，虽然还没有完全得到解决，但已经不是推进网格化社会服务管理模块的主要障碍了。虽然受制于成本的因素，在其他地区的信息化、人员配备比例不可能达到东城区、西城区的建设水平，但这些可以通过资源配置的再细化和层次化来解决。网格化社会服务管理模式的长效化发展，必然要与这一模式的立法化相结合。尤其是中央提出全面推进依法治国方针后，网格化社会服务管理作为一项长期坚持的社会治理模式，亟待上升到立法层面。如前所述，上海市已经在此方面开创先河。西城区作为区一级政府，虽然没有立法权，但也应有意识地开展相应的立法前期调研，为将来全市性立法做准备。

第二，全响应社会治理创新的内部监督效力问题。如前所述，全响应社会治理创新虽然在流程上也采取了闭环设计，但是这并不能充分保障在基层治理中职能部门能够做到积极响应网格上报问题。目前的网格化社会服务管理模式中，该问题是一类突出的问题。原因在于基层治理中，基层网格对职能部门的作为与不作为没有多大约束力，职能部门的年底考评、人员的晋级晋职等重要标准的评价主体、评价流程皆无基层网格的参与。前述东城的网格化服务管理中心所制作的网格化服务管理工作通报，其中所包含的便民热线事项办理考核成绩，就是网格对属地和职能部门的一种考评，但是这种机制能否体现在对属地和职能部门的约束上，还不得而知。因此，从根源上解决这一问题的途径在于改变传统的工作考评模式，增加群众满意度一项，赋予基层网格针对属地或职能部门的评价功能，并将该评价纳入部门考评、人员考评的基数之中。只有这样，才能促动属地和职能部门充分、积极地重视网格上报的问题。

第三，全响应社会治理创新的公众参与问题。在全响应社会治理创新推进深入的过程中，多方共同参与治理已经成为共识。尤其是在基层网格的治理上，政府单方面治理不仅滞后，而且可能与群众真切的需要不一致。全响应社会治理创新实行以来，社团组织、物业公司、居民自治组织、各类协管员等都加入网格化社会服务管理工作中来，共同对各种社会服务管理需求作出及时的"响应"，共同研究解决网格化社会服务管理中出现的各种问题，形成了强大的社会治理合力。不过，从参与主体的性质来看，真正属于网格内群众自发参与治理的并不多，多数还是由于合同法或者是行政指导上的关系加入全响应社会治理创新中来，而由于主体来源的性质所限，决定了参与全响应社会治理创新的公众比例还存在着较大的提升空间。

第四，全响应社会治理创新的标准化发展问题。网格化社会服务管理发展过程中，不可回避的一个重要问题是建设到什么程度属于符合标准的网格化社会服务管理，符合全响应社会治理创新的要求。在东城区首创网格化社会服务管理模式后，不少地区慕名前来学习，结果发现按照东城区网格化建设标准，将会产生高昂成本的投入，而且为了维持这一模式，后续投入也不可小觑。西城区全响应社会治理创新在这之后，自然也没有完全照搬东城区的标准。另外，全响应社会治理创新在试点和推广的过程中，有着试点地区和推广地区之间的差异，这也意味着全响应社会治理创新的建设标准必须加以明确，只有这样，才能够确保全响应社会治理创新在西城的建设不会出现"木桶效应"。而全响应社会治理创新建设标准的制订，应该以所有街道都能够达到的标准来设立，而不能是以西城区以外的其他地区的标准或者是只有少数街道能够达到的标准来设立。

第 五 章

西城区全响应社会治理创新的主要特征

前面四章内容分别介绍了本书的框架、西城区全响应社会治理创新的逻辑起点、理论基础和发展历程，让我们对西城区全响应社会治理创新有了一个大致的了解，本章主要分析西城区全响应社会治理创新的主要特征。现代信息技术条件下西城区全响应社会治理创新既有社会治理创新的一般特点，又有自身的一些特点。分析西城区全响应社会治理创新的探索实践，可以将它的特色归纳为精细化、个性化、多元化、信息化四个方面（见图 5-1）。

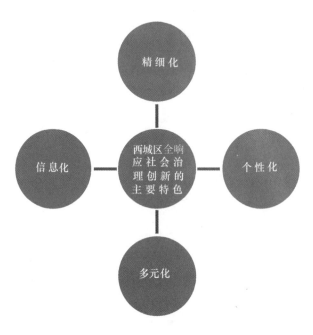

图 5-1 西城区全响应社会治理创新的主要特色

第一节　西城区全响应社会治理创新的精细化

西城区全响应社会治理创新自始至终都是以社会治理的精细化为本质特征和追求目标。随着现代科技的进步和管理科学的发展，精细化已经成为当代社会治理的共性。对于什么是精细化，学界有着多种解释。实际上精细化是对工作提出的一种更高的要求，要求的是工作上资源投入的精准、工作流程的不断优化、技术手段的科技化信息化、服务管理对象的细分化、工作成果的跟踪控制等。可以说，精细化体现在工作的方方面面，各个环节都提出了比之前更为细致的要求，同时杜绝排斥原则性、一般性要求。精细化的背后是以人为本，实现人的全面发展。之所以这样认为，是因为精细化的动力在于不断提高对人类不断发展的需求的满足，表现在以人的需求为导向，对服务管理水平的提高，对服务管理领域的拓展，对服务管理对象回馈的重视。精细化体现在社会治理工作中，即是要针对群众的服务管理需求进行细化，考虑到细节方面，同时追求社会治理工作的人性化，提高治理技术的效率和细致，力求在方方面面满足群众日益增长的需求。可以说，全响应社会治理创新的精细化也是对党的群众路线的一次回应。西城区全响应社会治理创新的精细化，体现在诸多方面。

一　全响应社会治理创新的网格施划精细化

网格的施划是推行全响应社会治理的基础性工作。为了做到施划网格大小合适、便于开展工作、有利于全响应社会治理创新的目标实现，西城区确定了网格划分的完整性、便利性、均衡性和差异性原则，并提出了"街巷定界、规模适度、无缝覆盖、动态调整"网格划分要求。所谓"街巷定界"，就是在网格的施划上以现有的街道、巷子为划界的依据，这样做可以避免将同一小区划分成两个网格，反而不利于全响应社会治理的开展；"规模适度"就是划分后的网格要与现有的服务管理资源相适应，既不能过大而导致与现有服务管理格局重叠，也不能过小而导致服务管理资源的浪费；"无缝覆盖"是指划分后的网格之间不存在"飞地"，不会由于网格划分出现服务管理的真空地带；"动态调整"是指网格一旦确定以后并非永久固定下来不再调整，而是会根据街道、社区等因素的变化进行适当调整，以适应全响应社会治理创新的各项工作要求。从这四个方面的要求就可以看出，在网格的确定上，西城区采取了既尊重传统既定事实，又重视全响应社会治理创新以人为本的特质，网格施划并不能天马行空，超出传统认识的网格施划会扰乱常人对网格边界的认识，不利于网格内的群众参与到网格的社会治理中来，同时也不利于传统的科、站、队、所等网格管理力量进行分片包责，力量下沉。因此网格的确定，必须尊重传统的既定事实；实施全响应社会治理创新后，虽然增加了网格员这类专门的社工，但既有的社会服务管理力量规模没有太大变化，要做到力量下沉，既要避免出现 1 人服务管理 100 人的现象，基层服务管理负担过重，服务管理力量不堪，也要避免 100 人服务管理 1 人的现象，基层服务管理力量不均，服务管理力量冗余。因此，网格的规模必须做到大小合适，与服务管理的任务相适应，与西城区可用的服务管理资源相适应；网格划分应该实现服务的普惠，管理的普及，所以不能出现部分群众因为网格划分反而被排除在全响应社会治理创新之外；网格界定的根本目的在于保障好、服务好人民群众的利益，因此从有利于保障人民群众利益的角度出发，网格划分并非一劳永逸的事情，而是应该根据人民群众需求的变化适当地进行调整。

具体到网格确定的实际工作上，截至 2014 年 6 月，西城区 15 个街道重新划分了 1541 个网格，完成了网格空间标绘，形成了 GIS 电子地图。"三网合一"后，西城区平均每个社区划分 6 个网格，平均每个网格覆盖常住人口 808 人。各街道网格平均覆盖常住人口最多的是白纸坊街道，每个网格平均覆盖常住人口 1879 人，网格平均覆盖常住人口最少的是什刹海街道，每个网格平均覆盖常住人口 434 人。网格数量最多的是德胜街道办事处，为 233 个，平均每个社区划分 10 个网格，每个网格覆盖常住人口 536 人；网格数量最少的是天桥街道办事处，为 40 个，平均每个社区划分 5 个网格，每个网格平均覆盖常住人口 1350 人。

二　全响应社会治理创新的项目设计精细化

全响应社会治理创新的实现，是一项系统性工程，涉及多个部门、多类主体、多方力量，需要动用多层次资源，进行流程的再优化，服务管理设置的升级与改造等。要实现这些转变，必须脚踏实地、步步为营，积小胜为大胜。为此，西城区采取了项目制的形式，将全响应的各项工作进行细致分解，形成了任务大小、工作量基本均等的数十个项目，采取各个击破、连成整体的方式，实现全响应工作的精益求精。

在项目的设计上，为了尽可能考虑到群众的需求，尽可能进行细化，以德胜街道为例，划分了42个项目，涵盖基础设施建设、民生服务保障、社会管理等几个领域。其中基础设施项目主要包括社区信息电子屏、政务网络改造、有线电视数字化、无线覆盖、数字信息亭，数据中心包括数据采集存储中心、智能查询服务、资源整合标准化服务。民生服务项目主要包括E医箱、数字家园、平安校园、社区便民服务、一刻钟商圈、智能自助服务、身份证扫描识别系统、政民互动、办理服务评价、社会服务平台、爱心中转站、困难帮扶、社区远程教育服务、远程帮吧、社区盲人学习平台、电视社区网站、三维虚拟大厅、养老服务、科技园区企业服务。社会管理项目主要包括流动人口与出租房屋管理、旅店式人口服务管理、社会管理平台、社会综合调处系统、安防资源整合平台、社区楼门组长移动互联平台、社会服务管理指挥中枢、探头自动预警系统、社区阳光经费、地区重点部位监控指挥系统、志愿者服务管理系统、社保所应用系统升级改造、社保所垂直系统数据采集与展示、社会党建、社会组织建设促进系统等。截至目前，这些项目已经基本上实现了完成状态。将社会治理工程细化为若干个小的项目，具有以下一些优势：一是有助于对工作的细节方面进行更多的关注。通过将一项庞大的工程分解，将关注的焦点从一个大的整体转而聚焦到工程的具体组成要件上，从而凸显了工作的细节方面。二是有助于对工作目标的把控。一项大的治理工程要实现怎样的目标，往往是抽象的，而抽象的目标往往难于把控，从抽象的目标到现实的目标之间必须通过某种纽带得到联系。通过项目制的方法，可以将抽象的目标细化为各个具体的目标，从而使工作变得方向性更加明确。三是有助于对工作成效的评估。全响应社会治理创新作为一个整体，工作有没有取得实效，有没有真实地将社会治理效率提高，更好地维护了群众的利益，是不太容易进行比较准确的评价的，即使通过事后的第三方组织进行评估，也可能无法得出精准的答案。通过将整体工作的拆分，使对单项工作的考核变得相对单一，也更能做到专业化评估，从而对工作成效的评估更为细致和科学。

三　全响应社会治理创新的信息建设精细化

网格化社会服务管理模式的建设，很大的亮点是建立在信息化基础之上的，全响应社会治理创新也不例外。信息化建设的结果与传统的工作方式相比，可以实现以下一些功能：一是可以承载的数据更多，传统的数据载体多是纸质台账，通过走访对象获得基础数据，但囿于纸质的限制，关于同一对象的数据可能会散见于数个台账之中，数据之间没有连贯性，而采取数据化后，同一对象的数据可以很方便地统一录入一个系统之中；二是数据检索更为方便，由于采用了统一的数据标准，加上计算机的快速计算能力，在设定条件下对满足一个或者多个条件的数据进行检索变得更为迅速，而在传统的工作模式下，对数据的筛选检索需要人工进行，需要花费更多的时间和成本；三是数据展示更为直观，与传统的单一数据展示有所不同，凭借计算机软件的功能实现，信息化后的数据展示可以以图形、表格、动画等多种形式进行展示，数据的特点和变化趋势也更容易让人理解；四是数据和平台之间可以形成即时联系，通过信息化建设后，管理平台与数据之间可以在信息系统内形成即时交流的机制，比起过去从纸质台账到会上讨论，在效率上有了很大的提高。不过信息化建设同样也存在着一些短板，主要表现在：第一，原始数据的获得在手段等级上存在着差异。高等级的获取手段是直接录入数据系统，这样做可以保证数据录入的直接性，跳过了数据传递的环节，能避免出现传递错误；低等级的获取手段是先通过传统方式录入，然后再通过数据系统登录，存在数据传递的错误可能，而且由于数据采集还是传统的方式，数据更新的周期、所能承载的内容都容易成为问题。第二，数据的功能性受到系统的预想性限制。数据功能取决于数据种类，而这些都已经固定在数据系统之中，一旦数据系统形成，再增加新的数据功能将会增加数据系统的开发成本。

为了做细信息化建设，西城区专门设计了多个项目来进行支撑，如数据中心的大类别下设置了数据采集存储中心、智能查询服务、资源整合标准化服务。在建设过程中，以德胜街道为例，其从整合各类业务资源入手，将内部的各类历史纸质档案电子化，获得第一手的历史数据，设立专门的"数据采集存储"项目，统一开展基层数据采集工作，利用监控摄像头等基础设备，依托物联感知基础网络，通过无线射频技术将实时数据传回，实现重点地段和重点商业楼宇的实时监控，通过多种渠道获得地区各类事物的历史信息和即时数据。在信息平台的建设上，西城区信息办牵头制订了《北京市西城区全响应网格化社会服务管理信息化建设规划》，对全响应信息化建设的目标、主要任务、保障措施和重点项目进行了详细规划。西城区全响应总体架构由全响应基础设施、全响应协同服务体系构成，业务架构涵盖城市管理、社会管理、行政服务、社会服务、应急指挥五个方面，明确了区级和街道两级信息化平台的服务管理支撑体系。各街道指挥中心逐步整合全响应调度系统、电视电话会议系统、公安监控系统、人流监控系统、城管网络管理系统与综治网格管理系统六个系统，实现智能化集中控制，直观、立体，全方位地掌握本地区应急保障工作的开展情况，大大提升了信息收集、领导决策、应急指挥的水平。

为了使信息化建设有序高效进行，西城区制订了《全响应网格化社会服务管理信息化建设规划（2013—2015）》，指出打造"三层云五大协同平台"，即西城区信息化总体框架，包括"全响应信息化基础云""全响应信息化协同云""全响应信息化服务云"3层云架构，"城市运行业务协同平台""社会运行业务协同平台""全响应业务协同平台""政务效能提升业务协同平台""资源环境业务协同平台"5大协同平台的总体框架。在区级层面，构建"5＋1＋N"全响应信息化平台体系架构。即建立由多个跨部门系统支撑运行的一个统一的全响应区级平台，覆盖行政服务、社会服务、城市管理、社会管理和应急管理5大业务，实现资源整合、信息共享、统筹指挥、监督考核、决策支持5大功能；在街道层面，构建"5＋1＋N"全响应信息化街道平台体系架构。即建立一个统一的全响应街道平台，覆盖社区管理、应急处置、公共服务、社区服务、社区党建5大业务，实现统筹协调、民生服务、城市管理、紧急处置、绩效考核、分析研判6大功能。为了保障建设进度和质量，按照统分结合、部门协同、多元参与的原则，总体上分为"全响应信息化基础设施"和"全响应信息化协同服务体系"2大类25个项目。根据这些项目责任和服务范围不同，明确了全区统筹建设和相关部门牵头建设的责任主体。

四　全响应社会治理创新的工作流程精细化

作为网格化社会服务管理模式的一种类型，全响应社会治理创新同样遵循了闭环设计的治理逻辑，而在具体的工作流程上，全响应社会治理创新进行了更为深入的优化。通过流程的优化，在同样的闭环设计的逻辑下，可以得到更高的效率。

例如在问题发现环节，如果不对发现的问题进行分级筛选，而是一股脑地进入服务管理平台的话，势必降低整个系统的工作效率。为此，全响应社会治理创新设置了一定的问题筛选标准，针对不同的问题采取不同的流程。例如德胜街道在关口处设计了将事件分为5个等级的标准，并对不同等级的事件采取了不同的流程：①五级事件：不出网格责任区的"身边事"，在网格责任区权限范围内和能力所及的范围内，可以及时解决的。事件解决后，只需将处理结果上报街道指挥中心即可。②四级事件：不出社区的"小事"，超过网格责任区权限和能力范围，需要上报社区居委会主任和社区书记进行决策和协调的，不出社区。事件解决后，只需将处理结果上报街道指挥中心即可。③三级事件：超过社区权限和能力范围，需要上报街道指挥中心和相关业务科室进行协调的。整个事件的处理过程和结果都要实时上报街道指挥中心。④二级事件：超过社区权限和能力范围，需要上报街道指挥中心和相关业务科室以及主管主任进行协调的。整个事件的处理过程和结果都要实时上报街道指挥中心。⑤一级事件：最高级别，不只需要上报街道指挥中心和相关业务科室以及主管主任，还需上报街道办事处主任和工委书记进行协调的，如街道无法协调解决，还需上报区相关部门协调解决。整个事件的处理过程和结果都要实时上报街道指挥中心。

再例如在问题处置环节，为了使综合执法落到实处，德胜街道要求各网格格长要组织协调网格各种力量的整体合力；各科站队所应按照职能至少每周到负责联系的社区进行巡查1次，与相应格长取得联系处理网格内各项专业问题；在街道层面，由综治办、指挥中枢、城建科等部门牵头，在重点时期采取执法力量临时集中的方式，处理各种复杂问题。搭建"专群结合，综合执法"平台。每月选择一个社区，由街道统筹各执法力量、网格格长、社会力量代表召开综合执法议事协商会，集中处理该社区及其周边辐射范围反映的综合治理问题。指挥中枢每月对社会服务和管理运行状态进行分析，并出具分析报告，报送处级领导、各科室、科队站所为统筹辖区发展作参考。由指挥中枢牵头建立预警指标体系，结合历史数据及预测模型，进行态势预警，以便进行预先处置。

第二节　西城区全响应社会治理创新的个性化

全响应社会治理创新是西城区网格化社会服务管理模式的一种独特的探索，其中固然有网格化社会服务管理模式的统一模式，同时也有西城区结合自身特点发展出来的个性特征，这些特征将西城区的全响应社会治理创新与其他网格化服务管理模式区别开来。总结西城区的全响应社会治理创新的个性化特征，主要表现在以下一些方面：

一　网格治理力量的独特性

网格治理力量是网格化服务管理模式的基础条件和工作。网格化服务管理模式开展的效果如何，网格治理力量的配备是很重要的决定因素之一。对于网格力量的配备，西城区有着自己的考虑。在网格力量配置格局上，采取了"基础力量一员一格、专业力量一员多格、相应力量一格多员"的模式，社区党组织书记和居委会主任作为社区范围内网格工作的总负责人，负责协调统筹社区内所有网格责任区的社会服务管理工作。根据承担工作量大小，网格管理员应做到一人一格或两人一格，特殊情况下可以一人多格；同时，广泛动员社区自治组织、社会组织、驻区单位、居民代表、楼门院长及各类志愿者参与网格社会服务管理工作。在人员的具体设置上，以西城区德胜街道为例，采取了"五大员"的做法，分别是：①网格管理员：每一个网格明确一名社区工作者为网格负责人（格长）。每天对责任区域定时定点进行巡视检查，掌握网格内人、地、物、事、组织的基本情况，做好相关信息的采集、录入、维护和更新工作；及时了解社情民意，反映群众意愿，特别是困难群体、特殊人群的需求，代理居民信访事务；及时发现并报告流动人口管理、出租房屋管理、社区管理、社会治安、安全生产、城市运行等方面存在的问题和隐患；及时发现和反映各类突发事件；及时了解、定期排查矛盾纠纷，力所能及地做好调解工作。推动社区民主自治，动员社区居民、社会单位、志愿者等参与社会服务管理。对发现的问题及时利用"PDA"实时上报指挥中枢。每名格长每天至少走访1户，每月不少于30户，每天至少上报两条民情日志。各社区党组织应每日汇总掌握本社区内网格运行情况。努力使地区安全做到周密防范，居民诉求得到顺畅表达，民生服务更加方便快捷。社区网格责任人要合理安排入户调查时间，主动深入开展"访民情、听民意、解民难"工作。在入户走访过程中要注意方式方法，对服务管理对象的个人隐私和个人信息要严格保密。社区要建立网格责任人员应急AB角制度。在格长生病、休假等时，由大责任区负责人或邻近网格格长代管。网格责任人在工作中因不作为或滥作为，因瞒报漏报问题隐患引发不良影响的社会事件或安全生产事故的，要按照相关规定予以严肃处理。②网格服务员：按照各相关职能部门要求在社区配置的各类协管人员构成网格的主要服务力量，包括街道统筹管理的综合协管员（食品安全监督员、流管员、城管监督员、社区矫正协管员、工会助理员、居家养老助残员、残疾人专职人专职委员、社会保障协管员、计生助理员）、社区巡防员、社区保安员等。网格服务员负责完成职能部门及街道部署的服务和管理任务，同时在格长的统筹协调下，结合本网格实际情况和服务对象的需求开展工作。③网格执法员：由德外派出所、城管执法监察德外分队、德外工商所等各职能部门派驻到街道或社区的工作人员组成网格专业力量，负责在社区网格内开展职能部门业务和履行执法职责。各专业力量安排执法人员与社区网格对接，定期深入网格，了解反映情况、处理问题。德外派出所负责及时收集、上报社情动态和突出治安问题，掌握出租房屋和暂住人口的动态情况，维护治安秩序，受理报警求助，化解矛盾纠纷。城管执法监察德外分队负责掌握社区环境状况，对网格内的环境卫生、门前三包、园林绿化、市政设施等进行监督管理和协调，查处职能范围内的违法行为，来解决居民反映的城市环境问题。德外工商所负责在职权范围内监督管理企业、个体的广告、商标、合同等市场行为、查处经济违法、取缔非法经营，保护消费者的合法权益，维护正常的市场经济秩序。各执法力量应相互协作、密切配合，协助网格格长处理好网格内相关事务。④网格协调员：依据"处级领导包社区""机关干部下网格"制度，每名处级领导包1—2个社区，每名机关干部进1—2个网格担任网格协调员，明确联系社区及网格，负责督促、指导、协调网格内各项社会服务管理工作。网格协调员要与所负责网格形成稳定的对应关系，打破科室界限，不以干部调动来调整网格。网格协调员要及时了解掌握网格责任区日常运转情况，协调解决网格工作事务，每周至少下网格1次，通过PDA汇总上报网格运行情况信息。联系社区及网格的街道处级领导要随时掌握所负责社区运行情况。⑤网格共建员：由格长组织动员网格内社区党员、社区居民代表、社区居民小组长、楼门院长、社区志愿者、市民劝导队、社区保安、小区物业管理服务人员、社区社会组织成员等社会力量，进行自我管理、自我服务，参与网格服务管理。负责采集网格责任区内各类信息，反映群众诉求。

这样的设计，其优点显而易见，第一是可以将网格力量真正做实。尽管网格化服务管理模式要求力量下沉，但力量下沉并不代表力量就要固定在一个网格里，并非指一个萝卜一个坑。一些基层的服务管理力量，不可能做到一个网格一个专业力量，或者退一步说，即使调整网格数量，做到了一格保证一个专业力量，实际服务管理效果也未必好。比如说，在警力相对单薄的现实情况下，一定要实现一格一警，虽然客观上可能能够做到，但是根据我国相关行政法规的规定，人民警察执法，需要有两名以上具有执法资格的人员共同执法，单个人执法并不为法律所允许，这就导致了力量配备与执法资格上的悖论。再例如将消防力量下沉到网格中，也绝不可能是机械的一格一名消防员的做法，而应该是要求消防力量对网格中的火灾或者火灾隐患有着更好的反应和处置能力。可以想象如果网格发生了火灾，靠网格里的单个消防员不可能将其扑灭，网格消防员更多地发挥的是其检查发现并指导相关单位及责任人消除消防安全隐患的职责。第二是可以将网格力量盘活。网格力量的配备，并非越多越好，因为网格普遍比社区更小，在社区之下，应该是自治的范围，专业力量也只应该是在职责范围内促成自治，为自治需求服务。因此，并非要将政府所有的管理力量都下沉到网格之中，而是应该尽可能地调动网格内的社会自治力量，通过这部分力量以及网格化服务管理机制的建设，实现网格化服务管理的目的。"基础力量一员一格、专业力量一员多格、相应力量一格多员"的模式，正是考虑到了力量盘活的需求，在保证网格基础联系工作的基础上，做到专业力量覆盖和相关力量共同参与。

二　网格等级分类的独特性

由于区域性的差异，即使在确立了网格之后，网格与网格之间也存在着较大的差异，因为目前的网格划分，主要考虑到的是地缘上的联系，从尊重传统的基础上进行的划分，但是受历史原因等的影响，网格之间的历史治理情况和水平有所不同。这就要求，在划分了大小基本合理的网格之后，对于满足特定条件的网格，需要给予特别的关注。为此，西城区在对网格进行划分的同时，根据社会秩序、治安状况、城市环境、服务人群等综合情况，将所有网格划分为"日常管理""一般关注""重点关注"和"综合治理"四个等级，"日常管理"型是指网格社会服务管理的基础设施到位，社会服务管理资源丰富，社会服务管理力量充足，社会秩序良好，治安状况优良，城市环境优美，服务对象的需求得到很好的满足，街道和社区指导网格工作人员正常开展服务管理工作，注意网格的发展变化及新的服务管理需求，各街道的一个重要任务就是不断增加"日常管理"型网格的数量。"一般关注"型是指网格社会服务管理的基础设施较为齐全，社会服务管理资源较为丰富，社会服务管理力量相对充足，社会秩序处于稳定状态，治安状况较好，城市环境较好，服务管理对象的需求得到较好的满足，因此需要一定程度的关注，街道和社区在指导网格工作人员正常开展服务管理工作的同时，需要联合相关科站队所针对网格存在的问题有针对性地进行改善，引导"一般关注"型网格向"日常管理"型网格转变。"重点关注"型是指网格社会服务管理的基础设施存在一定的欠缺，与社会服务管理的需求相比，服务管理力量相对不足，社会秩序处于"亚稳定"状态，治安状况面临较大威胁，城市环境存在一些需要重点关注的问题，因此需要上级予以重点关注，街道与社区在指导网格工作人员开展正常日常服务管理活动的同时，也联络区相关部门针对网格存在的问题研究制订有针对性的整改和完善措施，逐步改变这类网格的面貌，使其向"日常管理"型和"一般关注"型网格转变。"综合治理"型是指网格社会服务管理的基础设施、资源和力量等都存在较大的差距，远远不能适应网格社会服务管理的现实需要，网格的社会秩序已经处于"失序"状态，治安状况不佳甚至已经恶化，城市环境"脏乱差"，市民和社会单位意见很大，已经到了必须马上治理的地步，相关街道必须联合区相关部门，在认真调研和充分听取各方意见建议的基础上，集中资源和执法力量，对该类网格存在的问题有针对性地开展综合治理工作，限期改变此类网格的面貌，使其向"重点关注"型向"一般关注"型网格转变。

三　治理绩效考核机制的独特性

当代中国正在发生广泛而深刻的变革，面临前所未有的机遇与挑战，但总体上是机遇大于挑战。2006年9月，温家宝总理在加强政府自身建设推进政府管理创新电视电话会议上指出："绩效评估是引导政府及其工作人员树立正确导向、尽职尽责做好各项工作的一项重要制度。"2007年2月，温总理在国务院廉政工作会议上强调，"今年要在全国推行以行政首长为重点对象的行政问责制度，抓紧建立政府绩效评价制度"。绩效评估作为新公共管理的重要内容，承载着加强政府责任、提高政府效率的重任，政府绩效评估具有监督政府行为、提高政府绩效和改善政府形象等作用。西城区明确提出要建立"双向"考评工作机制，明确要依托网格化社会服务管理工作体系，研究制订"双向"考评办法，着力强化街道、社区对科站队所及综合协管员的评价，建立群众满意度调查的第三方评价机制，发动社会公众对各专业部门和各街道的社会服务管理绩效进行评价，并将满意度调查结果纳入区街绩效考核系统。

公众参与是西方政治学理论和新公共管理思想一直非常注重的，认为其是现代民主社会最主要的价值理念，也是西方以政府绩效评估为核心的政府改革和治理的重要构成要素。众所周知，"政府绩效评估体系"包含评估主体、对象、指标、标准、环境等若干要素。其中，绩效评估主体是评估的主导因素，因为绩效评估其他因素都必须通过主体来完成，主体设置科学与否，在很大程度上影响着政府绩效评估效果。我国对政府绩效管理的研究和实践起步较晚，当前大部分政府的绩效评估仍属于内部评估的范畴，是一种自上而下的"内循环活动"。从绩效指标的选定到具体的评价过程以及评价结果的运用，公众基本上只是一个看客，外部评价大都是零星的、短暂的，不能够实现普及化与制度化，其局限性也日益凸显，其中的表现之一就是导致一些地方政府只唯上不唯下、上级满意而群众不满意①。

在双向绩效考核机制的具体设置上，以德胜街道为例，其依托网格化社会服务管理工作体系，完善"双向"考评办法，在业务流程优化的基础上，以事件的发生频次、处置质量和处置时效性以及各类基础数据的更新频次和内容质量为抓手，对各科室、各社区进行考核评价，实现权责分布的明晰化与考核评价的即时化。同时，积极依托评价器等设备，梳理评价指标，建立健全社区服务评价机制，完善一套科学合理的考核评价体系，主要包括部门评价和岗位评价等。通过评价结果的综合运用，如评价结果公示制度、评价结果与绩效挂钩、建立奖惩制度等，促进工作效率和工作质量的提升。着力强化街道、社区对科站队所及综合协管员的评价，完善群众满意度调查的第三方评价机制，发动社会公众对社会服务管理绩效进行评价，并将满意度调查结果纳入绩效考核系统。

双向绩效考核机制的设立，在很大程度上改观了现有的绩效考核机制，做到了丰富考核层次、提升考核实效，是参与式治理的一大创新。在传统的绩效考核机制中，一贯采用的是自上而下式的考核，由上级部门制定或者由下级部门制定并报上级批准绩效考核的标准和规则，再由上级对下级的工作完成情况进行评价。传统的绩效考核机制具有高效、权威的特点，是上级部门对下级部门间接管理的一种重要方式。党的十八届三中全会《关于全面深化改革若干重大问题的决定》（以下简称《决定》）对创新社会治理方式作出全面部署，提出"四个治理"原则，即坚持系统治理、依法治理、综合治理和源头治理。其中系统治理明确了社会治理的主体及其相互关系，即社会治理由谁领导、由谁主导及社会治理主体间怎样互动。《决定》指出："坚持系统治理，加强党委领导，发挥政府主导作用，鼓励和支持社会各方面参与，实现政府治理和社会自我调节、居民自治良性互动。"系统治理一方面吸收和借鉴了国外社会治理的通行规则，强调鼓励和支持社会各方面参与，实现政府治理和社会自我调节、居民自治良性互动；另一方面根据我国国情，强调加强党委

---

① 袁秉辰：《我国公众参与政府绩效考核机制研究》，硕士学位论文，中国海洋大学，2009 年。

领导，发挥政府主导作用，体现了"世界眼光"与"中国特色"的有机统一。社会自我调节和居民自治并不是"让政府走开"、社会组织和居民想做什么就做什么，而是要明确政府、社会组织和居民在社会治理中的合理分工，明确政府该做什么、社会组织和居民该做什么，党委的领导作用、政府的主导作用不能淡化甚至放弃。双向绩效考核机制正是系统治理的一种形式，在优化突出传统的自上而下的考核的同时，为社会公众评价政府以及政府购买服务的成效，从群众的视角进行评价，从而给绩效考核机制带来一股新风，使"全响应社会治理"模式的实施更符合群众路线的要求。

第三节　西城区全响应社会治理创新的多元化

多元化是社会治理创新的一大趋势。在社会主义市场经济不断深化的同时，政府与社会之间在社会治理层面的分工和界限开始越发清晰，政府摆正地位，逐渐从不该涉入的领域中退出来，专心致力于法律、法规所授权的职能范围中的管理事项，而社会亦需寻求自身的快速发展，逐渐承担起自身应该承担的公共职能。目前，社会治理的多元化主要是从主体的角度来谈，强调的是政府职能的转变和社会自治的进步，是对社会治理责任领域的重新划分，强调政府与社会之间的治理协作，更大程度地发挥社会在社会治理领域的灵活性和开放性，从而提高社会治理的效率。全响应社会治理创新从一开始就是按照多元化的理念进行设计的，目前全响应社会治理创新的多元化主要体现在以下方面。

一　全响应社会治理创新参与主体的多元化

全响应社会治理创新的多元化，首先体现为参与主体的多元化。在"全响应社会治理"模式的建设过程中，西城区 15 个街道及各科站队所力量已经基本实现向基础网格的配置，在参与主体上，包括公安、城管、人力社保、司法、卫生监督、工商、食品药品监督、消防、文化等政府职能部门全部参与其中，同时还吸引了大量的社区党员、社区居民代表、楼门院长、社区志愿者、市民劝导队、社区保安、小区物业、社会组织成员、人大代表、政协代表参与其中，"全响应社会治理"有效地将各方主体整合起来。西城区进一步规范了社区网格的人员配备与管理。下沉职能部门管理人员，整合基层管理力量，深入总结西长安街街道"一格五员"、广内街道"三员六进"、大栅栏街道"一岗四员"的网格人员配备经验，形成"基础力量一员一格、专业力量一员多格、响应力量一格多员"的网格力量配置格局。社区党组织书记和居委会主任作为社区范围内网格工作的总负责人，负责统筹协调社区内所有网格责任区的社会服务管理工作。根据承担工作量大小，网格管理员应做到一人一格或多人一格，特殊情况下可以一人多格；同时，吸纳社区自治组织、社会组织、驻区单位、居民代表、楼门院长及各类志愿者参与网格社会服务管理工作。建立岗位责任制，逐一明确在网格的工作人员及岗位职责，并以实名制方式公布。具体发挥以下五员力量作用：

（一）网格管理员

每一个网格明确一名社区工作者为网格牵头负责人（格长）。社区工作者组成网格的基础力量，按照网格责任区域进行服务和管理，定期走访，做到"家庭情况清、人员类别清、区域设施清、存在问题清"，成为网格责任区域内的"活户籍、活档案、活地图"。网格管理员每日要到所负责网格内定时定点进行巡视，及时了解社会秩序事件和社会服务需求，对发现的问题进行前期处置并利用计算机终端、"PDA"、热线电话等多种手段实时上报。各社区党组织和居委会主任作为社区范围内网格工作的总负责人，要每日汇总掌握本社区内网格运行情况。

（二）网格服务员

按照各相关职能部门要求在街道和社区配置的各类协管人员构成网格的主要服务力量，包括各街道统筹管理的综合协管员（纳入街道统筹管理的9类协管员）、社区巡防员、社区保安员等。网格服务员负责完成职能部门及街道部署的服务和管理任务，同时在格长的统筹协调下，结合本网格实际情况和服务对象的需求开展工作，对发现的问题进行前期处置并利用计算机终端、电话、"城管通"等多种手段实时上报。

（三）网格执法员

由公安、城管执法监察、人力社保、司法、工商、卫生、文化、食品药品监管、消防等各职能部门派驻到街道或社区的工作人员组成网格专业力量，负责在社区网格内开展职能部门业务和履行执法职责。

（四）网格协调员

街道领导干部要明确联系的社区及网格，负责督促、指导、协调网格内各项社会服务管理工作，各街道要指定机关干部具体担任网格协调员，网格协调员要及时了解掌握网格责任区日常运转情况，协调解决网格工作事务。重大非常时期实行"区级领导包街道、处级领导包社区、科级干部包网格"的三包工作机制。

（五）网格共建员

由社区党员、社区居民代表、社区居民小组长、楼门院长、社区志愿者、市民劝导队、社区保安、小区物业管理服务人员、社区社会组织成员等组成，是网格重要的社情民意采集和自我管理自我服务力量，负责采集网格责任区内各类信息，反映群众诉求，引导社会参与，参与网格服务管理。

全响应社会治理创新的参与主体多元化，与近年来学界和实务界所提倡的参与式治理是相通的。参与式治理，是指由地方政府培育的旨在通过向普通公民开放公共政策过程以解决实际公共管理问题的制度与过程的总和。20世纪90年代以来，为纠治发展中国家分权化改革与选举民主化带来的种种乱象，在一些国际组织的倡导和推动下，许多发展中国家如巴西、印度、秘鲁、南非、印度尼西亚等的地方政府纷纷引入参与式治理来改善问责、培养积极公民，为社会公正创造条件。相关跟踪研究表明：参与式治理在培育社会资本、赋权于民、建设透明政府和提高政府绩效等方面成效显著。随着公民参与对发展中国家发展项目的规划、执行与监督不断产生的积极影响，参与式治理也因之而逐渐成为强化纵向问责、改善公共服务供给和深化民主以实现国家治理体系现代化的善治机制。全响应社会治理创新突出多元化主体，显然是有着深层原因的。首先，全响应社会治理创新对社会治理工作的覆盖面有了较过去更高的要求，社会治理的范围不单单是管理工作，还包括大量的服务工作，而仅靠政府一家显然是不能完成此项工作的。其次，全响应社会治理创新对社会治理工作的精细程度有了更高的要求，社会治理要求走群众路线，治理效果要求最大可能地满足群众的需求，这单从政府一方面难以了解和掌握，显然只有将广大的社会力量一同吸纳到社会治理工作中来，充分发挥社会自治的功能，才能更为清楚准确地为社会治理工作"把脉"，形成真正的以群众需求为导向的社会治理模式。

二　全响应社会治理创新网格的多元化

从 2005 年在全国率先推出城市管理网格化模式，到率先向社会服务管理网格化和社会治安网格化扩展，再到率先推进城市管理网、社会服务管理网、社会治安网"三网"融合，北京始终在网格化体系建设上保持领先，初步形成了具有首都特点、中国特色的网格化社会服务管理体系，在推动首都社会治理体系和治理能力现代化建设中的作用日益重要，已逐渐成为各级党委政府开展工作离不开的"好抓手"，广大居民日常生活离不开的"好帮手"①。如何在网格化服务管理模式中体现"三网"融合的思路，将其落在实处，成为各区深化网格化服务管理模式的重头戏。在全响应社会治理创新推进当中，西城区采取了"三网融合"的升级方式，即"城市管理网格、综合治理网格和社会服务管理网格"三种网格的划分标准一致，网格边界一致，对网格工作的人力配置、工作内容和任务进行整合。

在现行行政区划框架下，西城区以 15 个街道由 261 个社区和社区工作者"分片包户"工作责任制为基础，在综合考虑人员组织、地理建筑、部门事务状况、网格工作量和资源大体平衡的基础上，按照权属和服务管理人口数量等要素合理划分网格责任区，一般按 500 户左右居民户的规模，将社区划分为若干个网格责任区。西城区"三网合一"工作以街道为主体，各街道经过"并网、定数、出图、比对、修正、融合"等几个步骤，各街道主管领导签字确认后，区综治办、区城管监督指挥中心、区社会办主管领导对新的社会服务管理网格进行确认，对部分街道网格的划分提出调整意见。经过几次沟通协调，最终形成了西城区统一的网格责任区。

以德胜街道为例，街道根据各社区实际，由社会办调整社区网格负责人，做到"一格一长、全责管理"。将社区居委会、服务站负责的 147 项服务管理业务下沉到网格，实现业务精细化管理。进一步完善网格划分地理信息数字化，对所有网格内的人、地、事、物、组织、服务资源、

① 贺勇：《网格化探索的"北京经验"》，载《人民日报》2016 年 5 月 16 日。

管理项目等进行动态调整。由社会办、智能办、指挥中枢、城管科、综治办等部门负责完善城市管理网格、综合治理网格、社会服务管理网格"三网合一"。

条块分割，是基层社会治理中反映最为突出的问题之一。作为政府职能部门在基层的"七站八所"与政府派出机构之间存在着难以协调的矛盾，"七站八所"的工作任务与考核，实行的是垂直管理，政府的派出机构则承担着属地的服务管理职能，这就形成了条块分割的悖论，即"七站八所"与派出机构实际上形成了脱离的关系，前者不受后者制约，但其职能工作却是后者的概括性职责所在。破解条块分割，一直是基层社会治理的重点工作，但这种管理体制不发生改变，条块分割的现象就会长期存在。近年来一些基层治理的声音，要求对"七站八所"的人事管理增加基层的分量，也是出于增进条块结合的目的。网格化社会服务管理模式的出现，对于化解条块分割的问题提出了一条思路。而"全响应社会治理"模式所采取的"三网融合"网格设计，则是具体措施。

网格的多元化，实质上是将社会治理的多重手段进行整合重叠，从而使小小的网格就可以满足群众的各种需求，并且能够承载政府管理的目标。在政府管理"条"的设计上往往区分为公安、城管、社保、计生、消防、司法等多个部门，然而落到社会自治的层面，这些管理力量不会轻易渗入其中，以免影响居民的自我服务、自我管理。随着时间的推演，在政府与社会中间形成了种种渗透的途径，即政府所主导的城市管理网、社会治安网和社会服务管理网，这些网由于形成时间差异，在机构和覆盖上既有重叠也有差别，从而一方面给社会服务管理人为划定了界限，形成了条之间的壁垒，给基层"块"上的管理带来了困难，成为条块结合的障碍；另一方面网络的重复设置客观存在，对于特定的事项可能存在一个以上的网络在进行管理，造成了管理资源的浪费。所以，网格的多元化，正是为了解决各张网之间的协调关系问题，通过网格的合理设置，将三张网整合起来，使各种"条"上的力量能够得到在"块"上整合的渠道。

三　全响应社会治理创新治理手段的多元化

全响应社会治理创新治理手段的多元化，体现在线上与线下、网格内与网格外两方面的治理手段的结合。全响应社会治理创新的提出，就是要实现社会治理的效率和覆盖双双提升的目标。目标的实现离不开手段的跟进，因此，全响应社会治理创新自发地需要手段的多元化，而在摸索实践中，自然而然地形成了线上与线下、网格内与网格外相结合的方式。

现代信息技术的发展及应用的迅猛程度已经远远超出了人们的预期，大数据技术的出现又一次颠覆了人们对现代信息技术的传统认识，引发了现代社会各个领域包括社会治理领域的新变革。信息及其技术已经成为现代社会的重要资源和独特的生产要素，成为推动社会进步的强大力量和社会治理创新的重要"加速器"。信息技术涉及信息的收集、识别、提取、变换、存储、传递、处理、检索、检测、分析和利用等，包括通信技术、计算机技术、多媒体技术、自动控制技术、视频技术、遥感技术、物联网技术和大数据技术等。现代信息技术已经被广泛应用于电子政务、电子商务等领域，电信、金融、能源、交通等行业的信息化建设较为领先，社会建设领域的应用正在扩展。以美国为代表的各国都在大力建设国家信息基础设施，力图在现代信息技术的发展及应用中处于领先地位。我国也提出了建设信息基础设施、推进国家信息化的战略任务。把现代信息技术引入社会服务管理领域，推动社会治理创新的信息化，成为各地推动社会治理创新的重要抓手。为了形成数据化、信息化管理的布局，"全响应社会治理"模式实现了从传统台账式的平台到集成各类数据的电子信息平台的转变，网格所反映的问题，各类主体的管理信息，工作的实时推进信息，全部汇总到电子信息平台中。同时，在将网格划分工作和网格管理力量做实的基础上，"全响应社会治理"模式做实线下工作，提升线上工作质量和水准，同时通过线上工作的反馈，督促线下工作按时按步骤进行。

在国内全面推广网格化服务管理模式的大潮流下，一时间网格化仿佛成为社会治理创新的首选良策。然而仔细研究网格化服务管理模式的闭环设计，就可以发现，这种发现—上报—处理—反馈—发现的闭环设计存在着一个缺陷，即如果上报的问题并没有得到职能部门的及时处理，出现案件积压的情况。这种积压的出现可能是两方面的，既可能是职能部门怠于履行职责，也可能是问题的处理超出了职能部门的能力范围。

正因如此，网格化服务管理模式虽然各自细节方面有所不同，但都建立了一套网格外的问题解决机制，从而使前述问题能够得到及时回应。西城区的"全响应"社会治理创新模式，也同样采取了网格内与网格外相结合的方式，除了发挥网格的巨大作用外，还建立了"访民情、听民意、解民难"的工作机制，并制订了"一本一会一单"社区民生工作法，这些网格外的治理手段，形成了西城区34名四套班子领导和71个职能部门主要领导，每月末走访定点联系街道、社区，与居民群众面对面，倾听老百姓需求、意见和建议，现场解答群众提出的问题的机制。居民的诉求，无论是就业、就医、教育、居住等民生领域的大事，还是"柴米油盐酱醋茶"等生活中的琐事，都能够以"唠家常"的方式，直接向区领导反映，向委办局的一把手反映。从而解决了网格内解决不了时的后续问题。

第四节　西城区全响应社会治理创新的信息化

全响应社会治理创新与传统社会治理的最大区别在于，全响应社会治理创新是采用了信息化技术全副武装起来的。这也是不少试点地区在向外界展示时最多强调的地方。网格化服务管理模式是一种思路，而最终使这个思路落到实处的，的确应归功于信息化技术的广泛运用。试想，如果抛开目前的信息化技术，网格化服务管理模式会以一种什么样的形态在运转？其与传统的管理方式又有哪些区别呢？正是因为信息化技术的应用彻底改观了网格化服务管理模式，提高了工作的效率，所以各地的网格化服务管理模式都是以信息化为重要发展方向，西城区的全响应社会治理创新模式也不例外。西城区全响应社会治理创新的信息化主要体现在以下方面。

一　对象与工作流程的信息化

西城区全响应社会治理创新通过信息平台的建设和基础信息的数字化，工作对象已经基本实现了信息化。通过建立完善 GIS 电子地图，将辖区内的人、地、物、事、组织、服务资源、管理项目统统纳入网格之中，实现城市管理网格、综合治理网格、社会服务管理网格三网合一。

西城区市政管理信息系统以数据库技术、地理信息技术、网络技术、嵌入式技术为基础，完成了以下三个方面的内容：建立了市政综合信息数据库，实现各种市政信息的集成；开发了市政综合信息发布管理平台和市政综合信息网上查询分析系统，为西城区市政管理部门提供信息服务；开发了市政综合信息智能手机（PDA）查询系统，实现市政信息的便携化管理，通过智能手机可以随时随地查询西城区的市政管理信息。西城区市政管理信息系统数据主要包括：①地名地址库：宾馆、学校等16类地名地址信息，道路名称信息等；②影像数据库：涵盖西城区全区；③基础数据库：全区500比例尺基础地形数据；④道路清扫库：包括全部清扫作业单位、作业道路条数、面积等；⑤绿地养护库：包括全部绿地养护单位及其养护绿地面积数据；⑥违法建设库：15个街道办事处和西城区规划分局的违法建设详细信息及违法建设照片；⑦城市部件库：共6大类、90小类城市部件数据；⑧其他数据内容：全区公共厕所数据，垃圾楼数据和古树名木数据等。通过对象信息的信息化，使得可以从信息平台中很方便了解有关主体的基本信息，有关的服务管理事项进展情况等。

在对象数据信息化的基础上，全响应社会治理创新实现了工作流程的信息化，即通过信息平台的建设，形成了"信息采集、源头发现、任务分派、问题处置、核查反馈"的闭环工作流程。所有从网格收集反馈上来的信息都集中在"全响应社会治理"信息平台上，对这些问题的当前责任主体、解决阶段都会在平台上清楚显示，问题及时得到解决的将不会突出显示，而案件积压的则会有突出显示，从而督促相关职能部门和相关责任人员积极履职。流程的信息化使得对相关问题的责任人的考核和追究更为客观和直观。

二　工作方式的信息化

对象和流程的信息化，带来了工作方式的信息化。以德胜街道为例，德胜街道通过智能化的手段，实现了"3＋6＋N"模式。在德胜街道办事处一楼大厅，在一面由12块60英寸液晶屏拼接而成的巨幅LED电子屏上，分别显示着便民服务项目和地区实况。工作人员则在LED屏幕前实时监控街道各辖区的管理情况。指挥中心通过地理信息系统、无线网络等多种技术手段对街道各类事物进行直观的展示，即绘制出一张特殊的"地图"：这张地图以地理信息系统为基础，按照"街道—社区—楼宇—院落"的层次范围，对地区特殊、突发或重点等一切有关注价值的事物进行明确标注，以最直观的方式呈现整个德胜地区范围内正在发生的事件，以更好地实现高效指挥。德胜街道在"以人为本"的理念基础上，结合德胜地区实际情况，在充分利用信息技术的基础上搭建智能化创新服务管理框架，以指挥中枢为中心，构建起"3＋6＋N"服务管理模式。其中，"3"指的是德胜街道数据中心、传输渠道、社会服务管理指挥中枢三个基础框架；"6"指的是民生服务、城市管理、应急处置、绩效考核、分析研判、统筹推进六大职能；"N"指的是根据百姓的需求，精心设计的 N 个服务管理项目。目前，德胜街道居民可以通过两种主要途径与智慧中枢取得联系，其中一种就是德胜街道被划分为若干个责任区，每个责任区选任一名责任人，其配发有 PDA 手机，居民遇到问题，可以联系所在责任区的责任人，责任人通过 PDA 手机发送信息上报问题及发生时间。同时，指挥中枢打造的德胜街道智能在线服务平台也为居民生活提供了方便。居民在这个网络平台上可以查看到有关街道社区衣食住行、政策活动等各方面的信息，搜索地区商户企业的基本信息。而对于德胜科技园的众多企业来说，也可以通过该网络平台及时地了解多种信息。

再例如，2014 年，西城区为方便辖区居民参与城市管理开发了"西城随手拍"系统手机软件并发布上线。辖区居民可随时随地参与城市管理与监督。当市民发现城市管理有关问题后，能通过"西城随手拍"将城市管理相关问题拍照并上报，城市管理责任部门将按程序进行处理并反馈。"西城随手拍"是一款与安卓手机平台相匹配的全民开放报料应用程序，供市民参与城市管理事务。市民利用手机通过软件扫描二维码图标或下载地址安装 APP 软件后，可以随后拍下身边的城市管理问题，发送给西城区城市运行管理平台，平台接报后将进行核实、立案、派遣责任单位处置、核查处理结果、结案等一系列办理流程，并把处理结果及时反馈给举报人。"西城随手拍"系统主要由问题上报、历史查询、短消息、系统注册、系统升级和系统帮助 6 个功能模块组成。初次使用系统的用户在下载完毕后，在手机网络通信正常的情况下，在手机界面中点击西城随手拍图标，即可成功登录"西城随手拍"系统界面。用户可通过"问题上报"功能，将城市管理中发生的问题上报给西城区城市管理监督指挥中心，在问题上报中需要填写联系人真实姓名、联系电话、问题发生的地址、具体问题描述，同时附带问题发生的照片，这样使报送的问题更有效直观。而"历史查询"功能模块则保存了所有的已经上报的问题清单，点击问题可以查看问题地点、现场照片等基本信息，查看问题状态是否已办理以及具体结案时间。在"短消息"模块中可以查看区域城管监督指挥中心对上报问题的处理情况，并将问题的实时办理过程通过业务短信息的形式反馈。"西城随手拍"系统作为一种全新的城市管理措施，方便辖区内居民随时随地参与城市管理，实现城市管理监督与公众参与无缝对接，人人都是城市管理的参与者与监督者。此举将有助于提高公众参与城市环境建设的积极性，尝试建立一种无障碍城市综合管理服务模式。"西城随手拍"系统的上线，一则为群众诉求多元化提供了一种途径，不仅仅是城市管理问题，诸如菜市场关闭后去哪里买菜、要求居委会提供便民服务等民生问题都可以通过手机上报来；二则能够将封闭小区问题纳入"全响应社会治理"模式中来。公共场所的城市问题由监督员巡查上报，但是封闭小区目前并未纳入监督管理范围。"西城随手拍"上线后借助市民的参与发现了一些问题，如居民上报的广外街道远见名苑小区地下车库垃圾问题、丽水莲花小区业主野蛮装修等问题，都是涉及封闭小区内的城市管理问题。

三　信息化发展的规划化

"全响应社会治理"模式的信息化特点还体现在其信息化发展有规划保障，并非一时一事开展的临时性工作，而是要作为与"全响应社会治理"模式并生的长期工作存在。在"全响应社会治理"模式推进过程中，西城区先后出台过以下文件《关于加强全响应社会服务管理创新信息化建设的指导意见》（2012）、《北京市西城区全响应网格化社会服务管理信息化建设规划》（2014）、《西城区全响应网格化社会服务管理信息化顶层设计》（2014）。在2012年出台《关于加强全响应社会服务管理创新信息化建设的指导意见》时，对于信息化还主要处在摸索阶段，信息化建设的规划并没有形成。例如文件中对信息化的实施阶段只是包括充分论证、先行先试阶段（2012 年 5 月底前）、有序展开初见成效阶段（2012 年底前）和基本覆盖整体推进阶段（2013 年）。但随着信息化建设的逐渐深入，西城区认识到信息化建设不能照搬照抄，必须结合西城实际，有步骤有计划地进行，于是在 2014 年出台了《北京市西城区全响应网格化社会服务管理信息化建设规划》《西城区全响应网格化社会服务管理信息化顶层设计》。其中《西城区全响应网格化社会服务管理信息化顶层设计》就谈到经过了两年的信息化建设发展，但是信息化建设中出现了一些比较突出的问题：一是系统之间需整合，表现在应用系统比较离散，系统之间缺乏数据交换和统一用户认证，需要多次登录应用系统；二是信息资源需深度融合，表现在各个应用系统之间的数据物理上已经集中，但是逻辑上还处于离散状态，不能有效发挥人、地、事、物、组织、事件之间的关联关系，支撑社会服务管理业务；三是数据标准需完善，表现在目前只有部分全响应数据标准，没有全面建立全响应社会治理人、地、物、组织等数据标准规范；四是业务规范需健全，表现在没有建立全区统一的社会服务管理业务中社会管理事件、社会服务事件、事件的分类、事件处置标准流程、事件处理时限、处理部门、处理要求等相关的标准规范。

从这些问题来看，根源在于顶层设计，而顶层设计将直接决定整个信息化的走向和功能，顶层设计必须有相应的规划进行配套。因此该文件规定结合全响应社会治理业务需求，构建全响应基础设施平台、全响应协同服务体系组成的西城区全响应信息化顶层设计总体框架。从此西城区"全响应社会治理"模式走上有规划保障的发展道路。即 2013 年：完善框架，夯实基础，积极应用，研究机制；2014 年：完善功能，规范运行；2015 年：优化融合、全面响应。包括开展 4 项具体工作，概括为"12—22"。即依托电子政务网络建设"1"个纵向互联、横向互动、全面覆盖、高效运转的社会服务管理信息化网络；建设区、街道"2"级指挥中心；大力开展信息资源在社会管理和基本公共服务"2"个领域的深度开发利用；在区、街道建立"2"级信息化工作平台。

第 六 章

西城区全响应社会治理创新的运行机制

西城区全响应社会治理创新作为新时期基层社会治理创新的一个重要案例，其框架设计涵盖了民生需求、网格管理、政府协同、社会协同、信息互联、居民参与、基层治理等内容，是一个较为复杂的运行体系。因此，推动西城区全响应社会治理创新的有序运行，成为西城区全响应社会治理创新成败并取得实效的难点所在。目前，学术界对社会运行和运行机制的研究成果比较多。"社会运行"和"社会运行机制"是两个紧密联系但又属于不同层面的概念，其中社会运行是宏观层面的一个概念，社会运行机制是微观层面一个概念。"社会运行"是指"社会有机体自身的运动、变化和发展，表现为社会多种要素和多层次子系统之间的交互作用以及它们多方面功能的发挥"。社会运行受国际国内经济、政治、文化及人口、心理、环境等条件的制约，可能呈现出不同的运行状态，如良性运行状态、中性运行状态和恶性运行状态。古人往往用"治"和"乱"来描述社会的运行状态。

社会运行理论是由我国知名社会学家郑杭生教授创立的。社会运行学派主张从社会运行的角度研究社会，并试图综合中西方社会思想和社会学理论资源达成这一目标。郑杭生教授主张将社会学定义为"研究社会良性运行和协调发展的条件和机制的综合性具体社会学科，并最早提出了社会运行的三种状态：良性运行与协调发展、中性运行与模糊发展、恶性运行和畸形发展"[①]。要促进社会的良性运行和协调发展，避免社会

---

① 郑杭生：《社会学对象问题新探》，中国人民大学出版社 1987 年版，第 29 页；李迎生：《社会运行理论视野下的社会建设与社会治理》，载《西北师范大学学报》（社会科学版）2015 年第 6 期。

的中性运行和模糊发展，拒绝社会的恶性运行和畸形发展，就必须大力推进社会建设和社会治理。郑杭生教授指出，"社会建设可以从正向和逆向两个方面来理解。从正向看，社会建设就是要在社会领域或社会发展领域建立起各种能够合理配置社会资源和社会机会的社会结构和社会机制，并相应地形成各种能够良性调节社会关系的社会组织和社会力量。从逆向说，就是不断地研究社会矛盾、社会问题和社会风险的新表现、新特点和新趋势，创造正确处理社会矛盾、社会问题和社会风险的新机制、新实体和新主体，通过这样的新机制、新实体和新主体，不断地弥合分歧，化解矛盾，控制冲突，降低风险，增加安全，增进团结，改善民生"[①]。郑杭生指出，社会学所讲的公平正义实际上就是社会资源和社会机会配置的公平性和平等性。社会建设和社会治理的根本就是要把公平正义落实到中国宏观制度和微观制度的方方面面。那么，应该如何推进中国的社会建设和社会治理呢？郑杭生教授主张，"社会建设的理念是缩减社会代价，增促社会进步，社会建设的目标是从和谐社会到有序与活力兼具的社会，开展社会建设的关键是处理好政府部门、市场部门和社会部门三大部门间的关系，社会建设的核心任务是改善民生，就是一个社会的成员，如何从政府、市场和社会获得自己生存和发展的社会资源和机会来支撑自己的物质生活和精神生活的问题。主张社会'有感发展'。社会建设的重点关注对象是社会弱势群体"[②]。李强教授等在回顾社会运行理论产生的背景和依据基础上，在社会运行理论提出后对近20年中国社会的运行状况进行了分析。李强教授认为，党和政府的政策、市场、网络社会等是影响这一时期社会运行最重要的体制和机制[③]。

　　社会运行理论的这些思想，对我们理解和把握西城区全响应社会治理创新具有特别重要的启发价值。所谓"社会运行机制"，是指"影响人类社会运动的各组成因素的结构、功能及其相互联系，以及这些因素产

---

①　郑杭生：《社会公平正义与和谐社区建设：对社区建设的一种社会学分析》，载《中国特色社会主义研究》2007年第6期。

②　李迎生：《社会运行理论视野下的社会建设与社会治理》，载《西北师范大学学报》（社会科学版）2015年第6期。

③　李强等：《社会运行视角与社会学的本土化》，载《社会学研究》2015年第5期。

生的影响、发挥功能的作用过程和作用原理"。一般的社会运行机制主要包括社会运行的动力机制、社会运行的整合机制、社会运行的激励机制、社会运行的控制机制和社会运行的保障机制等。

第一节 西城区全响应社会治理的六大运行机制

本章论述的"运行机制"是指影响全响应社会治理创新的"各类因素的结构、功能及其相互联系，以及这些因素产生的影响、发挥作用的作用过程和作用原理"。运行机制是北京市西城区全响应社会治理创新的重要内容，是西城区全响应社会治理创新持续运转的关键所在，是西城区全响应社会治理创新能否取得实在成效的重要保障。西城区十分重视全响应社会治理创新运行机制的建立与完善。早在 2011 年 11 月，西城区在《关于构建网格化社会面防控体系的实施意见》中就明确提出要建立健全网格社会面防控工作机制，这些工作机制主要包括防控任务精细化管理机制、工作对象台账式机制、社会面网格防控的信息化工作机制、快捷有效的信息传递和处理机制、有效的跟踪考核和监督机制、工作预案响应机制等，对全响应社会治理创新运行机制进行了初步的探索。各街道在探索过程中也形成了各自的"全响应"运行机制。

在总结之前相关部门和街道探索实践的基础上，2014 年 2 月，西城区在《关于进一步加强全响应网格管理工作的方案》中再次明确要求建立健全网格管理运行机制，明确提出了六大运行机制，即信息采集维护机制、问题源头发现机制、任务协调处置机制、问题分层处理机制、综合管理执法机制和"双向"考评工作机制（见图 6 - 1），从而形成了一个闭环的"全响应"运行系统。下面，结合西城区的探索实践，对西城区全响应社会治理创新六大运行机制进行初步的分析。

一 信息采集维护机制

信息采集维护机制是西城区全响应社会治理创新的重要基础和起点，是西城区全响应社会治理创新的动力机制之一。实现有效社会治理的重要基础是治理主体对治理对象的清楚了解。如果没有对治理对象基本情况及动态信息的了解把握，社会治理就"无的放矢"，治理事实上也无法

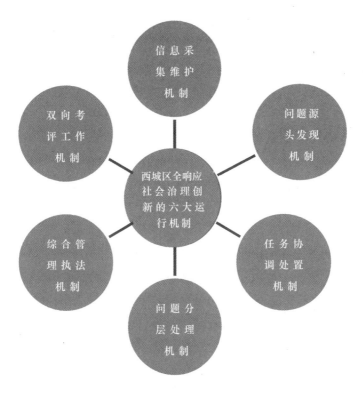

图 6 - 1　西城区全响应社会治理创新的六大运行机制

进行；社会服务管理工作没有对服务管理对象需求的了解，社会服务管理事实上也难以进行，要么是"对牛弹琴"，要么是"离题万里"，根本不能满足居民群众和社会单位的服务管理需求。当前我国众多社会问题的出现，很重要的一个原因就是一些地方党委政府的决策脱离了群众，不了解居民群众的希望和诉求，不能有效地维护居民群众的利益，不能及时地实现居民群众的愿望，缺乏正确的动力，导致政府干得越多，离居民群众的愿望和需求越远，甚至造成干群关系更加疏远和紧张。西城区把信息采集维护机制作为全响应社会治理创新最重要的工作机制摆在第一位，这是极其明智的，也是极为重要的。

西城区强调，以网格为单元，全面准确搜集掌握人、地、物、事、组织的基础信息，区、街统筹建立社会服务管理综合数据库，重点完善"人、房"数据信息，建立人口、房屋和事件数据关联关系，实现"人房关联、以房管人"。西城区还强调，各部门以实名制明确到网格的责任人，负责与本部门相关的基础信息的搜集、核查与上报，其他信息由社区网格责任人负责。建立基础信息动态更新机制，在街道、社区实现各类社会管理信息资源共享。这些要求着重强调了"全面""重点""责任""更新""共享"等几个关键词，为基层社区网格开展工作提供了明确的努力方向和工作要求，为西城区全响应社会治理创新的推进奠定了坚实的基础。从调研掌握的情况看，各街道的社会服务管理综合数据库已经基本建成。目前存在的问题是街道综合数据库与各部门专业数据库的对接与分享还存在一定的障碍，同时，综合数据库的及时更新也存在一定的问题。

二　问题源头发现机制

问题源头发现机制是西城区全响应社会治理创新的重要前提，是西城区全响应社会治理创新的另一个动力机制。实现社会有效治理的重要前提是治理主体对社会产生或出现的各类问题、隐患能够做到及时发现和处理。如果治理主体无法对社会产生或出现的各类问题、隐患做到及时发现和处理，这些问题、隐患就可能积少成多，不断积累，最终演变成危及社会秩序，危及安全稳定的重大问题，从而对社会健康运行造成极大的伤害。因此，通过推进全响应社会治理创新，做到各类问题隐患及时发现、及时上报、及时处理，是西城区全响应社会治理创新努力追求的一个目标。

西城区强调，要实行网格巡查巡访制度，由社区网格管理员、城市管理监督员、治安巡防员担任综合巡查员，及时发现并报告各类问题、隐患。广泛应用电话、短信平台、手持终端、互联网、视频探头等多种手段，拓展发现问题的渠道。各职能部门要根据各自工作特点对本部门网格责任人巡查网格的周期、内容、要求作出具体规定，每次巡查结果在综合信息系统中备案。巡查中发现的问题、隐患要及时处置解决，上报处置结果。西城区之所以要强化社区网格的力量资源配置，很重要的一个动机就是希望相关工作人员能够最大限度地贴近群众，把更多的工作时间沉入社区网格，听取居民群众的意见建议，对社区网格的运行动态做到了然于胸，对社区网格存在的问题隐患做到及时发现、及时上报和及时处置，从而把社会矛盾化解在萌芽状态，把各类安全隐患防患于未然，把各类社会问题解决在微小状态，防止小微事态扩大恶化或小微矛盾激化，切实防范酿成重大社会事件或安全稳定事件。从调研了解的情况看，西城区的问题源头发现机制作用发挥较好，目前存在的问题主要是一些问题隐患发现后社区网格解决不了，向上反映后还没有得到及时的处置和解决，既影响了居民群众和社区网格工作人员的积极性，也影响了居民群众和社会单位对党委政府的信任。

三 任务协调处置机制

任务协调处置机制是西城区全响应社会治理创新的关键所在，是西城区全响应社会治理创新的整合机制。社会治理成败的关键在于社会治理的各项工作任务是否能够实现快速的分派，分派后的各项任务是否能够得到快速高效的处置。如果社会治理的工作任务不能实现快速分派，居民群众的意见建议及反映的问题不能得到及时有效的处置，那么，社会治理的效率就难以提高。如果社会治理的任务分派后不能得到及时高效的处置，社会问题得不到及时的解决，居民群众和社会单位的服务管理需求得不到及时回应，那么社会治理就可能失效，这是推进社会治理创新必须解决的关键问题。

西城区十分重视任务协调和处置机制的建立，强调要充分运用好区街全响应社会治理指挥信息平台作用，通过各种渠道了解城市管理问题、社会服务管理需求、社会面防控发现的矛盾隐患问题、"访民情、听民意、解民难"发现的问题，按照职责范围上报到街道分中心及区中心进行协调处置。各街道充分发挥统筹辖区发展的作用，将各类问题分类收集，建立统一的汇总、分析、派转、办理、反馈工作闭环。从目前调研掌握的情况看，西城区的任务协调处置机制还处于探索和完善阶段，总体上社会服务管理的任务分派还不够及时畅通，社会服务管理工作任务的处置还不够快速高效。因此，进一步完善任务协调处置机制是下一步西城区推进全响应社会治理创新需要重点关注和着力解决的问题。

四 问题分层处理机制

问题分层处理机制是西城区全响应社会治理创新的重要招式，是西城区全响应社会治理创新的控制机制。有效社会治理的"招式"是各种问题在适当的时候在适当的位置得到适当的解决，社会矛盾得到及时有效的化解。只有当各种问题都得到适当适时的解决，社会矛盾得到及时有效的化解，这样的社会治理才是"战无不胜"的，也是最有效的。如果社会问题和社会矛盾得不到适当适时的解决，那么，社会问题和社会矛盾就可能越积越多，情况就可能变得愈加复杂，社会治理的难度就会不断增加，社会秩序就难以维持，安全稳定也难以保障。因此，西城区对问题分层处理机制的建立是十分关注的。

西城区强调指出，对于社会服务管理工作任务和反映、发现的问题，实行自下而上分层解决办法。能够在社区或网格层面解决的要在社区网格内及时解决；社区和网格解决不了的，在街道分中心、区中心的协调下，街道、区有关职能部门按照职责和权限逐级解决，形成"小事不出社区、大事不出街道、疑难问题区级协调"的工作机制。应该说，西城区对这个问题的判断是十分准确的，思路也是十分明确的。事实上，不少街道和社区网格正是这样做的，各社区网格也自行解决了不少微小问题和社会矛盾。但从调研了解的情况看，这一工作机制的落实还存在比较明显的差距，实际运行中还存在着比较突出的问题，一些社会问题和矛盾往上反映后由于各种原因迟迟得不到妥善解决，已经影响了全响应社会治理工作的进一步开展，需要在下一步的推进中重点着手解决。

五　综合管理执法机制

综合管理执法机制是西城区全响应社会治理创新的有力后盾，是西城区全响应社会治理创新的保障机制。高效的社会治理必须有所遵循，有社会共同认可并自觉遵循的社会规范，符合社会规范的行为（即合法行为和道德行为）都得到法律或道德的许可，不符合社会规范的行为（即越轨行为，包括违法行为和不道德行为）不被法律规范或道德规范许可，必须受到法律的惩处或道德的谴责。如果越轨行为没有得到及时的纠正，没有受到法律的惩处或道德的谴责，那么，越轨行为就会得到负向的"激励"而激发更多的类似越轨行为，从而造成社会秩序的失序或治安状况的恶化。在现实生活中，一些越轨行为具有一定的复杂性和变异性，往往对行政执法工作提出很高的要求，由于一般情况下行政执法工作难以达到相应的要求，单个部门执法往往由于各种原因难以奏效，不得不经常处于被动应付状态，执法效果堪忧，法律的规定得不到严格遵守，严重地影响了相关法律规范的权威性。在全响应社会治理创新的构建中，各种违法行为或越轨行为都可能被相关工作人员、居民群众、媒体、社会单位等反映上来，相关执政执法单位必须及时依法处理。如果处理不及时或处理不力，对政府和社会都是一个严重的损害，也势必造成全响应社会治理创新的继续推进。因此，西城区十分重视综合管理执法机制的建设。

西城区强调，对于整体性、综合性的社会服务管理工作，应完善综合管理执法机制。在网格内要充分发挥社区网格牵头负责人的组织协调作用，发挥网格各种力量的整体合力。在街道和区级层面，建立综合管理执法机制，相关部门采取常驻与临时集中相结合的方式，通过集中办理、联合执法和综合整治，处理各种复杂问题，满足各种服务管理需求。从调研掌握的情况看，街道层面的综合管理执法机制具有一定的实践基础，下一步可以继续完善总结固化以更好地发挥综合管理执法机制的作用。

六　"双向"考评工作机制

"双向"考评工作机制是西城区全响应社会治理创新的评价工具，是西城区全响应社会治理创新的激励机制。社会治理的绩效究竟如何，需要科学、中立、立体的评价。如果没有评价，干与不干一个样，干多干少一个样，干好干坏一个样，势必很难对全响应社会治理的各相关主体形成有效的激励，全响应社会治理工作就很难持续下去。如果没有科学的评价，评价结果不能有效地发挥正面导向作用，就可能给全响应社会治理的各相关主体形成错误的引导，最终影响全响应社会治理创新的方向甚至目标的实现。如果没有中立的评价，评价的公正性一旦受到质疑，势必造成不必要的纠纷，造成内耗，影响全响应社会治理效能的发挥。如果没有立体的评价，就很难反映社会治理的复杂性，简单的一刀切的评价方式由于不能准确全面地评价全响应社会治理的绩效必然被抛弃。

西城区十分重视全响应社会治理创新的评价机制建立，提出要建立"双向"考评工作机制，明确要依托网格化社会服务管理工作体系，研究制定"双向"考评办法，着力强化街道、社区对科站队所及综合协管员的评价，建立群众满意度调查的第三方评价机制，发动社会公众对各专业部门和各街道的社会服务管理绩效进行评价，并将满意度调查结果纳入区街绩效考核系统。从调研掌握的情况看，西城区每年坚持对街道服务绩效及各部门进行群众满意度测评，区全响应社会服务管理指挥中心每月也定期对各街道、各部门、各单位社会服务管理进展情况进行打分排名，广外等街道开展了社区建设绩效的年度评价，什刹海、月坛等街道在探索建立社区建设综合评价体系。总体而言，西城区全响应社会治理创新综合绩效的评价体系正在探索完善中，借助全响应社会治理信息系统，开展定期评价，辅以年度群众满意度评价，将是未来西城区全响应社会治理创新综合绩效评价的主要模式。

第二节　西城区全响应社会治理运行的八大响应链

西城区在社会治理理念的引导下，积极探索多元主体参与的社会治理格局，形成了社区自治组织、街道办事处、党委政府各部门、驻区单位、社会组织、专业社工、居民群众和社会领域党建八大响应链（见图6-2），形成了西城区多主体参与社会治理运行的多元格局。本节主要对西城区的八大响应链进行专门的论述。

一　社区便民服务响应链

1986 年，随着改革开放的深入和社会问题的不断出现，国家民政部从完善社区服务入手，开始倡导加强在基层居委会的服务管理工作，并慢慢发展成为社区建设的社会运动，社区服务成为中国社区建设的一项重要内容，受到广泛的重视和关注。1999 年，社区体制改革首先在辽宁省沈阳市启动，其中社区体制改革在全国推行，社区体制在我国得到进一步确立，社区成为我国基层服务管理的重要单元，其重要性越来越显著。西城区全响应社会治理创新打造的"社区便民服务响应链"正是在继续和发扬传统社区服务工作的基础上，一是通过对社区层面的各种服务资源和力量整合，二是通过现代信息技术将居民群众的服务管理需求和问题诉求更加便捷地连接起来，使社区组织资源、自治资源、网格资源和其他社会力量能够快速地对居民群众的服务管理需求和问题诉求作

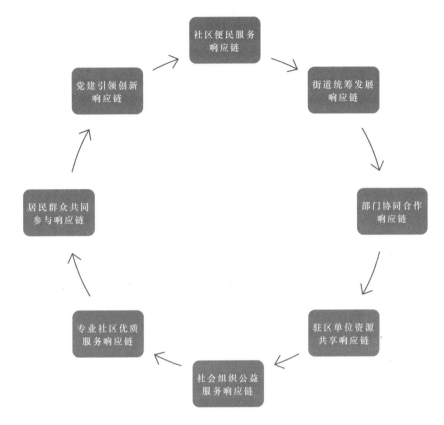

图6-2　西城区全响应社会治理运行的八大响应链

出快速响应，精准地为有服务管理需求和问题诉求的居民群众提供相应的服务管理，从而使居民群众反映的问题诉求和社会服务管理需求得到及时高效的满足，实现"小事不出社区"的初步目标。

在西城区全响应社会治理创新的八大响应链中，"社区便民服务响应链"是最基础，也是最重要的响应链之一，是居于西城区全响应社会治理整体体系"枢纽"地位的一个响应链。"社区便民响应链"实际上涵盖西城区全响应社会治理创新的两个基础层级：社区和网格，目前西城区由261个社区和1541个网格组成的社区便民服务响应链已经持续地发挥着重要的作用。社区党组织作为基层党组织、社区居委会作为居民自治性组织、社区服务站作为政府部门的"神经末梢"直接与居民群众产生联系并提供或组织提供基本的便民服务。网格作为精细化服务的一个新层级出现在社区下面，形成了更加明确的责任落实体系，围绕网格形成的服务管理团队和执法力量可以为网格内的居民群众提供更为精准及时的高效服务。通过网格和社区的二级响应，居民群众和社会单位提出的很多问题诉求能够得到及时收集、处置和反馈，有利于改善居民群众的体验并提升居民群众的满意度。

二　街道统筹发展响应链

自从 1954 年 12 月 31 日《城市街道办事处组织条例》全国人民代表大会常务委员会通过并颁布实施以来，街道办事处作为城市管理的一个重要层级而存在。尽管 2009 年 6 月 27 日第十一届全国人民代表大会常务委员会第九次会议决定废止《城市街道办事处组织条例》，个别中小城市已经开始了废除街道办事处的城市管理体制改革工作，但我国许多大中城市街道办事处作为城市中一个重要层级依然存在并发挥着不可或缺的作用。当前，围绕着街道办事处的存废存在着许多的争论。本书不介入这些争论，而是基于街道办事处作为北京这一超大型城市的重要管理层级依然存在的现实，对西城区全响应社会治理创新打造的"街道统筹发展响应链"进行简要的描述。

目前，北京市 16 个区共有 147 个街道办事处、38 个乡和 144 个镇，其中西城区共设有 15 个街道办事处。北京市委市政府将街道办事处作为城市管理的一个重要节点来打造，是"二级政府、三级管理"的第三级管理单元，并赋予街道办事处"统筹辖区发展、加强社会管理、提供公共服务、指导社区建设"等作用。西城区在探索推进全响应社会治理创新过程中，街道办事处被赋予极为重要的统筹发展地位，15 个街道统筹发展响应链均已经形成并发挥了极为重要的实际作用。也就是说，街道办事处在全响应社会治理创新中有四大不可替代的统筹职能：一是建设街道全响应社会治理信息系统的职能，在区相关职能部门的指导下，各街道按照全区全响应社会服务信息系统的框架，建设上联区全响应社会服务管理指挥中心，下接各社区及移动终端，平接各科站队所的全响应社会治理信息系统。二是借助街道地区管理委员会的协调平台，街道办事处将辖区各科站队所、各驻区单位、物业公司等纳入街道全响应社会服务系统，加大联合执法的力度，使之成为街道辖区的重要响应主体。

三是街道办事处充分发挥指导社区建设的作用，在网格划分、网格力量配置、工作指导、督导评价考核等方面发挥主要作用。四是街道办事处通过全响应社会治理信息系统发挥指挥调度分派督促评价考核的功能，促使相关科站队所和单位的责任人员及时认真履行职能，及时处置并反馈居民群众或其他信息渠道反馈的问题诉求。

三　部门协同合作响应链

各职能部门属于传统的专业管理部门，在社会服务管理中发挥着重要的专业管理、行政执法等作用。在传统的社会服务管理模式中，各职能部门有的直接通过自己的下设机构提供相应的服务管理，有的由于缺乏下设机构难以及时提供相应的服务管理，存在着一定程度的服务管理脱节问题。特别是在信息化技术应用的过程中，各职能部门纷纷建设了自己的信息系统，有的部门还建设了多套信息系统甚至十几套信息系统，各信息系统之间互不联通，却都要求基层街道和社区提供基础数据，导致基层街道、社区各种填表任务很重，重复劳动，反复操作。在实际工作中，各职能部门对基层街道、社区分派的任务多，要求多，而对居民群众和驻区单位的诉求反馈得少，服务不够。

针对这一情况，西城区全响应社会治理创新体系打造了职能部门协同合作响应链，试图将各职能部门整合起来，构成整体性政府共同为社会提供高效优质的服务管理。具体来说，西城区全响应社会治理创新的部门协同合作响应链方面主要包括：一是各职能部门通过全响应社会治理信息系统的建设，搭建起了与区全响应社会服务管理指挥中心、其他职能部门分中心、15个街道分中心的联通渠道，从而使各职能部门成为西城区全响应社会治理不可缺少的重要组成部分。二是各职能部门借此契机对各自的服务管理职能进行重新梳理，进一步优化各自的资源和人力配置，如社区民警、消防员、城管队员、工商管理员、食品药品监督员等进一步向社区、网格延伸配置，从而提升各部门的响应速度。三是各职能部门通过全响应社会治理信息系统实现了对各自基层单位或责任人员履行职责情况和各自分管领域社会服务管理问题与民生诉求的全面掌握，从而为下一步社会政策的调整、社会服务管理资源的优化配置、人力资源的优化组合提供了重要的决策参考依据，从而提升政府决策的科学性和合理性，使服务型政府的建设步伐不断加快。

四　驻区单位资源共享响应链

西城区作为首都功能核心区，是中央许多机关和部门的所在地，为中央机关和中央部门及其职工家属服务好是西城区的重要职责。因此，协调好以中央机关和政府部门为代表的驻区单位，将其纳入西城区全响应社会治理创新体系，是西城区探索的一项重要内容。西城区和这些中央机关和政府部门之间存在着几个相互依赖的关系，一方面，中央机关和政府部门的工作人员与家属和西城区的居民群众既有一定的重合又有一定的交叉，也有一定的平行关系；另一方面，中央机关和政府部门既需要北京市和西城区提供各种服务保障，同时，这些中央机关和政府部门拥有的各种设施和资源利用又存在着利用效率提高的问题。因此，西城区如何组织动员以中央政府部门等驻区单位参与全响应社会治理创新是这项实践的重头戏。

从目前掌握的情况看，西城区全响应社会治理创新在打造驻区单位资源共享响应链方面主要包括以下内容：一是通过各类数据库建设对驻区单位数量和其他基本情况有效地进行了摸底调查，初步摸清了辖区驻区单位可以共享的资源底数，增加了地区服务管理的资源。二是通过政策引导、社情民意调查和数据库建设将辖区居民群众的服务管理需求与驻区单位的共享资源实现了初步的对接，利用驻区单位共享资源解决了居民群众的服务管理需求和问题诉求，探索出了一条社会协同的新途径。三是通过全响应社会治理信息系统实现驻区单位之间的资源共享也将成为可能，这将进一步改善西城地区的空间格局和"单位生态"，构建起驻区单位之间的互动交流网格，使西城区成为一个驻区单位有序参与、结构更为完整的社会治理格局。

五　社会组织公益服务响应链

在社会治理多元主体共同参与的格局中，社会组织是十分重要的组成部分和参与主体。如前所述，社会组织建设是社会建设的重要内容，因此，培育社会组织，购买社会组织服务，为社会组织成长提供活动场地、办公场所、资金、岗位等各种扶持，为社会组织的发展壮大不断地创造成长空间，帮助社会组织吸纳更多的专业人才和人力资源，让社会组织在满足居民群众社会服务需求中发挥更大的作用，是西城区全响应社会治理创新的一个重要突破口，"社会组织公益服务响应链"正是西城区全响应社会治理创新着力打造的又一条响应链。

目前，西城区全响应社会治理创新打造的社会组织公益服务响应链主要包括以下内容：一是持续投入社会建设专项资金，购买社会组织服务，7年来累计投入1.35亿元，支持了520多个服务项目，为居民群众和驻区单位提供了大量的社会服务。二是注重孵化、培育社会组织，通过建立社会组织孵化基地、社会组织楼、购买社会组织专职岗位等方式，大力培育社会组织。目前，西城区各类社会组织达2991家，万人社会组织数量达18.46个。三是努力通过举办公益文化节，推介一批公益服务项目，树立一批公益榜样，不断扩大和提升社会组织的知名度，推进社会组织与民生需求的对接。

六　专业社工优质服务响应链

专业社工是近些年我国的一个热门词，也是国家希望大力发展的一门职业，是"专业社会工作者"的简称。党的十六届六中全会通过的《中共中央关于构建社会主义和谐社会若干重大问题的决定》推进社会工作发展的任务。所谓"社会工作专业"是指"政府为主体，社会力量广泛参与，以社会工作、社会学、心理学等为主干学科基础，物业管理、医学、法学辅助学科，以助人自助为核心理念，以个案工作、小组工作、社区工作为直接工作方法的学科，旨在为案主提供专业服务，帮助案主解决在与环境互动过程中所产生的各种问题，帮助案主重塑自信，协助解决困境，重新融入社会"。专业社会工作"主要帮助社会上的贫困群体、老弱群体、身心残障群体和其他弱势群体，主要任务是预防和解决部分因不良互动方式而产生的各种社会问题，开展社区服务，完善社会功能，提高社会福利水平和社会生活素质，实现个人与社会的良好互动，促进社会的稳定和发展"。专业社会工作在社会建设和社会治理中可以发挥更重要的作用。

近些年，西城区在引进和培育专业社会工作机构方面做了大量的探索。这些探索主要包括从上海市浦东新区、广东省深圳市等地引进已经成功的专业社会工作机构在西城设立分支机构，与在京高校社会工作院系合作设立专业社会工作事务所，为社会工作专业毕业生提供工作岗位和实习岗位，为专业社会工作机构提供办公场所和资金支持，成立西城区社会工作者联合会，开展专业社会工作培训，出资购买专业社会工作机构服务等，培育成熟一批在全市乃至全国具有行业影响力、管理规范、服务优质的专业社会工作机构，如悦群社工事务所、睦邻社工事务所、睦友社工事务所、仁助社工事务所、泓德中育社会发展中心等，培养出了一支拥有200余人具有较强专业能力和较高业务水平的专职社会工作者队伍，实现了专业社会工作机构对西城区15个街道办事处的全面覆盖，着力将专业社会工作机构纳入西城区全响应社会治理创新工作体系，将从基层社区网格和居民群众中收集的特殊服务管理需求交给专业社会工作人员来处理，形成了专业社工优质服务响应链，对基层社区网格和居民群众的特殊服务管理需求进行专业的响应。

七　居民群众共同参与响应链

居民群众是社会治理的重要参与主体，也是社会服务管理的主要对象。居民群众直接居住生活在社区网格，与社会保持着广泛密切的接触，蕴藏着丰富全面的人力资源和信息资源。居民群众既可以将自己看到或发现的问题及时报告给网格管理员、社区工作者，也可以通过非紧急求助电话、报警电话、随手拍、微信、微博等途径向政府部门反映，同时，居民群众全党可以对政府工作人员、执法人员、社区工作者、专业社工、驻区单位、网格管理员、网格服务员等各类主体的工作进行实时的监督和准确的评价，因此，有效地将居民群众组织动员起来，参与到西城区全响应社会治理创新工作中来，是西城区大力探索推进的一项工作。

具体说来，西城区全响应社会治理创新打造的居民群众共同参与响应链主要包括以下几个方面：一是通过社区组织起来的居民代表、楼门院长依然发挥着情报信息员的作用，很好地将其他居民群众与社区、网格联系起来，形成一个互动的整体。二是通过发挥党员志愿者、治安志愿者、安全稳定信息员、网格管理员、城市管理网格监督员、物业管理员、治安巡防员、保安员、保洁员等的作用，形成了一个覆盖社区网格的监督网，时刻对社区网格的社情民意和各类问题发挥着发现和报告的功能。三是广大在西城区生活、工作、消费、娱乐、旅游、通过的市民发现城市管理问题或遇到困难可以通过 110 报警电话、12341 非紧急求助电话、随手拍、微信、微博和其他方式向相关部门或接受方反映报告，这些问题或困难信息通过信息系统可以归集整理后分派给相关职能部门、属地管理所在街道办事处或社区网格，相关责任人员可以第一时间赴现场核实或处置，从而确保问题或困难及时得到解决。四是广大居民群众可以通过接受问题处置反馈进行满意度评价，也可以参加所在街道办事处等组织的对相关职能部门和街道办事处的满意度评价，对各职能部门、各街道办事处、各社区网格相关工作人员的工作态度、工作能力、处置结果等进行评价，从而督促相关部门、单位和工作人员更加认真负责地履行职责。

八　党建引领创新响应链

在当前的经济社会发展环境中，一批新兴的经济组织和社会组织正在破土而出，挟势而来，吸引了越来越多的各类人才创业就业，成为中国社会结构不可或缺的重要组成部分，也是中国社会治理格局的不可缺少的主体。属地的党委政府如何与这些新经济组织、新社会组织建立起紧密的合作关系，成为新时期社会治理创新工作不可忽视的课题。

西城区也不例外，同样面临着如何将新经济组织和新社会组织纳入社会治理格局的历史任务，西城区通过打造党建引领响应链，实现了将新经济组织和新社会组织纳入全响应社会治理创新格局的目标。具体做法是：一是主动将党建工作向社会领域延伸，在写字楼、商务楼等新经济组织、新社会组织比较聚集的地方建立楼宇"五站合一"党建工作站，派出党建工作员或联络员，开展对新经济组织和新社会组织的党建引导工作，服务企业发展，服务员工生活。二是强化街道、社区区域化党建平台建设，通过建立地区大党委等方式，有效地将新经济组织、新社会组织中的基层党组织和党员纳入街道或社区的党建大格局和党员教育管理范围，有效地对新经济组织和新社会组织进行政治上的重组动员，将新经济组织和新社会组织纳入西城区全响应社会治理工作体系，成为其中重要的参与者。三是通过依托行业主管部门建立工商联非公党委、职介中心党委、人才中心党委、律师协会党委等枢纽型社会组织党组织，有效地将分散在各行各业的流动党员组织起来，使之成为西城区全响应社会治理的重要参与者。四是通过组建党员志愿者、青年志愿者、社区青年汇等各种渠道和方式有效地将流动青年组织起来，成为党组织和团组织联系组织动员流动人才的重要渠道，使这些人才资源成为西城区全响应社会治理的重要依靠力量。

第三节　对西城区全响应社会治理运行机制的简要评价

从西城区全响应社会治理运行的六大机制及其打造的八大响应链来看，西城区全响应社会治理确有与众不同的地方，尽管各地的社会治理都强调多主体的参与，但西城区构建的六大运行机制和打造的八大响应链，更突出了现代信息技术条件下如何更有效地协调各方关系，以实现共同行动、耦合结构和资源共享，从根本上弥补政府、市场和社会单一主体治理的局限性①。下面对西城区全响应社会治理运行机制及八大响应链进行简要的评价。

一　闭环系统需要进一步细化

从信息的采集维护到问题的源头发现，从任务的协调处置到问题的分层处理，从综合管理执法到双向考评，西城区全响应社会治理创新的运行机制确实在逻辑上已经形成了一个较为完整的闭环系统。但从西城区全响应社会治理运行的实际情况看，这六大运行机制在实际上都有进一步细化优化的空间。进一步讲，从信息的采集维护看，西城区要进一步细化信息采集维护的工作标准，督促相关部门和单位定期对各专业数据库进行定期更新，同时，要进一步明确网格管理员和城市管理监督员等通过移动 APP 等移动终端开展信息采集的职能，并定期将新采集的信息与各职能部门的专业数据库进行反复比对清洗，形成干净有效的"真"数据，对有疑问的数据分别交由相关委办局和属地街道社区进行再核实，形成最后的"真数据"和"真"信息。从问题的源头发现机制看，目前

---

① 李汉卿：《协同治理理论探析》，载《社会经纬》2014 年第 1 期；胡颖廉：《推进协同治理的挑战》，载《学习时报》2016 年 1 月 25 日。

问题的源头发现机制作用发挥良好，但存在"问题"不明确的问题，例如，以前北京市政府相关部门对"开墙打洞"经营行为是容忍的，基本是睁一只眼闭一只眼，现在却在大规模地整治，再如，以前没有共享单车的问题，现在共享单车的存放、保管成为日益突出的问题。从任务的协调处置看，总体上很多任务是明确的，但也存在着少量职责不明的问题难以处置，目前西城区对这类问题的处置力度不足，建议由相关区领导牵头召开协调会，确定相关问题的责任部门，并由机构编制、财政等部门在今后的"三定"方案中加以明确，让想干事愿干事的部门有编制、有职责、有人力，有资金，不愿意干事的部门减少编制、人力和资金。从问题的分层处理机制看，总体上实现了设计的目标，街道、社区和网格处理了95%以上甚至99%的问题，很好地调动了基层的积极性，也见证了社会服务管理资源向基层配置的必要性，但区及区以上部门解决问题的效率还是偏低，下一步如何加强对区相关部门和区以上部门单位的协调力度是值得思考的。从综合管理执法机制看，自从该机制建立以来，基层综合管理执法的力度明显加大，这特别体现在重点地区整治、拆除违法建设、整治开墙打洞经营行为和地下空间等，但另一个问题开始出现，街道体制改革该走向何方，街道科室及其他派出机构应如何设置成为下一步街道改革的重点问题。从双向考评机制看，已经发挥了较好的作用，但由于各单位、各街道纳入考评的信息不完整，考评还不够精准，考评结果的应用还存在不足，纪检监察、组织人事等部门对考评结果的应用力度应进一步加大。

二　全响应系统需要进一步强化

从目前八大响应链的运行情况看，总体来讲都是正常运行的。但仔细分析起来，还是可以发现八大响应链的响应能力和响应效率还是存在着较明显的差异。比如，社区为民服务响应链，总体上西城区261个社区都做得很好，实际上我们可以看到，不同社区上报的民情日记和问题诉求是存在较大差异的，这里有多种可能，第一种可能是各社区由于基础条件、基础设施、人员结构等方面的差异，产生的问题诉求和服务管理需求确实存在着明显差异。第二种是各社区解决居民群众服务管理需求和问题诉求的登记存在差异，即不同社区登记问题诉求特别是社区网格本身已经解决的问题诉求的积极性存在差异，有的登记得多，有的登记得少，导致相关数据不完整。三是问题诉求和服务管理需求收集发现不完全，一些社区的问题诉求和服务管理需求根本没有在信息系统中体现，导致各社区难以横向比较。从街道统筹发展响应链看，15个街道之间也存在着较大差异，有的街道运行已经十分成熟，有的街道还处在学赶阶段，导致各街道在统筹发展响应方面无论是认识理念、整合力度、信息系统的覆盖范围、人员力量的配置、移动APP的配置范围等都存在着明显差异，导致各街道进入全响应社会治理信息系统的数据也是存在着明显差异。从部门协同合作响应链看，目前尽管已经有41个委办局分中心与区全响应社会服务管理指挥中心实现了联通，但联通的层次、规模和水平还不够，致使基层反映的问题诉求和服务管理需求到了委办局或公用企业单位时就力度不足，部门协同合作响应链存在一定的响应不足问题。从驻区单位资源共享响应链来看，西城区已经有效地激励引导国家广电总局、北灯汽车灯具有限公司、市府大楼、光大置业等300余家驻区单位开放内部资源，有效缓解了西城区停车难、老人就餐难、居民活动场地不足等问题，但从西城区全响应社会治理信息系统的建设角度看，这些驻区单位的资源共享更多地是建立在与具体资源共享的基础上，而没有与西城区全响应社会治理信息系统建立起有效的联通，致使相关进展和情况难以在信息系统上得到反映、统计和分析。从社会组织公益服务响应链来看，尽管西城区社会组织数量众多，做了大量工作，但目前西城区社会组织的数量和专业服务能力还不能满足西城区社会服务管理需求和解决问题诉求的要求，这些社会组织依然处在西城区全响应社会治理信息系统的外围，社会组织的相关服务管理活动，社会组织对西城区居民群众服务管理需求和问题诉求的了解显得较为滞后，导致社会组织与服务管理需求的对接存在着不畅的问题。从社工队伍专业服务响应链来看，目前西城区社工队伍的建设刚刚起步，不论是社工机构的数量还是社工队伍的数量都还不足以承担起为西城区居民群众提供高效的专业服务的任务，社工队伍专业服务响应链还需要进一步加大建设力度。从社会领域党建引领创新响应链来看，尽管西城区大力开展了社会领域的党建引领创新工作，党的建设工作覆盖面大大提高，但社会领域的新经济组织和新社会组织并没有完全纳入西城区全响应社会治理信息系统，致使社会领域党建引领创新工作处于西城区全响应社会治理创新的外围。从居民群众共同参与响应链来看，目前西城区各界群众参与社会治理创新的意愿是非常强烈的，"西城大妈"等志愿服务品牌已经享誉全国，但从居民群众参与西城区全响应社会治理创新的深度看，居民群众更多地是将问题诉求或服务管理需求报告给网格管理员或社区工作者，并没有直接与全响应社会治理信息系统产生联系，致使居民群众的参与也同样处在全响应社会治理创新体系的外围，这是下一步应该思考并着力解决的问题之一。

三　参与主体的积极性需要进一步激发

西城区全响应社会治理创新已经形成了多元主体共同参与的良好格局，全响应社会治理工作有序推进，取得了较为明显的成效，这是值得肯定的。但从观察者的角度看，西城区全响应社会治理多元参与主体的积极性存在着明显差异，部分参与主体的积极性并不高，如果协调推进的力度有所减弱，全响应社会治理工作就可以难以继续向前推进，只能勉强维持，这是值得西城区高度重视并警醒的。从激发各参与主体的积极性来看，有以下几方面工作值得努力，第一，各委办局参与社会治理的积极性如何进一步激发，各委办局及其派出机构是西城区全响应社会治理的重要主体和发动机，是部门协同合作响应链的主体，只有各委办局及其派出机构真正履行了自己的职能，该由本部门工作人员处置解决的必须按时处置解决，可以通过购买企业或社会组织服务予以解决的应该积极组织动员相关企业和社会组织参与进来，提供足够的资金购买企业或社会组织的服务，能够对基层发现的问题诉求和社会服务管理需求及时进行调查核实、处置反馈，居民群众反映的问题诉求才会得到最终的解决。第二，驻区单位参与社会治理的积极性如何进一步激发。驻区单位资源共享开启了参与全响应社会治理的第一步，但还有待进一步提升，驻区单位在属地社会治理中究竟有什么样的地位和作用，需要进一步研究突破，让驻区单位在社会治理中发挥更大更好的作用。第三，社会组织和社工队伍的积极性如何进一步激发。从目前来看，社会组织和社工队伍建设尽管取得了一定成绩，提供了重要的专业服务，但是这些社会组织和社工队伍还很脆弱，发展的基础和条件都非常有限，要让社会组织和社工队伍在西城区全响应社会治理工作中发挥更大的作用，就必须进一步研究制定政策，解决制约社会组织和社工队伍发展的瓶颈问题，为社会组织和社工队伍的发展壮大创造条件。第四，街道社区网格的积极性如何进一步激发。当前，各街道社区网格总体工作是不错的，但不可否认，不同街道、不同社区、不同网格开展全响应工作的力度是存在明显差异的，如何进一步激励后进，指导后进，引导先进，提升中进，推动西城区全响应社会治理工作在各街道各社区各网格的均衡推进，这是值得研究解决的。第五，如何进一步激发居民群众参与社会治理的积极性。居民群众在全响应社会治理中是十分重要的宝贵资源，保护好居民群众参与社会治理的积极性，就需要进一步完善西城区全响应社会治理的运行机制和其他响应链，使居民群众真切地看到西城区委区政府推进全响应社会治理创新的决心和信心，从而鼓励居民群众更加积极主动地参与到全响应社会治理创新工作中来。第六，如何进一步激发新经济组织新社会组织参与社会治理的积极性。新经济组织和新社会组织处于创业发展的前期，目前考虑最多的还是自身的发展和生存，如何紧紧抓住新经济组织和新社会组织发展初创期的特点，将扶持帮助新经济组织和新社会组织发展与组织动员他们参与到全响应社会治理创新工作中结合起来，找到合作共赢发展的空间，既帮助新经济组织和新社会组织借助西城区特殊的区位优势和资源得到发展，又为西城区全响应社会治理创新工作团结凝聚更多的资源和力量。

第 七 章

西城区全响应社会治理创新的政府协同

在西城区全响应社会治理创新的总体框架中，各政府部门及其派出机构是西城区全响应社会治理创新的重要组成部分，是全响应社会治理创新持续健康运行的关键所在，是西城区全响应社会治理体系不可或缺且极为重要的响应主体。可以说，在某种程度上，各政府部门及其派出机构对西城区居民群众民生诉求的响应程度、响应速度、响应效率和响应效果，直接决定着西城区全响应社会治理创新的成败。西城区各政府部门及其派出机构在"全响应"实践中交出了一份怎样的答卷，是大家比较关注的问题。

在传统的政府治理过程中，"政出多门""职能交叉""部门壁垒""部门分割""碎片政府""信息孤岛""互相推诿""效率低下""治理失败"等是常为世人和学术界诟病的主要问题，成为人们批评政府的主要话题之一。1965 年，美国著名战略管理学者安索夫（Ansoff）提出了"协同"思想。安索夫认为，"组织通过寻求合理的销售、运营、投资和管理的战略安排，能够对投入要素、业务单元和环境进行有效的配置，从而实现类似报酬递增的协同效应"①。尽管安索夫提出的协同思想主要考虑的是企业内部的协同问题，但这一协同思想对现代政府的运行和变革有着较大的影响。

西城区探索完善全响应社会治理创新，如何有效地实现政府协同，避免部门壁垒、部门分割、政出多门、职能交叉、互相推诿、效率低下、

① 杜治洲、汪玉凯：《电子政务与政府协同管理模式的发展》，载《中共天津市委党校学报》2006 年第 2 期。

治理失败等，更好地回应居民的服务需求，是一个无法回避的话题。这个课题既是世界各国政府共同面对的一个世界性难题，也是西城区全响应社会治理创新试图努力破解的难题。目前，西城区全响应社会治理创新在探索推进部门协同的进程中已经开始起步，并取得了一定的初步成效，值得学术界和社会各界进一步关注、研究和深化。

为了更好地响应西城区居民群众的民生需求，西城区全响应社会治理创新坚持"全面感知、快速传达、积极响应"的理念积极打造了职能部门响应链、街道统筹发展响应链、社区为民服务响应链、驻区单位资源共享响应链、社会组织公益服务响应链、社工队伍专业服务响应链、社会领域党组织引领创新响应链、居民群众共同参与响应链①等"八大响应链"，主动推动信息互通共享、行动协同联动，相互信任合作，探索形成多元共治的工作格局。其中"职能部门响应链"和"街道统筹发展响应链"是西城区全响应社会治理创新从区、街道二级探索推进政府协同的重要内容和工作载体。

第一节　西城区全响应社会治理政府协同的总体设计

从 20 世纪到 21 世纪，世界各国特别是西方发达国家的政府管理大致走过了从"传统官僚制"②——"新公共管理模式"③——"跨部门合作"（政府协同、整体政府、网络化治理）模式④的发展过程。其中传统官僚制的影响依然十分深远，处处可见到其痕迹，新公共管理模式方兴

---

①　西城区社会办：《北京市西城区全响应与社会治理创新》，2014 年。

②　"传统官僚制管理"模式主要风行于 20 世纪初期和中期，主要强调从上往下行政命令的传达，强化部门间的专业化分工，使各部门工作人员在充分明确本部门职责及边界的前提下对本部门工作对上级直接领导严格负责，形成一道自上而下的控制链条，进而提供较为高效的管理和服务。

③　"新公共管理"模式出现于 20 世纪 70 年代，主要强调公共部门间的竞争和市场化来提高公共服务的质量和公共部门的效率，目前影响还十分深远。

④　有英国学者指出，整体政府的探索是 21 世纪公共服务改革最鲜明的特征，就像 20 世纪末"新公共管理"或"政府再造"所带来的变革一样。关于"整体政府"，相似的表述还有"协同政府""水平化管理""跨部门合作""协作型治理""网络化治理"等，这些概念既相互联系又略有区别。本书主要讨论西城区全响应社会治理创新与政府部门的关系，因此主要从"政府协同"或"跨部门合作"的视角进行阐述。

未艾，波及的地方越来越多，跨部门合作正趁势而来，引起人们越来越多的关注。在工业革命时代，传统官僚体制通过推进部门间的专业化分工有力地推动了工业革命的进程，直接推动了全球化的出现。20 世纪 70年代以来，随着时代的推进和计算机等新技术的出现，欧美许多国家纷纷进入后工业革命时期，传统官僚体制变得越来越没有效率，强调通过公共部门间的竞争和市场化来提升公共服务的新公共管理模式逐渐引领了西方政府变革的风潮，成为后工业革命时代的重要思想资源。

进入 21 世纪以来，随着互联网技术的不断创新发展并获得广泛的应用，全球化、信息化、网络化、流动化、多元化等对各国政府的行政管理又提出了新的挑战，一种强调跨部门合作的新的政府协同管理思想开始出现，成为引领全球治理变革的新思潮。这一思潮与信息化时代紧密相连，"跨部门合作""权力分享""网络化治理""无缝隙组织""协同管理""整体性治理"等成为摆在世界各国面前的一道共同问题，成为学术界和社会各界共同关注的一个焦点话题。

在这股治理变革及政府协同的浪潮中，西城区作出了自己的探索和实践。在总结德胜街道、月坛街道、广内街道等街道试点探索经验的基础上，西城区开始了全响应社会治理创新的顶层设计，对政府协同进行了总体设计。西城区"政府协同"体系的主要内容包括"访听解"工作机制、全响应信息化系统、街道统筹协调机制、行政服务体系建设和区街绩效管理机制五大机制（见图 7-1），从而形成了一个较为完整的政府协同框架，初步打造了全响应社会治理创新的"职能部门响应链"和"街道统筹发展响应链"两条响应链，为全响应社会治理体系的顺利运转创造了良好的格局。

其中"访听解"工作机制是西城区全响应社会治理创新政府协同的一个重要抓手和载体，是西城区全响应社会治理创新体系与众不同的一个探索。全响应信息系统是西城区全响应社会治理创新政府协同的指挥中枢和"高速公路"，是西城区全响应社会治理创新区别于传统社会治理的地方。街道统筹协调机制是西城区全响应社会治理创新政府协同的重要载体和平台，是西城区全响应社会治理创新的重心和特色。行政服务体系建设是西城区全响应社会治理创新政府协同的重点所在，西城区围绕全响应社会治理创新的体系建设对传统的行政服务体系进行了升级改

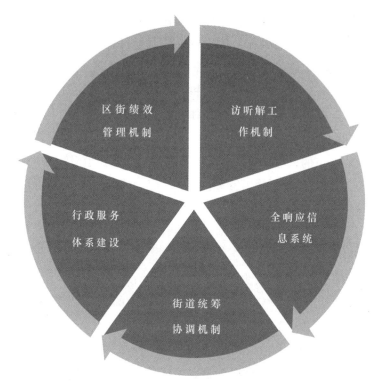

图7-1 西城区全响应社会治理创新政府协同的主要内容

造。区街绩效管理机制是监督评价各政府职能部门和街道办事处社会服务管理工作绩效的重要手段，正是借助于全响应社会治理信息系统，西城区可以定时对各政府职能部门和街道办事处的社会服务管理工作进行实时的在线监督和定期对各政府职能部门和街道办事处的社会服务管理绩效进行评价，既激励了先进，也勉励了后进，对后进部门和街道办事处形成了较大的压力，避免了行政不作为、懒政、怠慢等情况的产生。

一 "访听解"工作机制

"访听解"工作机制既是西城区全响应社会治理创新的重要起点，也是西城区推进政府协同的重要内容、重要抓手和重要载体。从2012年起，西城区紧紧围绕"访民情、听民意、解民难"工作，先后研究制定下发《中共北京市西城区委 北京市西城区人民政府关于深入开展"访民情 听民意 解民难"工作的实施意见》（京西发〔2012〕9号）、《中共北京市

西城区委 北京市西城区人民政府关于开展"践为民宗旨 兴务实之风 促社区和谐"实践活动的通知》（京西发〔2013〕4 号）、《中共北京市西城区委办公室 北京市西城区人民政府办公室关于建立健全"访民情 听民意解民难"工作长效机制的通知》（京西办发〔2013〕14 号）等文件，对"访听解"工作进行部署，初步构建了部门协同的工作体系。基本内容主要包括。

（一）发挥街道加强社会服务管理的基础性作用

基本思路是进一步强化街道办事处"统筹辖区发展、监督专业管理、组织公共服务、指导社区建设"的职能，明确街道社会服务管理主体地位，积极发挥街道统筹协调、融通资源作用，切实提高街道公共服务效能和社会管理水平。具体措施包括：①规范街道对接社区诉求的工作机制，如健全街道科室对接社区的工作机制、街道社会办协调相关职能科室办理社情民意问题、街道相关科室和驻街科站队所及时办理社区转交事项等。②健全完善街道融通资源的工作机制，如街道地区管理委员会通过召集人大代表、政协委员、区职能部门派驻机构、驻区单位、社会组织等成员单位定期召开会议，共议辖区发展和本地区民生重点工作，专题研究解决居民群众反映集中的问题。③建立区、街民生问题共商机制。如对于涉及区有关部门解决的民生问题，由街道办事处积极协调西城区相关部门现场办公解决，并做好相关会议的记录。各部门对于各街道反映的实际问题，要明确责任科室尽快解决，对于反映集中、关系复杂的重大民生问题，各街道于每季度末报西城区社会建设工作领导小组办公室，提请西城区社会建设"全响应"工作联席会统筹解决。

（二）加强区级民生统筹督导工作

基本思路是完善区级层面民生工作分析研究、会议协调、督导反馈等工作机制，加强"访民情、听民意、解民难"的统筹和监督。具体措施包括：①建立社情民意调查分析机制。由西城区社会建设领导小组办公室牵头，组织相关部门每季度对全区的社情民意进行收集、汇总、梳理、分析，形成系列《西城区社情民意调查分析报告》，加强对社情民意反映共性问题的深度调研，加强对民生问题的统筹，为西城区领导和各部门决策提供参考。②完善区社会建设"全响应"工作联席会。由西城区社会工委（区社会办）履行社会建设"全响应"工作联席会办公室职责,每季度召开社会建设"全响应"工作联席会,研究拟定解决问题的相关政策,协调相关部门提出共性问题的解决处理方案,并将《西城区社情民意调查分析报告》中民生问题的任务分解和解决落实情况反馈到各街道和各相关部门。③建立"访民情、听民意、解民难"工作督导机制。由西城区委、区政府督查室牵头,会同相关部门每季度对各部门定点联系的街道、社区情况进行检查,对"访民情、听民意、解民难"各项工作任务落实情况进行督查。西城区委社会工委(西城区社会办)每半年将全区"访民情、听民意、解民难"的实施情况向西城区委常委会、区政府常务会进行汇报。

(三) 完善各级领导、各部门联系街道、社区制度

基本思路是结合西城区政务能力建设年活动,通过规范各级领导联系街道、各部门联系街道社区、机关干部联系社区制度,促进政府工作作风的转变,促进领导干部与群众关系的改善,促进重大民生问题的解决,形成民声民意有所呼、党委政府积极办的局面。具体措施包括:①西城区领导和各部门主要领导深入定点联系街道和社区,了解社区党建、社区自治、便民服务的情况,听取群众对区委、区政府工作以及转变工作作风的意见建议,每季度参加定点联系街道和社区的社情民意座谈会,访民情、听民意,并就了解到的问题与街道办事处加强沟通,共同研究解决办法,发挥自身资源优势,切实帮助基层解决实际困难和问题。②推行区级职能部门社区调研制度。各部门在制订涉及群众利益的有关文件和政策前要深入街道、社区进行调研,广泛听取基层群众的意见建议,赢得群众的理解和支持。对照西城区重点工作、办实事计划以及《西城区社情民意调查分析报告》中反映的问题,各部门要根据工作职责主动认领,深入街道社区开展调研,切实解决基层问题。③深入开展机关干部融入社区活动。各部门要动员机关干部经常性地深入街道和社区,有针对性开展养老助残、结对互助等形式多样的服务。要积极宣传区委、区政府的惠民新思路、新举措,听取民意,帮助群众反映问题,积极协调相关部门解决问题。主动宣传文明礼仪知识,营造良好文明氛围。引导居民群众为社区发展建言献策。文件要求,各单位要将机关干部走访社区、帮助社区解决困难的实绩作为年终干部考评的重要参考依据,从制度上有力地保障了联系街道、社区制度的落实。

（四）选派各部门各街道各事业单位科级以上干部赴社区挂职制度

从培养干部群众观点，站稳群众立场，提高做好新形势下群众工作能力的高度出发，各部门、各街道选派优秀干部作为"访民情、听民意、解民难"工作联络员到社区定点挂职，及时全面了解反馈社情民意动态，参与社区建设工作，协调社区街道力量共同解决群众反映强烈的民生问题。对于区域内重大民生问题，联络员要及时向街道领导班子专题汇报，并积极协调相关部门研究解决措施，基本思路是从西城区委政府各部委办局、各区级机关、各人民团体，各街道、区直属事业单位的科级及以上干部，区属企业中层以上干部，年龄一般在45周岁（含）以下选派255名干部，每名干部深入一个社区挂职社区党组织第一副书记，非党员干部经社区居民代表大会表决通过后，挂职社区居委会第一副主任，抽调干部在社区全脱产挂职一年。挂职干部的具体任务是：①做社区党建的指导员。宣传贯彻党的路线方针政策和市、区重大决策部署，加强社区党组织建设，结合"三级联创""六型社区"创建等工作，增强党组织发动、引导、带领群众的功能，发挥党组织在和谐社区建设中的引领作用，积极探索社区大党委运行机制，推进区域化党建，扩大非公有制企业党的组织和党的工作覆盖面。②做"访民情、听民意、解民难"工作的联络员。经常走访入户，倾听群众呼声，了解社情民意，把握群众所盼、所思、所急、所忧，对群众关心的热点、难点总是进行收集整理和分析反馈，积极协调整合各方资源，出思路、想办法、解难题、办实事。③做矛盾纠纷的化解员。积极做好矛盾纠纷的化解工作，畅通群众利益诉求渠道，对带有普遍性的问题及时提出工作建议。加强法制宣传，增强群众法制观念，引导群众依法办事，营造良好的法治氛围。④做社区建设的调查员。加强调查研究，深入挖掘、全面厘清社区人文历史、文化教育、医疗卫生、服务设施等各种资源，健全完善社区综合信息。探索新形势下社区治理模式和基层民主实践途径，完成所在挂职社区的社区建设调研报告。⑤做社会管理的组织员。以服务群众、改善民生为重点，结合社区实际，找准创新社会服务管理的着力点，探索实施为民服务的新途径和新载体，积极培育服务型、公益型社区社会组织，不断完善社会服务管理体制。⑥做重点工作的协调员。围绕老旧小区综合整治、控违拆违等工作任务，广泛动员居民群众、驻区单位积极参与，做好协调引导工作，提供服务保障，推动社区重大任务顺利实施。

二　全响应信息化系统

全响应信息化系统既是西城区全响应社会治理创新的支架，也是西城区政府协同的实现路径。2012 年 4 月 12 日，中共北京市西城区委办公室、北京市西城区人民政府办公室共同印发了《关于加强全响应社会服务管理创新信息化建设的指导意见》（以下简称《指导意见》）。西城区《指导意见》明确提出，"要按照增强政府科学决策能力，促进资源集成共享和跨部门业务协同，推动公共服务和社会管理有效覆盖到全社会，提升社会服务管理水平的总体思路，推进全响应社会治理创新信息化建设"①。主要目标是充分整合现有资源，在全区建立全响应社会治理指挥中枢，在街道建立全响应社会治理指挥中心，在社区逐步建立全响应服务平台。西城区提出，在 2012 年 5 月前，要启动区、街道、社区全响应社会治理信息化系统框架研究工作，确定试点的主要内容、业务标准、技术规范，并选择德胜街道、金融街街道、月坛街道、广安门内街道、白纸坊街道进行综合试点，建成街道全响应社会治理指挥中心②。什刹海街道、椿树街道、陶然亭等有条件的街道同步启动建设。在 2012 年年底前，基本建成全区全响应社会服务管理指挥中枢，构建以社会服务、行政服务、城市管理、社会管理为主要功能的应用体系，根据实际情况推广多个成熟应用系统，在有条件的街道积极稳妥推进，扩大试点范围。到 2013 年，区全响应社会服务管理指挥中枢更加完善，街道全响应社会治理指挥中心基本建成，区、街、社区一体化的全响应社会治理信息化系统初步形成。截至 2015 年，西城区已经形成了包括 1 个区级指挥中心、15 个街道分中心、261 个社区、44 个委办局分中心在内的互联互通的全响应社会治理信息系统。

三　街道统筹协调机制

街道统筹协调机制是西城区全响应社会治理创新的突出特点，也是

---

① 西城区社会建设工作领导小组办公室：《全响应社会服务管理政策文件汇编》（上），2013 年 10 月（内部资料）。

② 同上。

西城区实现政府协同的重要载体。2012—2013 年，西城区先后颁发《中共北京市西城区委北京市西城区人民政府关于进一步加强街道统筹辖区发展规范日常管理的指导意见》（京西发〔2012〕11 号）、《北京市西城区人民政府办公室转发区财政局关于调整西城区区街财政管理体制意见（试行）的通知》（西政办发〔2012〕3 号）、《中共北京市西城区委办公室北京市西城区人民政府办公室关于印发〈西城区统筹和规范街道社区协管员管理的意见（试行）〉的通知》（京西政发〔2012〕70 号）、《中共北京市西城区委办公室北京市西城区人民政府办公室印发〈西城区关于城市秩序管理中进一步加强职能部门属地管理的意见〉的通知》（京西政发〔2013〕13 号）等文件，推进街道统筹协调机制建设。西城区明确提出要按照创新社会服务管理体制机制的新要求，促进行政资源有效整合，切实提高政府公共服务效能和社会管理水平，为构建以改善民生为重点的"全响应"社会服务管理工作体系，推进"活力、魅力、和谐"新西城建设提供体制机制保证。健全这一机制的主要目标是进一步明确街道职责定位，理顺街道与职能部门派驻机构的关系，完善"全响应"沟通联动、统筹公共服务、工作准入、考核监督、财政管理、共驻共建、区域化党建协调等工作机制，强化街道社会服务管理主体地位，强化街道公共服务职能，强化街道统筹辖区发展能力，加快推动基层社会服务管理精细化、标准化、日常化，形成社会服务管理"全响应社会治理"模式①。主要任务是：①强化街道社会服务管理主体地位。进一步明确街道的职责定位，进一步规范街道与职能部门派驻机构的关系，进一步推进专业管理部门管理到位，进一步完善地区管理委员会制度。②强化街道公共服务职能，确保各项基本公共服务、行政服务、社会服务的落地，优化行政服务、公共服务、社会服务、公益服务的服务方式。③增强街道统筹辖区发展能力。完善"全响应"沟通联动机制，完善工作准入机制，完善考核监督机制，完善区街财政管理体制，完善共驻共建的社会参与机制，完善区域化党建工作协调机制。④统筹规范管理街道社区协管员队伍。西城区对协管员规范管理的基本思路是，进一步加强

---

① 西城区社会建设工作领导小组办公室：《全响应社会服务管理政策文件汇编》（上），2013 年 10 月（内部资料）。

街道对协管员的统筹管理，建立协管员总额管理机制，规范协管员待遇管理，建立招聘协管员的会商准入机制，建立协管员的考核退出机制。⑤进一步加强职能部门属地管理。明确要求区各职能部门所属各科、站、队、所在城市秩序管理上均由职能部门和街道双重管理。街道统筹、协调、调度、指挥辖区科、站、队、所，开展各项城市秩序治理工作①。

四　行政服务体系建设

行政服务体系建设既是西城区全响应社会治理创新的重要内容，更是西城区推进政府协同的重点所在。2013 年 1 月 28 日，中共北京市西城区委办公室、北京市西城区人民政府办公室印发了《北京市西城区关于进一步推进行政服务体系建设的实施意见》的通知（京西办发〔2013〕1号）。西城区明确指出，要按照科学化、法治化、标准化、智能化的发展方向，坚持以改革创新为动力，以信息技术为引领，以制度建设为保障，以群众满意为目标，进一步理顺关系，统筹推进行政服务体系建设，逐步建立全区统一的行政服务平台，形成"三级联动"的行政服务机制，为驻区单位和居民群众提供优质高效便捷的服务，促进政务服务的均等化、规范化和高效化。主要内容包括：①建立三级联动行政服务体系。做到"四统一、一明确"，即统一组织结构、统一功能定位、统一机构名称、统一服务规范，明确中心职能。②建立行政服务标准化体系。规范各类服务载体建设，推进"两集中、两到位"（即部门行政许可和行政服务向一个科室集中，部门对外服务职能整体向服务大厅集中，确保部门行政服务项目统一纳入服务大厅窗口落实到位，确保部门对外窗口工作人员授权到位），深化行政服务内涵，建设统一的网上大厅，提升信息化应用水平，建设行政服务标准。③建立行政服务运行保障机制。加强体系建设的组织领导，加强窗口干部队伍建设，加强行政服务文化建设，加强行政服务监督考评②。

---

①　西城区社会建设工作领导小组办公室：《全响应社会服务管理政策文件汇编》（上），2013 年 10 月（内部资料）。

②　同上。

五 区街绩效管理机制

区街绩效管理机制是西城区全响应社会治理创新实现闭环管理的重要手段，也是西城区强化政府协同的指挥手段。为强化"全响应"工作的绩效考核，西城区先后发布了《"十二五"期间西城区政府工作部门绩效管理实施意见》（西政办发〔2013〕15号）、《"十二五"期间西城区街道系统绩效管理实施意见》（京西办发〔2013〕16号）等文件，对区街绩效管理作出了具体规定。西城区明确提出，要按照加快建设"人文北京、科技北京、绿色北京"和中国特色世界城市的发展方向，大力实施西城区"服务立区、金融强区、文化兴区"发展战略，要建设服务政府、责任政府、法治政府和廉洁政府为核心，以改善行政管理、提升行政效能、增强政府执行力和公信力为目标，不断提高行政管理的科学化、规范化水平，推动市区重大决策落实，更好地促进经济社会全面、协调、可持续发展[①]。

为此，西城区成立区政府绩效管理领导小组，领导小组成员包括区委组织部、区委社会工委（区社会办）、区政府办公室、区发展改革委、区监察局、区财政局、区人力社保局、区编办、区政府法制办、区行政服务中心。具体工作由区政府绩效管理办公室承担。西城区明确，"十二五"期间西城区政府工作部门绩效管理指标体系适用范围为区政府各委、办、局、"5+2"机构，由区政府绩效办牵头研究制订，包括履职效率、行政效能、服务效果三个评价层面，同时设置创新创优（加分项）和行政问责（一票否决项）。西城区对街道系统的绩效管理评价体系包括内部考评和外部评议两个评价层面，其中内部考评50分，按照考评指标进行评分，外部评议50分，同时设置创新创优（加分项）和行政问责（一票否决项）。

[①] 西城区社会建设工作领导小组办公室：《全响应社会服务管理政策文件汇编》（上），2013年10月（内部资料）。

第二节　西城区全响应社会治理区级政府部门的协同实践

北京市西城区作为首都功能核心区，只有区一级人民政府，区人民政府设有各部委办局，不少部委办局又下设派出机构。各部门之间的协同程度如何，不仅直接决定着西城区全响应社会治理创新的成败，而且影响和制约着街道层面的协同力度。区级政府的部门协同决定着西城区全响应社会治理创新部门协同的成败，关系着下设派出机构与街道其他机构的协同力度。因此，在西城区全响应社会治理创新中，区级政府部门的协同是关键所在。概括起来，西城区全响应社会治理创新区级政府部门的协同实践主要包括民生政策协同、信息手段协同、工作方法协同和绩效考核协同四个方面（见图7－2）：

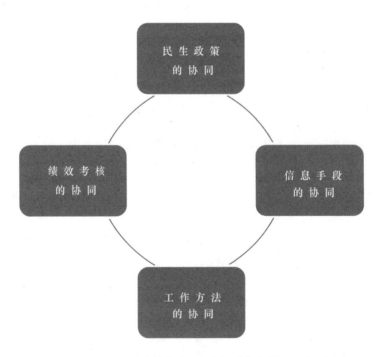

图7－2　西城区全响应社会治理创新政府部门协同的主要内容

一　民生政策的协同

民生政策的协同往往是政府治理的难点所在，也是西城区全响应社会治理创新政府协同的重点内容。正如西城区在梳理社情民意的过程中所指出的那样，"街道和社区反映上来的问题主要是当前关系居民切身利益的问题，如停车难、买菜难、入托难、老旧社区设施落后生活不便等。这些问题具有历史性和系统性，往往涉及多个部门，解决困难较大，需要一定的时间，加上信息沟通和反馈机制不畅，往往造成居民和社区工作者感觉社情民意反映如泥牛入海，容易挫伤他们的积极性，造成对政府工作的误解"。

为了解决好这个问题，提升群众对政府工作的满意度和信任度，西城区提出要完善区级层面民生工作分析研究、会议协调、督导反馈工作机制，着力在区级政府协同上创新。主要做法包括：一是通过明确各类民生问题的责任分工并进行任务分派，进一步督促相关部门切实履行职责，调整优化政策，推动相关民生问题的缓解和解决。二是通过定期召开社会建设"全响应"联席会，召集相关部门共同研究拟定相关政策，协调解决共性问题，推动治理难题的解决。三是推动各相关部门进一步加强调查研究，前瞻性地研究西城区现在及未来发展将面临的各种民生问题，有针对性地提前做好规划，推动相关建设项目的落实，研究制定相关民生政策，优化社会服务管理资源的配置，为群众提供更优质的服务，尽力预防减少社会问题和社会矛盾纠纷的产生。四是建立部门协同的督导机制，指定西城区委区政府督查室牵头，对各部门"访民情、听民意、解民难"各项工作任务落实情况、对各部门定点联系街道社区情况进行检查和督查。西城区委社会工委（区社会办）每半年将全区"访民情、听民意、解民难"的实施情况向区委常委会、区政府常务会汇报。

二　信息手段的协同

随着现代信息技术的大发展和大应用，大数据、云计算等信息手段在商业、金融等领域已经得到广泛的运用，国内外许多城市已经或正在开展智慧城市建设，努力推动现代信息技术在政府服务中的应用。事实上，以往政府并不是没有利用信息化手段，但由于各部门分别建设各自的信息化系统，造成各部门之间甚至部门之间的信息沟通并不畅通，人为地制造了许多"信息孤岛"，社会各界甚至部门外部对政府的运行状态并不了解，对政府部门的服务缺乏有效的监督和制约，致使社会各界和居民群众反映的很多问题迟迟得不到有效解决，也难以找到相关责任人，最后政府不得不背上"不为民作主""不作为""乱作为"等黑锅。突破各部门"信息孤岛"困境的基本思路就是通过信息手段的互联互通，实现相关信息的互通共享，实现社会服务管理工作的在线监督和有效监管，从而提升政府部门社会服务管理的效率，推动政府部门的协同。西城区为了推动政府部门的协同，着力推进全响应社会治理创新信息化建设，力图通过信息手段促进政府部门之间的协同，重点工作主要包括：一是整合资源，建立区级全响应社会服务管理指挥中枢。依托区城管监督指挥中心、区社区服务中心、区行政服务中心、区社会服务中心，搭建全响应社会服务管理指挥中枢，实现"为民服务"一号通，完善社会服务、行政服务、城市管理和社会管理四个功能。研究街道全响应社会治理指挥中心与区全响应社会服务管理指挥中枢的资源对接和协调管理。以区城管监督指挥中心现有系统为基础，增加社会管理、司法服务等项目，完善区全响应社会服务管理中枢社会管理功能，以区社区服务中心现有的社区服务信息系统为基础，整合各类服务资源，完善区全响应社会服务管理指挥中枢社会服务功能，整合区呼叫系统，实现"为民服务"一号通，以区行政服务中心行政服务为基础，规范完善15个街道公共服务大厅建设，将公共服务事项逐步下延到街道社区，实现区域内行政事务联通联办，整合政府网站、微博群，实现社情民意采集日常化。二是试点先行，建立街道全响应社会治理指挥中心。对各街道办事处现已建成的信息化系统进行梳理、汇总和分析，整理出以社会服务、行政服务、城市管理和社会管理等功能为基础的街道全响应社会治理信息化平台。选择综合试点街道，按照统一基本平台，突出自身特色的原则，建成全响应社会治理指挥中心。三是规范技术和工作标准。加强业务流程的梳理工作，形成全响应社会治理业务指标体系、核心应用和业务流程等业务标准。研究制订全响应社会治理平台技术标准①。

截至目前，西城区的区级城管监督指挥中心和 15 个街道分中心已经成立并实现了互联互通，并初步建构起一套涵盖城市管理、社会服务、行政服务和社会管理功能的运行体系。这项涉及牵头部门达 12 个之多，参与的相关责任部门几乎涵盖了西城区各委办局和相关单位。如今，西城区全响应社会治理信息系统已经汇集了来自街道全响应事项、城市管理部事件、应急值守、大信访、非紧急求助、访听解、社区网上服务、随手拍、人口库、地理信息、降雨量、服务商、网格力量等各个来源的信息，下一步还将汇总市政市容委员会 TOCC 交通流量、积水点、安监等信息来源，并已经形成一个协同平台、三个核心应用（统筹指挥、监督评价、决策支持）、五种数据资源（社会服务、社会管理、行政服务、城市管理、应急管理五大业务领域）、七类业务规范（网格化综合管理规范、网格党建业务规范、全响应技术标准规范、社会管理业务规范、应急管理业务规范、行政服务业务规范、社会服务业务规范）和 N 个信息渠道（如热线服务"一号通"、行政服务"一站通"、网上服务"一网通"等）为一体的信息技术架构。

三 工作方法的协同

以往，囿于部门利益、官场禁忌、惯性力量等因素，各部门往往根据既定的职责按部就班地开展工作，但实际生活中很多问题的解决需要多部门联手研究才能解决，但很少有部门愿意主动地与其他政府部门沟通以推动政府的部门协同行动，有时即使有部门主动沟通并试图推进部门协同行动，其他部门出于各种考虑也不一定愿意配合，导致部门之间出现了许多"缝隙"，有不少事情和问题无人发现、无人理会、无人负责、无人处理，出现了许多服务管理的空白地带，基层群众反映的问题迟迟没有反馈和回音，导致政府部门与群众的关系越来越疏远，这进一步导致老百姓对政府的评价变低，对政府的信任度和满意度下降，严重

---

① 中共北京市西城工委社会工作委员会、北京市西城区社会建设工作办公室、北京市社会发展研究中心：《基层社会治理创新西城实践》，2014 年（内部资料）。

影响了党群关系和干群关系。

为了更好地破解当前党群关系、干群关系日益疏远的课题，变群众上访为干部主动下基层联系群众，引导各部门更加了解和关注民生问题，推动各部门之间的协作，形成政府协同的合力，推动各种民生问题的解决。西城区采取了三个有力的举措：一是引导并要求区领导、各委办局领导建立联系街道和社区制度，定期深入联系街道和社区调研，帮助基层研究解决问题。在这个过程中，引导各部门统一眼光向下，定期到街道社区开展调查研究，主动接近和靠近居民群众，听取群众意见建议和呼声，把调查研究工作做扎实，这样，在贯彻落实上级政策精神的过程中，各部门制订的各项措施会更加符合西城区实际，工作作风更加亲民，有利于减少社会矛盾的发生。二是建立区级职能部门科级以上干部社区挂职制度。这一举措是西城区推进部门协同的一个重大举动，旨在推动西城区各政府部门工作人员更加了解西城区基层实际情况。一般而言，很多政府部门工作人员通过大学毕业、部队转业安置等渠道进入政府部门工作，他们进入工作岗位前或多或少接受过一定的岗前培训，但基本存在一个明显的缺陷，很多政府部门工作人员对基层情况不了解，习惯于坐在机关里用公文处理公文，而且脱离实际，脱离群众，不能站在群众的角度和立场思考问题。西城区通过推行科级及科级以下干部到基层社区挂职，让这些干部熟悉了解基层社区的实际运作情况，了解和熟悉居民群众和驻区单位的需求，理解和体会各项政策在基层的贯彻执行及可能产生的后果，从而培养一支255人熟悉基层社区情况的中坚力量，为西城区更好地推行全响应社会治理创新实现部门协同打造了一支骨干干部队伍。三是建立统一的行政服务体系，将各部委办局需要对外的服务全部纳入区行政服务中心和7个专业服务大厅，形成统一的行政服务流程、服务标准和服务规范，进一步推进区各相关职能部门服务功能的整合，形成服务功能的协同。

四　绩效考核的协同

绩效考核一直是政府行政服务的一道难题，因为不同委办局的职责定位不一样，行政服务的内容、要求和标准都不一样，以往强调政府行政服务的差异会多一些，行政服务的共性也提得少一些，导致不同政府部门的行政服务水准差异越来越大，居民群众和驻区单位对政府部门即使有意见也往往分散在各政府部门，缺乏必要的统一评价和监督，导致各委办局的服务差距越来越大。如何破解这一难题，西城区研究推出了一套"政府部门绩效管理指标体系"，运用这套绩效管理指标体系，实现对各政府部门绩效的统一评价管理。

首先，从西城区政府工作部门绩效管理指标的内容看，评价层面共包括履职效率（50分）、行政效能（20分）和服务效果（30分）。其中履职效率下设2个一级指标，即职责任务（45分）和领导考评（5分），职责任务又设2个二级指标，包括重点任务完成效率和主要职责履行效率。行政效能包括依法行政、勤政廉政和高效行政3个一级指标。其中依法行政下设法治建设、信访办理、信息公开3个二级指标。勤政廉政下设廉政建设、政务能力建设和公务员队伍建设3个二级指标。高效行政下设信息化建设、政务信息采用和预算执行3个二级指标。服务效果下设服务中央、服务基层、公众评价和行政服务满意度4个一级指标。总之，通过实现绩效管理指标的统一对政府工作部门的工作进行协同。

其次，从考评主体看，西城区组织发动区政府领导、区政府督查室、区政府绩效办、区编办、区政府法制办、区信访办、区政府办公室、区监察局、区人力社保局、区政府信息办、区财政局、区审计局、区外联办、区社会办及各街道办事处、区行政服务中心、第三方调查机构等参与对西城区各政府工作部门的考评工作。西城区通过组织多主体对政府工作部门的评价，引导和推动各政府工作部门更加重视其他部门和社会主体的评价和建议，从而更好地改进与其他部门的关系和自身工作。

第三，从考核结果的运用看，西城区通过部门自评、外部评价、年度检查、专项考评、领导考评、结果反馈、申诉处理等环节后，由区政府绩效办将区政府工作部门绩效管理年度考评结果提交领导小组会议、区政府党组会议、区政府常务会议审定后，通报区政府各工作部门。区政府工作部门根据"年度政府绩效反馈报告"，认真分析查找各部门、各街道、各社区工作中的薄弱环节，针对存在问题研究制订整改措施，领导小组将其纳入下一年度绩效管理考评内容，并组织相关成员单位对整改情况进行督促检查。同时，区政府部门绩效管理年度考评结果送区委组织部、区人力社保局，作为对区政府工作部门领导班子考核评价的重要内容和领导干部选拔任用、年度评先评优、公务员考核的重要依据。总之，西城区通过对政府部门绩效管理年度考评结果的多重运用，引导着西城区政府协同的方向。

第三节　西城区全响应社会治理街道层面的部门协同实践

北京市作为一个总人口超过 2100 万的超大型城市与上海市一样，实行的是"二级政府、三级管理"的城市管理体制，街道办事处作为区人民政府的派出机构，是"市—区"二级政府的有效延伸，在基层社会服务管理中发挥着不可或缺的作用。概括起来，西城区全响应社会治理创新街道层面的部门协同实践主要包括机构的整合、人员的整合、网络的整合和执法的联合四个方面（见图 7 - 3）：

图 7 - 3　西城区全响应社会治理创新街道部门协同的主要内容

一　机构的整合

从街道办事处的机构设置看，一般街道办事处都有一些自己的内设科室，如办公室、居民科、城管科、文教科、财政科、人事科、综治办、信访办、社会办、劳动保障服务站、司法所、统计所等，还有一些群团组织，如工会、妇联、团委、残联等。但由于政府体制、专业分工等，一般街道办事处辖区范围内也有一些垂直管理的政府部门派出机构（科、站、队、所），如园林绿化队、环卫所、房管所、市政所、工商所、公安派出所、城市管理监察分队、防火办、交通大队、食品药品监管所、卫生监督所、国家税务局、地方税务局、社保所、社区卫生服务中心，等等。除此之外，街道办事处辖区内一些国家机关、企事业单位及两新组织等。西城区各街道办事处按照全区的统一部署，积极强化"统筹辖区发展、监督专业管理、组织公共服务、指导社区建设"等职能，通过街道大党委、街道管理委员会等协调机构的设立，将辖区人大代表、政协委员、各科站队所、各相关机构、各驻区单位等全部纳入，通过定期会议会商、共议辖区发展服务，专题研究解决居民群众反映集中的问题，对促进地区发展和需跨部门协作的重大事项进行研究协商等方式推动各科站队所和相关机构对居民群众的民生需求作出及时的响应。

如2011年，月坛街道根据地区社会建设的实际发展需要，建立了"中心制"，共设8个中心，即党群工作中心、综合保障中心、纪检监察中心、综治维稳中心、城市管理中心、社会建设和动员中心、社会保障中心、社区服务与老龄事务中心，将驻区单位纳入街道工作管理，实行日常工作、专项工作分工协作。对8个中心的职能进行重新整合，共划分为四大职能，主要包括指挥督办职能、策划执行职能、发现评价职能、监督检查职能。四大职能既相互连续，相互制约，又相互依存。综合指挥中心和督办督查职能，策划执行部门落实社会服务和治理各项，由综治维稳中心、城市管理中心、社会保障中心、老龄事务与社区服务中心四个中心承担。社会建设和社会动员中心承担发现与评价职能，主要通过推进社区居民自治、社会调查队专业调查、征求人大代表和政协委员意见建议等途径来发现、评价策划执行为民服务工作中的问题及工作成效。纪检监察中心通过对工作纪律的执行、工作程序的合法性的全程跟踪，监督检查，推进社会治理各项工作的有序落实，形成了街道领导、中心牵头、部门联动、齐抓共管的快速处理工作体系①。

二　人员的整合

一方面，随着上级政府对下级机构的设置和行政、事业编制的不断收紧，街道办事处能够调用的人力资源越来越捉襟见肘。另一方面，大量的行政工作、行政服务和调查统计等任务都需要街道和社区层面落实，为了解决这些矛盾，上级政府部门纷纷通过聘用协管员的方式给自己在基层设"腿"。这些依据不同文件、由不同部门聘用的协管员进入街道、社区工作后，马上面临着一系列冲突和矛盾，由于工资待遇不同、工作任务不同、工作要求不同、考核标准不同，协管员之间互相攀比待遇、办公条件等，不仅没有积极地发挥出协管员应该发挥的作用，反而给基层带来一系列的矛盾和问题。西城区面对这一问题，提出按照"属地管理、统筹使用、合理分工、相对稳定"的原则，将在街道、社区全日制工作的协管员管理权限从部门管理中分离出来，由街道负责统筹管理，有关部门负责业务指导。西城区结合网格化社会服务管理工作的推进，将在各街道、社区工作的食品安全监督员、工会助理员（协管员）、流动人口出租房屋管理员、居家养老助残员、残疾人专职委员、劳动保障协管员、城市管理监督员、社区矫正协管员、计生助理员等按照城市管理、公共服务进行岗位整合，由街道统筹调配协管员工作，为协管员提供必要的工作环境和设施，加强对协管员日常的管理、培训、监督和考核，结合网格化社会服务管理在不同时期重点工作的调整，合理安排协管员工作。各有关职能部门对与本系统业务相关的协管员提供业务指导和培训支持，每年不少于两次。

如西长安街街道依据"小事不出网格，大事不出街道"的管理目标，组建了"一格五员"的管理团队，"五员"分别是管理员、协调员、服务员、执法员、监督员。管理员包括网格格长；协调员包括处级领导及科级领导；服务员包括环卫保洁员、交通协管员、为老巡视员、房屋管理

---

① 中共北京市西城工委社会工作委员会、北京市西城区社会建设工作办公室、北京市社会发展研究中心：《基层社会治理创新西城实践》，2014 年（内部资料）。

员、园林绿化队员、电力工程队员、社会工作者；执法员包括交通警察、消防武警、社区民警、城管队员、工商执法队员、卫生监督队员、食品药品监督员；监督员包括人大代表、政协委员、居民代表、城管监督员、单位代表。西长安街街道通过"一格五员"实现了各种人员力量在基层社区网格的高度整合，有力地增强了基层社会服务管理的力量资源。再如什刹海街道根据街道实际情况，将 25 个社区合理划分为 205 个网格，采取处级干部包科室，科室包社区、机关干部包网格的"责任三包"政策。建立了指挥分中心人员配备 2 位主管领导、7 名科室干部和 2 名合同工的"2 + 7 + 2"工作模式。落实了特殊时期区领导进街道、街道领导进社区、科室干部进网格。采取了日常工作指挥分中心统筹协调驻街工商、城管、公安、食药等单位协同工作联动模式。按照"一网四级"的力量配备原则，为每个网格配备 1 位网格联络员、1 位网格长、1 位副网格长和多名网格员，全街道共有网格联络员 205 人、网格长 205 人、副网格长205 人、网格员 2903 人。金融街街道在整合综治、城管监督网格的基础上，把街道 19 个社区划分为 41 个责任网格。为便于管理，经街道办事处主任办公会研究决定，在所有网格责任区设立网格服务员 41 名、网格协调员 41 名、网格监督员 41 名。

三　网络的整合

在传统的行政管理中，不仅政府机构与居民群众是分离的，而且各政府机构也是分离的，因此，居民群众的民生需求必须依靠传统的流程和手段层层上报，有决定权力的主管指定专人处理，需要的处理时间往往比较长，而且整个流程不透明，缺乏有效的监督。随着现代信息技术的不断开发和应用，西城区很多街道开始把现代网络信息技术应用到基层社会服务管理中来，通过网络的手段把居民群众和驻区单位的需求和反映的问题与相关机构有效地对接起来，实现了扁平化的管理，提升了服务管理的效率。具体做法大致是：一是网络的互通，通过研究开发全响应社会治理信息系统，将街道内设各科室、街道各科站队所、各社区用网络连接起来，构建一个社会服务管理网络。二是通过移动 APP 等方式，方便网络员、社区工作人员、街道各相关工作人员及时地上报相关问题和情况，方便相关部门工作人员根据职责及时地接收相关问题及情况的报告，并根据职责及时进行处置。三是一条信息或一个问题上报全响应社会治理信息系统后，不仅上报人员、处置人员第一时间可以接收和知道，而且街道全响应办公室、相关科站队所负责人、区相关委办局也可以第一时间接收到，并且可以对相关责任人员的处理和反馈情况进行实时的在线监督和督促，如有特殊情况，及时作出人员调整或进行力量增援。四是由于各社区反映的民生需求和各种问题均在信息系统中生成和保存，所以，西城区"全响应"相关指挥中心和街道分中心可以定期（天、周、月、季度、半年、一年、多年）对相关问题及问题的处理情况进行实时的统计分析，便于相关领导和部门掌握辖区、各街道、各社区、各网格的相关民生需求和社会问题的变化情况、处置情况及居民群众的满意情况，从而对各相关机构的人力配置和资源配置进行优化调整。

如广外街道参照原有网格与城市管理网格，整合城市管理网格、综治网格和社区网格，对广外地区重新进行了网格规划，实现了"三网合一"，每个社区按一个单元网格500户左右，合理划分为若干责任网格，大多数社区有5—8个责任网格，全地区共划分为223个责任网格，完成了空间标绘，形成GIS电子地图。陶然亭街道则按照完整性、便利性、均衡性、差异性原则，根据人、地、物、事、组织等基本情况，综合考虑地理位置、人口结构、服务需求等因素，同时，将城市管理、综治维稳和社区自治等多个网格和多种力量进行融合，研究制订统一的技术标准和业务规范，最终确定将地区8个社区划分为85个网格，实现区域网格化管理的全覆盖。广内街道按照区"三网合一"的工作要求，根据各社区区域特点，按照方便管理，界定清晰的原则，划分社区社会服务管理网格，原则上按600—700户划分为一个网格，全街道共划分为59个网格，网格划分后，制作网格划分的网络图，制作各网格公示牌。白纸坊街道将地区划分为140个网格，配备基础力量社区工作者152人，社会力量主要为楼门长1390人，专业人员117人。配备的专业人员为街道科室人员，配备原则为1名普通科员负责1个网格，1名科级干部负责2—3个网格及所在社区，1名处级领导负责1个社区，所有人员均实名制配备到位。

四　执法的联合

政府机构的执法权来自相应的法律授权，因此，各行政机关的执法权力都有各自不同的法律依据。按照依法治国的要求，各部门必须对自己的法律授权负责，认真履行属于自己法定的执法权力，维护社会秩序和法律尊严，尽职地维护人民群众的生命财产安全。但在基层的实际执法过程中，常常会发生"八顶大檐帽管不了一个破草帽"等情形，由于一些违法行为具有多重性、变化性、模糊性等特点，单个部门执法往往会遇到发现了违法行为却不归自己处罚的情形，等到通知有执法权的机构过来执法，可能违法行为人已经逃走或相关违法证据难以固定，最终导致执法效果并不好。西城区在街道层面实行联合执法的基本做法是：一是将具有执法权的相关机构组织起来，形成联合执法体，定期召开会议，对辖区内执法形势进行分析，对上一阶段的执法情况进行总结和反思，有针对性地对执法力量的部署进行调整和优化。集中执法力量开展重点整治行动，对影响本地区安全环境的突出问题进行集中整治等。二是将各具有执法权的机构工作人员重新组合，根据辖区实际情况组成若干个联合执法小分队，明确各个联合执法小分队的职责分工和执法范围，将执法责任进一步细化落实到各个联合执法小分队，由联合执法小分队对责任范围内的各类违法行为统一执法，避免了单个部门执法可能遭遇的执法困境。三是各联合执法小分队之间建立联合互助机构，形成互动态势，当某联合执法小分队力量不足或违法行为人向其他联合执法小分队管理区域逃走时，立即请求其他联合执法小分队增援或予以查堵，避免违法行为人通过"游击"战术等方式逃避处罚，提升联合执法的震慑威力。

如什刹海街道在推进"四环市场"（即润得立综合市场，位于西城区德胜门内大街四环胡同 4 号）撤市过程中，通过加强组织领导，健全工作机制；充分研判形势，建立完善方案；把握宣传重点，打造正面声势；坚持问题导向，全力攻坚克难；突出服务保障，对接民生需求等措施，特别是采取集中整治和日常管控相结合方式，集中发力，持续用劲，紧抓环境秩序等重点问题，一是重点管控市场周边胡同违法形态，联合相关职能部门加大安全宣传力度，疏、堵、管、宣相结合，形成"四环市场"周边秩序长效管控机制。二是全面做好社会面稳定工作。秉承"撤市是第一要务，维稳是第一责任"的思想，发动志愿者、社会单位等力量3000余人，确保第一时间发现各类敏感信息，确保群体性事件零发生。撤市当天，街道出动机关干部50人，组成"四环市场"专项执法小分队，警车、救护车、消防车随时备战，全方位管控撤市秩序，实现了平稳撤市。

第四节　对西城区全响应社会治理政府协同的简要评价

从部门协同的视角来观察和探讨西城区全响应社会治理创新的探索，无疑具有十分重要的价值。可以看到，西城区确实围绕"全响应"目标在推动部门协同方面进行了很大的努力，也取得了较为明显的进步，"职能部门协同合作链"和"街道统筹发展响应链"已经成为西城区全响应社会治理创新最核心的两条响应链，成为西城区响应民生需求不可或缺的重要组成部分。当然，部门协同作为一种推进跨部门合作、构建网络化治理格局的重要理念，依然处在探索和推进的过程中，西城区全响应社会治理创新关于部门协同的探索也不例外。

一　政府协同的高度有待提升

西城区全响应社会治理创新政府协同的高度有待提升，并不是说全响应社会治理创新高度不够，而是指全响应社会治理创新还有继续提升的空间，主要表现在探索与规格两个方面，具体体现在两个升级。首先，西城区全响应社会治理创新政府协同的探索需要继续升级。应该说，西城区政府协同已经开展了初步的探索，但显然，目前西城区政府协同的力度和效果离理想状态还是有很大差距的。因此，下一步西城区全响应社会治理创新应该在进一步推进政府协同方面继续探索，力争西城区政府协同取得新的更大的进展。第二，西城区全响应社会治理创新政府协同的规格需要继续升级。政府协同是西城区全响应社会治理创新成败的关键所在，政府协同必须在区委区政府主要领导强力支持的情况下，更多的政府部门积极主动参与进来才可能继续推动，否则，下一步西城区全响应社会治理创新要继续推进政府协同困难重重。

二　政府协同的深度有待延伸

西城区全响应社会治理创新政府协同的深度有待延伸，是从政府协同的内容和认识角度来说的。首先，西城区全响应社会治理创新政府协同的内容要继续延伸。"访听解"等作为西城区全响应社会治理创新的一项基础性工作很有必要，但"访听解"还不是完全意义上的政府协同。社会服务管理的"政府协同"应该是通过梳理西城区各政府部门涉及社会服务管理职责的事项，明确将划定政府各部门相应的服务管理事项纳入全响应社会治理创新，全部在"全响应"社会服务管理信息系统运行，这是一个政府各部门深化认识、统一认识、达成共识的过程，也是十分艰难的过程。目前，西城区这一工作还未全部完成。其次，西城区政府工作人员对全响应社会治理创新政府协同的认识要继续深化。西城区全响应社会治理创新政府协同是大势所趋，是势在必然，可是还有不少政府工作人员对此缺乏认识或认识不足，对全响应社会治理创新与政府协同的关系认识不深，对政府协同在全响应社会治理创新上的重要性认识不清，对政府协同的自觉性、持续性、长期性认识不清。

三　政府协同的广度有待拓展

全响应社会治理创新作为推进和完善社会服务管理的新兴理念，无疑具有很好的适应性和推广性。这些年，西城区围绕全响应社会治理创新在政府协同方面做了很多的探索与努力，但广度还可以继续拓展。主要体现在：首先，政府协同信息化手段的应用要更加广泛一些。目前，尽管区、街"全响应"社会服务管理信息系统基本建成，绝大多数的街道与相应的各科站队所、社区也实现了信息联通，部分街道还实现了移动办公和联网，但还有为数不少的街道在移动 APP 的应用开发方面还做得不够，街道与相关部门派出机构的工作人员之间还没有完全实现互联互通，导致"全响应"的效应并没有充分体现和发挥。其次，对政府部门绩效管理考评的广度要继续拓展。目前，西城区确实已经持续多年对政府各部门绩效进行了考评，但客观上还属于传统考评的范畴，由于进入"全响应"社会服务管理信息系统的政府部门还比较有限，因此"全响应"社会服务管理信息系统涉及相关政府部门的问题需求数量、问题需求的处理情况和处理质量、居民群众和驻区单位对政府部门处理的满意度等还没有完全纳入绩效管理的范畴。只有当越来越多的政府工作部门的工作进程、工作质量、工作进度及社会评价进入统一、透明、公正的评价系统并得到全面准确的科学评价时，全响应社会治理创新才能推动更多的政府工作部门不断地改进各自的工作流程和工作标准，不断地优化其人力资源配置，不断地优化其能够调配的各种资源，以更好地响应辖区居民群众和驻区单位的服务需求，更好地服务辖区的居民群众和驻区单位。

四　政府协同的力度有待加强

西城区全响应社会治理创新在政府协同方面发展到今天，已经取得了较大的成绩，主要表现在以街道统筹为重点的格局已经形成，区级指挥中心与44个委办局分中心已经通过全响应社会治理信息系统进行了联通。但从提升西城区全响应社会治理创新政府协同力度的角度看，政府协同的力度还可以进一步加强。主要是：一是要坚持全响应社会治理政府协同的方向，进一步将涉及各委办局的社会服务管理事项纳入全响应社会治理体系，使全响应社会治理创新成为统领各政府部门的最有力抓手。二是要坚持将政府协同进展和群众满意度纳入政府服务绩效考核，并进一步加大其考核分值的权重，使各委办局自觉自愿地主动参与到全响应社会治理创新中来，使之成为西城区委区政府领导社会治理创新、提升社会服务管理效率的唯一指挥中枢和调度平台。

第 八 章

西城区全响应社会治理创新与社会协同

在西城区全响应社会治理创新的总体设计中，驻区单位、社会组织、社工队伍和居民群众等都是西城区全响应社会治理创新的重要主体，是西城区"驻区单位资源共享响应链""社会组织公益服务响应链""社工队伍专业服务响应链"和"居民群众共同参与响应链"的重要行动者。据统计，2009 年西城区开始设立社会建设专项资金，7 年来累计投入 1.35 亿元，支持了 520 个服务项目，形成了广外街道红枫盈社会养老管理服务中心等品牌，打造了"孝行天下""百岁老人口述史"等百余个公益活动项目，树立了一批公益服务榜样。目前西城区共有各类社会组织 2991 家。本章在回顾对国内外社会治理自组织的实践经验进行考察的基础上，对西城区全响应社会治理创新的社会协同的探索实践进行描述，并据此进行简要的分析评价。

第一节　国内外社会治理创新与社会协同的实践探索

一　美国自组织参与社会治理的实践探索

在美国，根据单位、部门的性质可以分为三种：第一种是国家政府机构，第二种是以营利为目的的公司、企业等机构，第三种是不以营利为目的的组织、机构。美国非营利性组织异常发达，数量众多，通常具有较强的经济实力，而且具有广泛的影响力，社会组织成员众多，其涉及有关社会生活中的众多领域，如科学研究、教育培训、医疗保健、文化娱乐、体育比赛、民间基金、志愿协会、行业协会、商业联合等。美国的非营利性组织是其社会组织的重要组成部分，与政府、企业呈三足鼎立之势。

（一）多元化的资金来源渠道

非营利性组织按照其设定的公益目标和宗旨实施项目的前提是有足够的活动资金。如果没有足够的活动资金，非营利性组织的任何活动都将难以开展。虽然非营利性组织与政府部门或者其他机构进行项目合作时会获得一定的收入，但其仍然需要其他方面的资金支持才能保证其正常运营。美国非营利性组织的资金来源为：一是与政府合作获得的项目资助，二是来自社会公众的捐赠和资助，三是自主经营收入。据统计，目前在非营利性组织资金来源中，有20%来自企业、个人捐赠及基金会赠款，50%来自自主经营收入，政府承担剩余的30%[①]。而且，美国非营利性组织的日常运作还渗透着现代化商业运作理念，即其资金除了来源于政府资助、捐赠和自主营收外，美国设立了专门的筹款机构，它们以联合劝募组织的形式向企业等筹款，然后根据一定规则合理分配给各种非营利性组织。

（二）社会参与异常广泛

美国非营利性组织异常发达，有着广泛的群众基础，社会参与广泛。第一，美国民众热衷于慈善活动，大批志愿者都参加非营利性的慈善组织。据调查，有49%的美国公众每年利用业余时间参加各种非营利性的慈善活动，其志愿活动所创造价值约合2000亿美元[②]。在美国，可依其服务对象的不同，将所有非营利性组织划分为两大类：公益性组织和会员性组织。公益性组织约74万个，其中资金终结组织3.5万个，教堂3.5万个，服务提供组织2.2万个，社会福利组织13.5万个。会员性组织约39万个，其中业主和准业主组织14万个，社交联谊组织20.6万个，互助合作组织3.8万个，其他类组织6000个[③]。第二，美国的非营利性组织资金主要依靠个人捐赠，获得广泛的民众支持。据调查，2007年美国公益捐赠总额为3064亿美元，占到美国当年国内生产总值的22%，平均每年每个家庭捐赠900美元，人均公益捐款数额是我国的7300倍[④]。

---

① 廖世铢：《美国非营利组织发展经验及启示》，载《发展研究》2008年第12期。

② 王名：《社会组织概论》，中国社会出版社2010年版，第58页。

③ 王智慧：《非营利组织管理》，北京大学出版社2012年版，第42页。

④ 郜俊玲、周立：《美国与香港地区慈善模式及其启示》，载《决策探索》（下）2010年第8期。

根据 2004 年的统计数据，美国各类非营利性组织拥有雇工 940 万人，几乎占美国经济的 7.2% 。可见，美国的非营利性社会组织无论是在人力上还是在财力上都获得了民众的广泛参与，使得对美国社会产生了深远的影响。正是由于非营利性组织有广泛的社会基础，其在教育培训、弱势群体保护、消除贫困、化解矛盾、预防犯罪、医疗保健、老年人服务等方面都发挥了十分重要的作用，有效弥补了政府失能的状态。

（三）从税收控制和法律监督对非营利性组织进行引导支持

美国从以下三个方面对非营利性组织进行管理：一是自我管理，二是行业管理，三是政府管理。其中，政府管理是官方管理，主要表现为税收控制和法律监督。在税收方面美国相关立法对社会组织接受的各种捐赠免除税收，并且减免其服务收入的税赋。在美国，政府注重运用税收政策来促进非营利性组织的发展。这是美国政府对社会组织除直接拨款资助外的间接税费优惠支持。同时，为了规范和限制非营利性组织，当它们做出失范或者非法行为时，政府会通过严格的税收管理或者惩罚性的税收政策来约束。为了鼓励非营利性组织的发展，美国政府为非营利性组织的设立提供了简单便捷的注册程序，即只需要写明机构名称和设立目的、提供明确的组织章程、声明不以营利为目的，然后交由州内政司批准即可。

（四）形成了完善的行业自律和社会监督体系

对于非营利性组织而言，重要的是明确该组织是对谁负责的，社会责任是什么以及如何使其服务规范化。美国建立了比较完善的自我监督和约束机制，它既要求各非营利性组织成员之间进行监督，也要求组织内部机构会员的相互监督和约束，例如行业协会就制订了行业自律规则，要求会员自律，以实现会员之间的约束机制。除了非营利性组织内部的自我监督和约束机制外，美国还拥有非营利性组织外部的监督机制，如政府、媒体都时刻监督非营利性组织的行为，这有利于促进非营利性组织更好地完成各自使命，提供专业化服务。美国众多非营利性组织正是通过内部监督和外部监督以规范约束其行为，使其不偏离非营利性组织设立的目标和宗旨，从而提高机构效率和社会公信力。除此以外，美国设立了专门对非营利性组织进行监督的社会组织，如有一种社会组织被称为"看门狗"，监督非营利性机构的活动并对之进行评论与监督。

二　广州市自组织参与社会治理的实践探索

广州市是我国改革开放的前沿阵地之一，该城市对社会组织发展路径的探索较早，也取得了较好的成就。具体来说，其在培育和发展社区社会组织方面主要有以下经验：

（一）降低社区社会组织的准入门槛

为了给广州市自组织营造良好发展环境，广州市民政局于 2008 年 12 月出台了《广州市社区社会组织管理试行办法》（穗民〔2008〕313 号）（以下简称《办法》），降低了社会组织的准入门槛，采用登记与备案相结合的管理制度，对符合《办法》登记条件的，予以登记；虽达不到登记要求，但符合广州市经济发展要求并具有开展社会活动能力的组织，可以向街镇级政府提出申请，报区、县级登记管理机关进行备案管理。而且，《办法》在注册资金、会员数量等方面的条件都有所放宽。例如，降低了社区社团的会员组成人数要求，即由 30 个以上下降到了 20 个；降低了社区社团和民办非企业单位注册资金标准，分别下调至 5000 元到10000 元。同时，《办法》放宽了对社区社会组织住所的要求，只要求它有一个固定的活动场所即可，不要求它们拥有固定的办公场地。

（二）为社区社会组织提供发展基金帮助

广州市还以法律文件的形式为社会组织发展提供基金帮助。广州市市委、市政府于 2011 年颁发了《关于全面推进街道社区服务管理改革创新的意见》（穗字〔2011〕14 号）。该文规定"建立扶持社会组织发展专项资金，以直接补助、贷款贴息等方式重点扶持公益服务类和社区社会组织发展"。如 2010 年，广州市 500 万元的社会组织发展专项扶持基金，并制定了详细的资金使用管理办法，明确了资金的使用方向，即以社区社会组织为重点扶持对象。例如，越秀区政府已给北京街道拨款 30 万元，用来培育发展社区社会组织，并且，随着北京街道日常工作的常态化，将根据街道社会组织工作量、服务类别，在社区群众充分评估的前提下，逐年下拨支持经费。

（三）打造社区社会组织培育孵化基地

为了给辖区的社会组织提供规范管理、项目策划等服务或者提供活动场地，广州市的苗岗区、越秀区在联和街、北京街建立了基层社区社会组织培育孵化基地，以满足社区社会组织的需求。在这里，社区社会组织开展活动可以免费使用活动场地，获得政府的各种支持，这样就与社区内的其他社会组织形成了共建共生、信息互通、资源共享的良性发展局面。例如，北京街社区社会组织培育孵化基地就为社会组织提供了100 多平方米的活动场所，让社会组织免费使用，开展各类公益活动。目前，有 7 家文体类的社区社会组织在该基地进行培育孵化。

第二节　西城区全响应社会治理创新与社会协同的探索实践

为实现西城区全响应社会治理，西城区不断完善社会参与运行机制，努力构建公众有序参与、多元主体共建共享的社会治理新格局。

一　激发社区社会组织发展活力

（一）投入专项扶持资金，激励社会组织健康发展

自 2009 年起，西城区设立了规模为 1000 万元的社会建设专项资金，用于社会建设领域各项服务。近年来，专项资金支持社会组织的比重逐年提高。2011 年，社会建设专项资金支持 36 个社会组织的 45 个项目，涉及资金 1030 万元，开展的服务工作覆盖了老年服务、青少年教育、家庭和谐、志愿服务、社会心理服务、流动人口等多个领域。2012 年资金规模则调整为 2000 万元，主要围绕"社会服务管理创新"和"向社会组织购买社会公共服务"两大部分，其中千万余元资金用于"向社会组织购买社会公共服务"，大力培育社会组织的发展。据统计，2009 年西城区开始设立社会建设专项资金，7 年来累计投入 1.35 亿元，支持了 520 个服务项目。截至目前，西城区的社会组织已经发展到了 2816 个，涵盖了法律服务、助残服务、志愿服务、旅游服务、环境保护、助老服务、助学服务、心理咨询、文体艺术、募捐救助、国防教育、科普教育、普法教育、爱国教育、健康教育、家庭教育、技能培训、新居民教育 18 个领域。

同时，为了引导社会组织积极响应民生需求，让其获悉政府支持的公益项目信息，以让社会组织获得更多的项目资金支持。西城区从 2011

年开始，每年举办一届公益文化节，通过整合全区公共资源，搭建公益平台，打造公益品牌，发展公益服务，营造公益范围。在西城区公益文化节中，搭建了资金筹措与慈善救助平台、公益项目展示与推介平台、公益传播与民众参与平台、资金筹措与慈善救助平台。通过公益节的举办，全区社会组织及时掌握百姓需求，并根据需求对接公益资源，在获得政府资金支持的公益项目的同时，也切实解决了居民生活所需。

（二）搭建公益孵化平台，支持社会组织开展活动

西城区作为北京市的中心城区，楼房资源稀缺而且昂贵。社区社会组织由于是非营利性机构，难以获得足够资金租用办公场地或者活动场地，而一些活动的开展又需要在固定的办公场所或者活动场地进行，因此办公场所或者活动场地的缺乏便成了制约西城区社会组织发展的瓶颈。为打破这一限制，西城区政府鼓励各街道拿出办公场地为社会组织提供活动的空间，即"以空间换服务"用于引进社会组织，建立社会组织培育基地，形成"政企"合作的新理念。例如，西城区月坛街道地处城区中心，用地资源紧张，但仍然拿出了面积达 1600 平方米的四层楼房，建立了专门用于服务社会组织的"孵化器"，即月坛街道社会组织服务楼，免费提供给社会组织。并且，月坛街道还设立了"社会组织与服务管理办公室"，成立了财政中心物业中心机构，以加强楼房的管理。水、电、暖等日常费用都由月坛街道办事处支付。社会组织服务楼建立后，主动上门的社会组织络绎不绝，使月坛街道的社区社会组织有了极大的发展。据统计，月坛社会组织服务楼自成立以来共举办各类活动 1500 余场，受益人群达 15 万人次，培育注册类、备案类及分支机构 35 个，指导管理社区社会组织 217 个，指导培训文化骨干队伍 60 支。

（三）公开征集社会建设项目，购买社会组织公共服务

为了进一步转变政府职能，提升社会自治能力，西城区政府每年都向全区公开征集公益项目，鼓励社会组织积极参与竞争，以政府购买服务的形式给予社区社会组织资金支持。西城区政府购买社会组织公共服务主要包括四大类：一是社会基本公共服务类。主要包括社区基本公共服务推进项目、扶老助残服务项目、扶贫助困服务项目、公众卫生健康知识普及服务项目、就业创业帮扶服务项目。二是社会公益服务项目。主要包括社会志愿公益服务项目、绿色方式生活引导项目、做文明有礼

的北京人宣传教育推进项目、法律咨询与援助服务项目、人文关怀与社会心理服务项目、特殊人群服务项目、网络自组织文明自律引导服务项目、应急救援综合服务项目。三是社区便民服务类。主要包括"一刻钟服务圈"便民服务拓展项目、家政服务提升推广项目、社区居民出行便民服务项目、社区"一老一少"照护服务项目、社区智能化便利服务项目。四是社会服务管理类。社会组织"枢纽型"服务管理项目、社会组织孵化项目、社会组织服务品牌提升推广项目、社会矛盾调解服务项目、社区矫正帮教服务项目、社会心理服务项目、新居民互助服务管理项目、专业社工管理岗位项目、专业社工人才培养试点项目等。可见，西城区公开征集的项目涉及社会公益活动的方方面面，这使以公益为目的的社会组织可根据自己特长竞选相关项目，并以政府购买服务、配套支持、项目补贴、以奖代补的方式获得政府支持。这既保证了政府专项资金使用的科学、有效，也有利于社区社会组织的健康发展，同时竞争机制的引入也使相关社会组织更加注重自身能力的发展和服务水平的提高，从而带动西城区社会组织的整体发展。

（四）搭建三大公益平台，推动资源共享机制

在各种激励政策的推动下，虽然社会组织的发展取得了前所未有的成效，但仍然存在着一些问题，例如西城区的公益发展总体上仍面临着资源分散不足、公益参与主体交流不畅、信息不对称、对弱势群体救助形式单一、服务社会组织水平有待提高、社会组织作用发挥不明显等问题。对此，西城区政府搭建了三大公益平台以解决这一难题。一是搭建公益项目展示推介平台。这一平台用于展示优秀公益项目成果，实现公益项目的复制推广，以建立"政府推动、民间运作、社会参与、各方协作"的公益服务平台。二是搭建资金筹措与慈善救助平台，帮助公益资源支持方（企业、公益基金会和慈善家）与公益服务提供方（社会组织与公益项目）以及公益项目受益方（社区和居民）结成公益伙伴关系，为弱势群体与捐助者建立点对点直接互助关系，拓展优秀公益项目资金来源，丰富慈善救助的支持形式，使企业在承担社会责任的同时也塑造良好的社会形象，实现企业效益与社会效益双赢。三是搭建公益传播与民众参与平台，通过举办系列公益活动，进行广泛的媒体宣传，向社会各界传递"直接公益""身边公益"和"透明公益"的西城区公益理念，

营造浓郁的西城区公益文化氛围，促进和谐社会建设。

三大平台的建立，不仅提高了社区社会组织运行效率和服务质量，也为社区社会组织提供了更多的资金来源和发展空间。例如，位于月坛街道的悦群社工作事务所成立之初仅在三里河第三小学承办社工驻校服务项目，虽然这种通过主题班会、家庭个案访谈、社会体验场等社会工专业技巧和工作方法，促进师生心理健康发展的社会服务方式得到各方认可，但单一的服务模式和对象很难实现更大的发展。后来在月坛街道以政府购买专业服务的推动扩大了悦群工作事务所的服务人群，为月坛街道辖区内的所有中小学校提供驻校社工服务，但服务内容仍然有限，发展遇到瓶颈。这是因为，社会组织受其自身所掌握的信息和资源有限，往往局限在其原有的服务领域中而难于扩展。但是，月坛街道依靠西城区"三大公益平台"，积极为这些社会组织"揽业务"。在月坛街道的协助下，悦群社工事务所与区残联合作，在月坛街道"静心园"社区康复中心辅助、协助专业医务人员开展恢复精神残疾人社会交往功能的系统训练，运用社工专业沟通方法，调节并缓解残疾人社会交往障碍。此外，悦群社工事务所还承接了月坛街道"帮助社区高危人群建立社会支持系统"项目，社工深入社区走访、调查失业青年，"4050"人员，独生子女丧子家庭等急需救助的社区高危人群，并正式入驻独生子女丧子家庭社区康复中心"新希望家园"。随着受益人群的扩大，悦群社工事务所也"破茧成蝶"，成为月坛街道乃至全市知名的社工事务所。

（五）创新培育管理机制，实现社会组织自我管理

随着西城区社会组织培育激励政策的出台和实施，西城区社会组织有了长足的发展，城区社区社会组织总量已经发展到近 3000 个，涵盖了社会生活的方方面面，极大地提升了社会自我管理、自我服务的能力，为西城区的稳定和繁荣作出了重要的贡献。但是，数量庞大的社会组织需要一套完善的管理机制，否则各自为政可能形成组织间协作机制不通畅甚至是恶性竞争的局面，这将严重影响西城区社区社会组织的整体发展。对此，西城区提出以街道为单位，成立社区社会组织的建设协会，以社会组织培育、指导、管理社会组织，实现社会组织的自我培育。例如，月坛街道社区社会组织越来越多，但如何实现对社会组织的管理则面临着很多困难。对此，月坛街道成立了月坛社区建设协会，以实现社

会组织的自我培育和管理。月坛社区建设协会是 1998 年由月坛街道办事处和驻区单位联合发起成立，也是北京市第一家经注册有法人地位的街道层面的社会团体，目前已有 100 多个团体成员，6 名专职工作人员。月坛社区建设协会成员单位包括中小学以及文艺、体育、卫生、中央国家机关、市区属单位等专业机构以及餐饮、商业、服务等企业，并以此为基础，在这一"大法人"下建立各自的分支机构，包括月坛老龄协会、月坛文化联合会、星月艺术团、民间工艺和书画等专业分会以及正在筹备建立的区域性社区分会。月坛街道通过授权月坛社区建设协会，对入驻的社会组织在服务覆盖程度、群众参与率、能否利用项目拓展服务领域等方面开展考评，实现对社区社会组织的管理。可见，这个协会是一个枢纽型的社会组织，不仅对成员社会组织进行监督管理和评估指导，也承担着授权范围内发现、培育、发展各类社会组织的义务。近年来，月坛社区建设协会带领各分支协会承接了街道的很多公共服务项目，包括各项政府补贴支持下的居家养老服务、文化养老、大型社区文化体育活动、与天津鹤童老年福利协会的委托管理等项目，实现了政府外围职能的逐步承转，有效地发挥了枢纽作用。

二　建立驻区社会单位资源共享机制

2009 年以来，西城区积极鼓励驻区社会单位充分利用自身资源优势，开展资源共享特色项目，出台了《西城区社区资源共享奖励办法》，投入社会建设专项资金 305 万元奖励资源共享单位 74 家，动员社会各方共同参与社区建设。近年来，西城区累计投入 1705 万元，奖励资源共享单位 300 余家，辖区共有 460 余家单位向居民群众开放了单位食堂、文化教育场地和停车场地等。目前，全区 15 个街道全部启动社会单位与社区资源共享的合作计划，初步形成"条块结合、资源共享、优势互补、共驻共建"的区域社会资源共享新格局。

（一）共享区域食堂，解决老人就餐难题

针对辖区老年人较多的特点，与驻区中央单位后勤部门联系，启动国家机关服务资源向社会开放示范点建设，由街道与辖区单位共同开发为老年人供餐服务项目，解决区域老人做饭难、吃饭难的问题。目前，已有什刹海地区的牛街地区的钢铁设计院、总参阜坛寺管理保障部等 180

余家单位的内部食堂向周边社区老人开放。其中，月坛地区的广电总局机关服务中心投入 15 万元，对食堂进行更新改造，地区老人可凭老年证、身份证或居住证明，以 IC 卡或政府补贴券形式就餐。2009 年 7 月以来，广电总局机关食堂共接纳社区 2200 余名老人用餐，为 22 个社区分餐点和 29 名行动不便老人送餐，每日餐厅就餐老人 400 余人，累计就餐送餐达 9 万余人次。

（二）共享停车场地，缓解停车资源紧缺问题

开展区内社会单位停车资源使用情况调查，从扩容和提高使用率两方面进行疏解。一方面，采取政府补贴、成本补偿的方式，鼓励区内 7 家社会单位对现有停车场进行改扩建，并向社区居民开放。例如，复兴门外大街的中石化大厦以政府出资 20 万元、企业出资 80 万元的方式，将原来的地面停车场改建成了立体停车场，车位由 45 个增加至 90 个，由单位和附近居民共用，从而缓解了单位白天车位紧缺、居民小区夜间停车难的问题。另一方面，鼓励社会单位和周边居民区错时停车，合理配置停车资源，提高资源利用率。例如，引导什刹海体校将 80 个车位在夜间向周边居民和外来车辆开放，缓解酒吧一条街停车难问题；引导刘海胡同 7 号院的中国林业出版社，将院内一共 20 个车位腾出，用作附近居民的夜间专用停车位。北京市汽车灯具有限公司积极参与社区建设，错峰为居民提供免费停车服务，帮助缓解停车难问题，受到居民广泛好评，该单位正在建设立体停车位，并将继续对辖区居民开放。

（三）共享文体设施，解决社区活动场地不足问题

以街道为单位，对辖区社会单位文体设施情况进行摸底，采取有偿和无偿相结合的形式实现共享。例如，月坛街道与国家工商行政管理总局、国家发改委、国家统计局、铁道部、财政部、国家海洋局等 10 余个机关，联合组建了社区建设协会。根据协议，广电总局老干部活动中心的大厅可用于本地区居民排练唱歌、跳舞等项目；中央芭蕾舞团可让本地区青少年观摩学习；裕中中学、进步小学的操场向德胜门、展览路地区居民开放，居民可以免费使用健身器材。目前，西城区有 100 余家单位开放了本部门的文体设施，受到居民的欢迎。

同时，西城区还通过建立"共建互助会"的形式，进一步整合了社区内资源，即通过挖掘整合社区内各类单位和广大居民群众中蕴含的各

种人力、物力资源和各种信息资源，搭建一个资源共享、双向服务、多方协作的共建互助平台，实现互利双赢，推进社区各项事业发展，促进社区和谐、人民幸福。为全面推进各项工作的展开，"互助会"努力做到需求与服务的四个对接：一是组织对接，形成社区与单位党组织联动、互通局面，通过共抓党建、共议大事、共听民声、共商良策、共办实事。二是活动对接，通过整合社区内的各类资源，辖区单位的活动场所、服务设施更加广泛地面向社区开放，服务民生。三是信息对接，充分发挥互助手册、互助卡的功能作用，提供信息交换平台，扩大单位经济效益与社会效益。四是服务对接，针对单位、居民提出的难点、热点问题，采取群策群力、互助合作的方式，挖掘潜力、自力更生，提高服务水平。例如，龙泉社区作为陶然亭街道推进区域化整体发展的试点社区，通过"共建互助会"的形式，实现了辖区内居民凭借一张互助卡在区域餐饮场所享受优惠的目标。即辖区内的每个家庭只要每年参加志愿服务的时间累计达到300个小时，就可以获得一张互助卡，在购买成员单位特供的服务时能够打折甚至免费。目前，互助会已发展会员单位33家，涵盖餐饮、住宿、美容美发、医疗卫生、休闲娱乐、电子商务、图书音像等多个服务行业。

（四）共享人才资源，丰富社区公益活动

在稳步推进社会单位场所开放"硬件共享"的基础上，积极协调、促进社会单位向社区提供人才资源"软件共享"。在社区设立联络站点，征集居民生活服务方面需求，邀请法律、心理、助残专家，在社区定期开展专业服务和指导，实现社会单位和社区工作的双赢。例如，怡德亨律师事务所与百顺社区共同打造精品法律服务室，坚持每天派驻律师值班，免费为社区居民提供法律咨询，目前累计值班900个小时，接待来访人员260人次，协助处理涉及债权纠纷、房屋拆迁等各类案件77件。

资源共享奖励项目实施后，撬动了社区资源开放和共享的空间，极大地激发了各驻区单位的社会责任意识，帮助政府解决了空巢老人就餐、居民区停车难、群众文体活动场所不足等一些实际困难。广电总局向其他中央及市属单位发出社区资源共享的倡议，号召更多驻区单位参与到社区建设当中来，很多单位表示愿意继续发挥自身资源优势，加大投入，有针对性地合理开放内部资源，为百姓提供更加多元化的服务，与政府一起，将社区建设成为文明祥和、服务有序的和谐共同体，形成共驻共建的良好氛围。

三　构建居民参与型协商机制

为了提高西城区自治共管的能力，切实解决群众困难，西城区经过积极探索，建立了较为完善的社区居民参与型协商机制。

（一）出台文件将居民参与型协商工作制度化

西城区民政局出台《2015 年西城区社区参与型协商工作指引目录》，明确了参与协商的对象、协商形式、社区居委会在协商中的作用、社情民意的表达、收集机制、协商平台搭建等重点问题，保障了参与型协商工作起步阶段的有序开展。结合所辖社区参与型协商工作的具体情况，部分街道制定了具体规范，明确协商工作的具体要求，确保协商工作依规进行。同时，街道对协商工作给予充分支持，及时解决协商中遇到的困难，积极落实协商决议确定的方案。

（二）社区居委会积极探索各类协商形式

针对社区居民的不同情况与需求，各社区居委会积极探索符合本社区居民特点的协商形式，解决居民实际需求。首先，居民能否积极参与是协商工作能否顺利开展的关键。协商工作开展得比较活跃的社区经验证明，找到社区居民的真正利益点是调动居民积极性，参与协商的关键。社区书记、主任、工作人员通过走访、问卷调查、举办活动等各种途径切实了解居民需求，从中寻找能够"真"协商的事项。实践证明，主动了解居民需求比坐等居民上门反映，更受居民欢迎，协商效果更好、效率更高。其次，社区居委会根据各社区居民实际情况因地制宜进行协商。如在新建小区，社区居委会结合居民主要是年轻人、上班族的特点，开设社区微信群、QQ 群，在微信群、QQ 群发布社区通知、开展居民互帮互助，共商社区建设问题，深受居民欢迎，特别是吸引了年轻居民参与，形成社区凝聚力，效果很好。老旧小区，社区居委会充分发挥楼门长、居民代表作用，由楼门长、居民代表挨户征求居民意见，确保协商事项得到居民认可。房改房小区，通过协助业主组建业主委员会，开展居民自治，解决实际困难。社区居委会作为连接居民与政府的纽带、桥梁，熟悉政府工作是不同于其他社会组织的独特优势。在参与型协商较为活跃的社区，协商事项涉及公共事务的，社区居委会充分发挥了熟悉政府工作要求的优势，协助居民解决困难。协商事项得到落实，实实在在解决居民困难，得到居民认可。

（三）以活动为载体，提高居民社区事务的参与率

充分利用社区公益资金，开展适合社区不同年龄、不同层次人群的各类活动，让更多的社区居民参与到社区事务当中来。居民在社区事务决策共管的过程中，激发了家园意识和主体身份的认同，使社区自治工作充满了活力。引导社区居民积极参与社区各类公益协会组织，通过组织的形式参与社区的自治管理。例如，月坛街道制订并在社区推行了"十个一"民生工作。即建立一个民情日记本、召开一次社区议事会、设立一份民意转交督办单、建立一张居民连心卡、设立一个民情电子信箱、设立一条民情热线、建立一批守望相助岗、建立一支民生信息员队伍、举办一次恳谈会、建立一支民生联络员队伍。切实提高社区的履职能力、响应能力、创新能力、服务能力，进一步畅通了民意沟通的渠道，调动居民参与社区事务的热情，引导群众有序参与公共决策。

同时，协商工作的长远健康发展需要年轻居民的积极融入，提供充满活力的智慧与资源。但如何有效引导年轻居民、上班族融入社区，参与社区活动，协商议事是困扰社区工作的一个老问题。对此，社区居委会通过多方努力，协调好与小区物业公司、开发商的关系，走进小区，采用灵活多样的方式逐步调动起年轻居民、上班族参与社区活动的积极性，使其成为社区协商的主体，为社区建设出谋划策，提供资源，协商工作充满活力。同时，年轻居民也从社区建设、共商议事中有所获益。

（四）充分发挥楼门长、居民代表在参与型协商中的作用

公共事务涉及全体社区居民利益，协商事项的提出、协商解决方案的商议、表决都需要向全体居民征求意见。这项工作极为琐碎。特别是在协商工作起步阶段，居民对协商工作的性质、内容、方式缺乏明确认知，需要大量的说明解释工作，仅靠居委会工作人员难以完成。协商工作取得成果的社区书记、主任一致反映，责任心强、有公信力的楼门长、居民代表在协商工作中的作用非常重要。楼门长、居民代表挨家挨户征求居民意见，向居民做说明解释工作，确保居民行使知情权、参与权、监督权，增进了居民对协商工作的了解、理解，使协商事项符合绝大多

数居民利益，得到居民充分认可。

西城区居民参与协商机制的构建，在提升社区自治能力的同时，切实解决了很多实际问题。例如，新街口街道北顺社区老旧平房多、七小门店多、私搭乱建多，这样的三多问题一直困扰着大家。但如今，人们看到的却是另一番景象，这和社区的居民参与、社会自治模式分不开。

首先，在统一拆违的过程中，让居民自愿参与进来。北顺社区老旧平房居民家里的居住面积都不算大，在院里搭个小厨房、小煤棚也是常事，图的是个方便。可方便的同时，不仅造成了安全隐患，也影响了社区内的环境。要想从根儿上解决此类问题，就得让居民从思想上转变。于是，让居民"自我教育、自我管理、自我服务"真正参与到社区建设中，可以很好地解决这一难题。在拆除违建前，社区班子成员不止一次到居民家中进行民意调查，社区党委和居委会多次召开党员大会和居民代表大会，听取民声，收集居民的意见和建议。在综合这些意见后，社区以环境整治为切入点，调动起居民对社区建设的积极性，为"社会参与，居民自治"的社区管理模式打下基础。街道绿化队边拆除边清理，保证了胡同里的环境卫生。面对原先的垃圾死角，城管科出动了多辆垃圾车逐个清扫，20多车垃圾运走后，胡同里的卫生情况得到了极大改善，整洁的环境让居民们真正体会到了身边的点滴变化。

其次，尊重不同人群的意见，吸引群众参与社区活动。作为包含了胡同、楼宇、老旧平房、花鸟鱼虫市场等多种元素的综合型社区，北顺社区的居民自治从来不搞"一刀切"。例如，北顺社区还有几座六七十年代的老式简易楼，住在这里的老居民大多已经搬走，搬来的都是务工人员。社区里的这些环境差、格局不好的老楼，是不折不扣的混合居住区。在这里开展工作，更需要因人而异。2014年党的群众路线教育实践活动期间，社区党委广泛征求意见，半年里，社区党委把社区的几座年代久远的简易楼房当成了重点照顾对象，挨家挨户地征询意见，还将住在这里的居民按照户籍、工作、收入等情况分门别类，将得到的意见也分类记录。根据社区居民、外来人口的不同需求，开展有针对性的工作，让居民参与社区的各项活动。随着社区党员们开展的活动越来越多，骨干们的心气儿越来越高，参加的居民也就越来越多。居民们除了一起搞卫生、巡逻值班，一些志同道合的人还组成了朗诵、舞蹈等团队，每年为居民演出。几年的积累，让社区居民拧成了一股绳。如今，北顺社区面貌焕然一新，再也不是西城区脏乱差的代表。

四　构建多元主体社会动员机制

西城区建立了社区社会组织培育机制、资源共享机制和民主协商机制，极大地提高了社区自我服务、自我管理的能力。但是，部分社区仍然存在着社会力量动员不足、难以满足群众多重需要的问题。对此，西城区以展览路街道为试点，按照"依靠多种力量，整合多方资源，开展多元服务，满足多重需求"的工作思路，构建全社会动员机制，激励多元主体服务民生，构建全响应的社会治理格局。

（一）四大平台畅通行政动员机制

一是以统筹发展为纽带，建立"协同平台"。按照"街道牵头搭平台、职能部门各司其职"的思路，以街道全响应指挥中心为依托，努力形成各级各司其职，条块各尽其职、密切配合，上下口径一致、问题及时反馈、高效推进工作的行政动员新局面。自2005年起，展览路街道结合区域人流密集、隐患众多等问题，在"融合资源、运用市场、社会参与、抓好示范"的工作思路指引下，街道确定了"人人参与、共享安全"的工作目标，按照"五有一参与"准则，由街道牵线，包括政府机关、社会单位、企业居民的多方参与，针对地区"一老一小"两个高风险群体初步形成的特点，开展了"老年人居家安全""幼儿园儿童安全""无障碍设施改造"等项目；针对地区汇集了22个大中型商品批发市场、瞬间人流可达7万—10万人次、消防隐患大这一特点，开展了"市场消防安全""地区应急预案""安全社区教育基地"等项目；针对地区内北京动物园等高密度人流聚集的公共区域开展"人流监测""公共区域三级导向"等项目。各项目小组结合不同的业务领域开展各大型调查4项，发放问卷约7万份；开展干预项目及各类应急演习36项，惠及地区群众13万余人次；发放各种宣传品5万余份，组织开展各种培训活动1000余次，有效地增强了地区的安全防范能力，提高了居民的安全意识。

二是以区域化党建为龙头，搭建"协调平台"。发挥街道党建协调委员会、社会领域党建协调委员会及社区分会的作用，进一步完善"社区大党委工作平台"建设协调整合辖区各种党建资源，实现地区单位优势互补、资源共享，强化联动、共享功能，形成工作合力，构筑区域性、社会性大党建工作格局。街道在五栋大楼率先建立商务楼宇工作站暨非公企业党群服务中心，以缤纷多彩的活动为载体，以企业互联为目标，以规范化建设为抓手，努力提升对大厦入驻企业、经营者和党员及普通员工的服务质量。仅向小微企业提供活动场所和会议室一项就为70余家企业节约了20余万元的经营成本，使公共资源得到了充分的利用，实现了较好的社会效益。

三是以响应民需为导向，建立"惠民平台"。街道从"身边事不出网格，小事不出社区"入手，一方面，组织引导全体社工争当社情民意的活字典，所服务居民的窗口前移至142个网格中，统一推行"一岗多责"的全科服务、"7×12小时"的延时服务和"特殊人群上门受理"的预约服务，实现了由"轮流值守"向"专人受理"转变，由"坐等服务"向"主动服务"转变，由"单一服务"向"综合服务"转变，全年收集到民情建议2915条，为居民代理代办服务事项3600多次，延时服务4900多个小时；另一方面，按照《北京市社区基本公共服务指导目录》公布的10大类60项基本服务，组织动员公安、工商、城管、市政、社保和水电暖等公共服务部门将服务下沉到社区，并细化为公共、公益、便民三大类128类具体服务项目，切实让居民感到便捷、安全。

四是以驻区共建为基础，搭建"共享平台"。街道将地区居民需求与辖区单位的职能及特点相结合，通过设立资源共享奖励经费和建立跨行业、跨部门的资源分享联席会，搭建驻区单位共驻共建平台，不仅促进了驻区单位之间的互动、沟通，更增强了驻区单位参与社会动员的积极性，增进了驻区单位与社区居民间的感情。据统计，在科普教育资源丰富的展览路地区，共有国家级科普教育基地6家及中小学校14个。为此街道牵头成立了展览路地区科教工作联席会，与区域的科普场馆开展"建馆在社区、服务社区人"的联动项目，地区居民可以凭身份证优惠参观签约场馆，社区各类团队可以预约使用学校操场、图书馆及场地，有效解决了周边社区资源匮乏等难题。

（二）"三化"措施拓宽市场动员渠道

一是项目推动化，引导社区公益服务规范。按照"社区所需、志愿者所能"的原则，将240支社会组织团队按照活动性质分为社区服务、社区治安民调、医疗计生、文体科教、环境物业和共建发展 6 类，将其负责人、活动范围等情况向居民公示。同时，发挥社区公益金和街道专项支持经费的作用，规定社区公益的 30% 必须向社会组织公开招募，重点对党员先锋队、楼门院长队伍、环境保护协会、青少年教育协会、为老服务团队、爱狗自律协会等社会组织进行重点扶持，以文明城区创建为契机，依靠楼门院长队伍、垃圾分类志愿者等力量，组建市民劝导队，对于公交车站、社区广场、街心花园、楼门院等公共场所中不文明现象开展宣传和劝导活动，充分发挥市民劝导队的善民作用，劝导队用"劝"将"自发"行为变为"自觉"行为，用"导"让"被动"接受变"主动"接纳，用"队"让"活动"定期变"常态"定格。引导人们从自身做起，聚集共同的目标，为建设和谐宜居的展览路贡献自己的力量。

二是社会化运作，实现政社优势互补。近年来，居民对服务的需求越来越细，越来越具体，但相比之下，展览路街道能够提供的服务，不仅项目无法满足，质量也不十分满意。从居民的角度来看，由于服务缺乏、缺位所导致的幸福指数不高等情况在生活中还很多，事难办、门难进、多跑路的现象还没有得到根治；从政府角度看，能力的有限与需求的无限，形成一个几乎无解的难题，社会管理已不可能完全由政府包办，而需要社会协同、多元参与，发挥各类社会组织的作用。街道通过项目购买、项目补贴、项目奖励等方式，从社区服务领域入手，组织购买专业团队、社会组织提供的服务，从原先的"购买项目"向"购买岗位"转变，更有效更直接地解决目前社区服务存在的"自治能力不强""行政化严重""工作效率不高"等问题。具体来说，就是将社区文化服务交由社会组织承接，实现社区各类活动场"活"起来；并适时在社区服务站运作方式上引入专业社会组织，通过"养项目不养人"的方式，探索社区服务改革。

三是规范化管理，引导市场自律发展。以"一刻钟社区服务圈"为载体，向全体居民公布餐饮、住宿、医疗等八大类 1420 个服务资源的基础信息，并据此建立资源台账，形成展览路街道"1＋1＋21＋X"的社区服务资源系统。"1＋1＋21＋X"即 1 张街道级社区资源服务图，1 本一刻钟社区服务手册，21 张社区服务资源地图，X 张银行卡。通过筛选优质服务资源，将服务质量达到标准的 50 家服务资源纳入街道与社区两级社区服务圈中，探索实施"身边放心店"行业自律协作模式，组织居民为身边的"小服务商、小门店"打分评级，促进其在改善城市管理、服务居民生活方面发挥积极作用。

（三）两个提升营造社区动员共治氛围

一是以认同为归依，提升参与意识。精神层面的认同是凝心聚力的关键，多年来街道持续开展"和谐社区、百姓评说"活动，收集居民、驻区单位各类需求，在地区弘扬"众手同心、愈展愈盛"和"邻里相亲、守望相助"的理念，使之成为地区全体成员共同的价值追求和行为自觉，为集中民智解决问题奠定基础。如在百万庄棚改项目中，社区党委联合辖区单位党组织、党员志愿者联合组建了应急动员巡逻队，在项目开发公司设立的30多个咨询点往返巡逻，掌握居民思想动态，制止私搭乱建，调节家庭纠纷，并以社区党员的名义向全体居民发出"不做钉子户"的倡议，在社区中传播了浓浓的正能量。

二是以民智为依托，提升参与能力。首先，鼓励和引导居民成立楼院自我服务组织，通过社区"领袖"、热心居民、整合社会资源，整治楼门环境，丰富楼门文化，规范楼门管理。仅解决老旧小区停车难问题，就总结出"停车自管""配锁共管""错时停车"等多种形式。其次，探索建立社区事务民主管理提案制，鼓励居民全程参与问题的协调解决。依托"阳光会商室""畅谈舒心社"等平台，成立由社区党员代表、居民代表等组成的社区事务民主管理提案小组，小组成员对社区5人以上居民提出的问题经过摸底、审核后上报提案小组，同时启动"四级预案制"，组织相关人员对提案进行会商，能及时协调解决的，面对面协调解决；不能及时解决或超出居民自治范围的问题，将提案上报街道"访民情、听民意、解民难"工作领导小组办公室，经分析研究后，转至责任科室进行办法；涉及市、区级层面的，通过街道社情民意督办单提交至区社会建设"全响应"工作联席会协调解决，并将办理进展告知提案人，确保提案工作"事事有着落，件件有回应"。

第三节　西城区全响应社会治理创新与社会协同的经验总结

西城区的社会组织参与和民众参与在社会治理中发挥了越来越重要

的作用。这中间有很多东西值得我们去思考和总结，以期从中梳理出社会组织发展及其参与社会治理的思路与趋势，为我国社会治理结构转型提供经验与借鉴。

一　牢固树立多元参与的社会治理理念

随着我国改革开放的深入和发展，旧的管理体制和格局已经不能适用新的市场经济体制。面对改革开放所带来的社会转型，使以往政府包揽一切的旧体制面临前所未有的挑战，政府对社会事务的过多管控不仅使政府不堪重负，难以应对各种社会问题，还使本应在社会事务中发挥更多作用的社会力量长期处于受压制状态，难以提高社会的自治能力。一个社会力量难以得到发展的社会和一个不堪重负的政府，是不能担负起社会转型时期越来越繁多的社会管理任务的。可以说，西城区较早体会到了社会转型时期政府管理与社会自治的迫切性和重要性，也较早重视社会组织和公众力量在社会建设中的重要作用。西城区委、区政府高度重视社区社会组织的发展，以积极、务实的态度鼓励民间社会组织发展壮大；而西城区民间组织管理部门（民政局、科协等）也积极地培育和监督社区社会组织，为其健康发展出台政策文件，提供各种专项支持。社会治理需要政府与社会的良性互动，需要政府与社会的协同与合作，正是这样的意识和理念，成为推动西城区社区社会组织发展的重要思想认识基础。

当前我国社会力量的发展还处于初级阶段，社会转型的加快和政府管理方式的变革将对民间力量的发展提出更高的要求。党的十八大提出的建构"党委领导、政府负责、社会协同、公众参与"的社会治理新体制的要求，既是我国社会管理创新的长期任务，也是我国社会治理方式转型的实践总结和深化社会管理体制改革的现实目标。实际上，西城区在社会管理方面已经开始实践"党委领导、政府负责、社会协同、公众参与"的方针，极大地提高了西城区社区自治能力。今后，西城区需要更加深刻地领会、贯彻这一方针，在社会治理中，只有坚定党的领导，让政府更加负责，让社会力量有更好的发展和更多地参与，我们才能突破传统体制的束缚，形成现代社会的新型社会治理格局。而要做到这一点，需要我们用改革与发展的战略眼光来审视社会力量的发展，将社会力量的发展放到由社会管理转变到社会治理的大局上来加以理解和把握。

二　健全社会治理主体互联互动机制

一是建立健全社区志愿者与工作者的互联、互动机制，发挥各自优势和协同作用，激发社区居民和社会公众参与社会治理的动力，形成工作者带领志愿者共同开展服务、服务受益者和公众支持参与服务的互动机制。例如，西城区大栅栏街道某社区流动人口子女多，放学后孩子普遍无人看管，容易产生安全隐患。对此，大栅栏街道采取"专业社工＋志愿者"的团队服务模式，与来自五所高校的青年志愿组织承接分项活动，打造出"成长加油站"青少年拓展项目，开设有国学童谣课堂、科普实验课堂、青少年成长小组、快乐小陶子等社区夏令营活动，并以安全知识小课堂的形式向孩子们普及消防、用电等安全知识，通过对孩子的教育来带动流动人口家庭安全的提升。

二是充分发挥社区社会组织的作用，健全社会组织与社区的互动机制，在党和政府的引导下，搭建社区居民、社区与社会组织互动平台，形成以社区为纽带、社会组织为载体、社会工作者为骨干、志愿者积极协同、社区居民广泛参与的社会服务管理联动局面。例如，广外街道红莲中里社区为了更好地处理好社区、社会组织、社会工作者和社区志愿者四者之间的关系，创新了"四社联动"的工作方法，即将原来的楼管会改为"睦邻坊"，通过建立以楼为单位的志愿小组，将各类专业技能人才、热心志愿者组织起来，从主动敲门打招呼，互留联系方式，遇到谁家有困难就搭把手开始，逐渐获得了全体社区居民的认可，吸引了全体社区居民参与，建立了邻里之间彼此认识、彼此关心、彼此帮助的良好关系，实现了社区的自我管理、自我服务和自我化解矛盾纠纷。

三　厘清社会组织的发展目标

西城区引导社区社会组织和各种社会力量参与社会治理的一条重要经验是，政府一定要厘清思路，在充分调研的基础上明确社会组织的发展目标和社会治理的发展方向。西城区政府建立了针对社区社会组织的调研机制，经常对社区社会组织和各种社会力量进行调研，形成一系列调研报告，涉及慈善事业、社区社会组织、慈善基金会、行业协会等方方面面，清晰地掌握了西城区社区社会组织的发展情况，及时了解了社会组织发展中遇到的问题并提出了解决方案，把握住了社区社会组织发展对西城区经济社会发展形成影响的大局，厘清了发展思路，并为西城区出台有关社会组织发展的政府文件提供建议。总之，通过对社区社会组织的一系列调研活动，西城区政府厘清了发展的思路，明确了发展目标，形成了西城区社会组织整体规划蓝图。在改革开放40年的社会转型时期，中国社会的改革和发展需要政府主导，这就需要政府积极主动、深入调研、厘清思路、明确目标、强化规划，从而发挥更重要的作用。这不仅是社区社会组织发展的一条经验，也是其他领域改革与发展的一条共同经验。

四　加大对社会组织的扶持力度

为了适应社会转型时期的新要求，促进社会民间力量的发展是一个必然趋势。但是，我国社会组织的发展起步较晚，民间社会组织的培育必将经历一个从无到有、从弱到强的历史过程，并且，这一过程实际上将要贯穿我国现代社会发展成型的始终。在这一前提之下，对社会组织的培育和发展，既要有整体规划，也要突出重点。多年来，西城区注重培育、孵化社会组织。目前，西城区各类社会组织3000余家，国家级社会团体402个，市级社会团体202个，五年来累计投入了7500万元，支持了325个服务项目。通过举办"爱在西城"公益文化节，推介了一批公益服务项目，树立了一批公益榜样，搭建了社会组织对接民生需求的平台。并且，西城区积极建立孵化楼宇，为社会组织提供活动场所，例如，广内街道专门建立了三层600平方米的社会组织孵化楼，专门为各类社会组织提供活动场地，而且为他们量身定制管理、培育方案；月坛街道建立了1600平方米的原社会组织服务楼，专门用于社会组织的培育、扶持和发展；德胜街道也探索成立社区建设促进中心，搭建起重点针对375家各类社会组织的社会建设促进机构。并且，西城区结合政府职能转变深化与提高社会自治能力现实需要，出台了有关社会组织、政府机关服务、行业协调的一系列文件，并坚决积极推进落实。总结西城区社区社会组织的发展经验，西城区对民间组织的发展发挥出重要的促进作用的原因是，政府始终着眼于改革和发展的大局，将社会组织的发展与改革发展的大局紧密联系，使之服务、服从于改革发展的大局。以此为基础，西城区政府确定不同阶段社会组织的发展重点，并对拟重点发展的民间组织加大政策扶持力度，以此引导和促进社会组织的发展，使之与党委政府的改革大局和中心工作结合起来。

五　创新社会组织服务管理制度

由于我国社会组织发展起步较晚，有关社会组织的管理制度和法律文件也处在逐步建立和不断完善之中。自改革开放以来，与社会组织相关的全国性政策、法规、文件一直处在动态发展之中。不同的社会发展阶段具有不同的特点，针对这些特点需要制定不同的政策法规和管理制度，可以说政策创新与立法建设是引导社会组织健康发展的一条重要主线。但是，全国性的管理制度和政策法规由于面向全国而具有普适性，有时不能兼顾不同地区的特殊性情况或要求，因此不同地区还需要根据本地的一些特殊情况，在不与全国性的管理制度与政策法规相冲突的前提下，制定与本地实际情况相适应的地方性法规或管理制度，以弥补全国性政策法规和管理制度的不足。西城区政府在支持和引导社会组织发展过程中，积极制定有利于社会组织和社会事业发展的政策文件，不断创新管理体制，并通过建立试点、总结经验、逐步推广的方式，使西城区有关社会组织发展的政策法规得以不断完善，有效弥补了全国性管理制度和政策法规的局限性。

第 九 章

西城区全响应社会治理创新的技术支撑

伴随着云计算、物联网、移动互联网等信息技术的发展，社会民众以自觉或不自觉的状态融入了数据制造或者数据使用的队伍中，数据信息得到了爆炸式增长，整个世界进入了全新的大数据时代。习近平总书记在中央网络安全和信息化领导小组会议上指出："信息资源日益成为重要生产要素和社会财富，信息掌握的多寡成为国家软实力和竞争力的重要标志。"① 大数据（big data）正是这样的一种新型信息资源。所谓"大数据"是指"对大量结构化和非结构化的数据进行分析处理，从中获得新的价值，具有数据量大、数据类型多、处理要求快等特点，需要用到大量的存储设备和计算资源"②。大数据是无法在一定时间范围内用常规软件工具进行捕捉、管理和处理的数据集合，是"需要新处理模式才能具有更强的决策力、洞察发现力和流程优化能力的海量、高增长率和多样化的信息资产"③，它具有规模性、多样性、实时性、价值性等多重属性，可以广泛地应用于经济、社会、工业、文化、生态、军事、外交、交通、金融、科研等各个领域。大数据技术的广泛应用势必极大地改变人类社会的面貌，给人类社会的生产生活带来深刻的不可估量的影响。通过现代 IT 技术，提供智能运算、可靠传递、全面感知，再加上海量的资料分析、多样化的无线资料通信和感应器海量采集，就可以方便地应用于各个领域，提供各种各样的智能化服务。据媒体报道，正是依靠几

---

① 习近平：《习近平九论互联网》，载《中国经济网》2015 年 10 月 13 日。
② 杨正洪：《智慧城市：大数据、物联网和云计算之应用》，清华大学出版社 2014 年版，第 13 页。
③ 参见百度百科，中国大数据，访问时间：2016 年 2 月 2 日。

千名数据分析员长达 10 年的对海量信息的分析，美军海豹突击队才得以发现拉登的藏身之处并一举将其击毙。制造纽约"9·11"恐怖袭击多年后从世人目光中已经消失得"无影无踪无形"的恐怖大亨拉登在现代大数据分析面前仅仅由于露出了微小的"破绽"就付出了生命的代价，大数据的威力由此可见一斑。

有人指出，"这是一场大数据革命，我们需要全新的大数据基础设施、大数据分析体系、大数据思考方式，在一个全新的大数据生态系统中，个人的思维方式、企业的创新、国家的治理、国家之间的博弈方式，都将发生系统性改变"①。西城区多年以来一直注重大数据在城市社会治理中的应用，其建立的全响应社会治理模式便是大数据在社会治理中运用的典范。本章首先简要概括大数据的概念和特征，其次探讨西城区全响应社会治理创新的大数据架构，最后对西城区全响应社会治理创新的大数据应用进行分析以及提出一些展望。

第一节　大数据与西城区全响应社会治理创新

一　"大数据"概念及其基本特征

"大数据"这一概念最早出现在 20 世纪 80 年代美国著名学者阿尔文·托夫勒在其著作《第三次浪潮》一书中，托夫勒指出，大数据将在"第三次浪潮"中发挥重大作用，② 但受限于当时的信息技术条件，这种局面直至 21 世纪第一个十年的末期才逐渐出现。

随着移动互联网、物联网、Web2.0、海量数据并行处理以及 MapReduce 等技术的兴起与发展，采集、处理和分析海量数据已经成为可能。但是，对大数据进行采集和分析的设想其实并非源于实体企业，而是来自全球知名管理咨询公司麦肯锡。该公司发现各种网络平台所记录的个人海量信息具备潜在的巨大商业价值，并在 2011 年 5 月发表的研究报告中指出：大数据将成为重要的生产因素渗透到人类从事的每一个行业和

---

① 本书编写组：《大数据领导干部读本》，人民出版社 2015 年版，第 3 页。
② ［美］阿尔文·托夫勒：《第三次浪潮》，生活·读书·新知三联书店 1984 年版。

业务职能领域，对大数据的运用将带来生产率的巨大增长①。这份报告首先受到金融界的高度关注，继而影响到 IT 巨头，之后才引起很多大型实体企业的重视，"大数据"这一概念以相对清晰的面目逐渐浮现出来。

随着技术的不断发展，判定大数据的标准会逐渐提高，而且不同的行业也会有变化。所以，到目前为止，"大数据"还不是一个科学严谨的概念，它只是描述了当下数据信息巨大增长的这种现象。正如信息领域大多数新兴概念一样，早期很难达成共识并形成一个确切一致的定义。目前提出"大数据"这一新概念，是因为已有概念只关注于数据规模本身，未能充分反映数据爆炸大背景下，各行业领域对海量数据进行快速深入的分析和挖掘，并提供不断创新的高质量增值服务的迫切现实需要。这就是"大数据"概念一经提出就能获得社会的普遍认同，并迅速成为发展热点和趋势的原因。其实，在面对实际问题时，不必过分拘泥于定义的具体字眼，关键是要把握住"大数据"的基本特征，这样才能真正理解这一概念的精髓。

当前，业界较为统一的认识是"大数据"具有四个基本特征：大量、多样、时效、价值。这四大特征使"大数据"的提法和之前提到的"海量数据""超大规模数据"等概念有所区别。"海量数据""超大规模数据"的提法等只强调数据规模，而大数据不仅用来描述大量的数据，还具有类型多样、速度极快、价值巨大等特征，以及通过数据分析、挖掘等专业处理提供不断创新的应用服务并创造价值的能力②。一般来说，超大规模数据是指 GB 级的数据，海量数据是指 TB 级的数据，而大数据则是指 PB 及其以上的数据。

（一）大量：规模巨大

"数据规模巨大"是大数据的最基本特征，数据量一般要达到 PB 及以上才能称为大数据。导致近年来数据规模激增的因素有很多，但归纳起来，主要有三方面原因：

1. 随着通信和移动网络的应用普及，个体、组织和机构等各类主体

---

① 单祥茹：《大数据概念炙手可热商业价值有待市场考验》，载《中国电子商情·基础电子》2013 年第 3 期。

② 叶磊：《大数据综述》，载《商情》2014 年第 46 期。

获得和共享数据信息的方式日益方便，主体对移动终端的使用本身就在随时制造形式多样、规模庞大的数据形式。

2. 随着数据获取方式便捷度的提升，以及三维扫描设备和以 Kinect 为代表的动作捕捉设备的普及，数据的描述能力不断增强，获取的数据越来越接近原始事物本身，而数据量也以几何级数增长。

3. 信息技术的巨大提升也带来了人们对数据使用理念的变化。以前人们一般通过采样的方法，以科学的设计，通过抽样的方式以典型样本来近似地描述事物的一般，样本的大小取决于可用资源的多少。但近年来，随着信息技术的高速发展，人们能够选取的样本数量愈益庞大，已经能够逐步靠近所关注对象的总量。而且，在某些应用领域，为了不丢失大量重要细节，放弃采样，直接获取和处理原始数据，从而导致了数据规模的快速膨胀。

（二）多样：类型多样

大数据的数据类型复杂多样，通常可分为三类：结构化数据、半结构化数据和非结构化数据。

结构化数据是指属性固定并能严格用二维表刻画的数据，一般存放在关系数据库中。它的每个属性一般不能进一步分解，具有明确的定义。例如，超市的商品可以被表示成商品名称、商品价格、商品产地、保质期。半结构化数据就是介于完全结构化数据（如关系数据库中的数据）和完全无结构数据（如图像、声音文件等）之间的数据。它一般是自描述的，数据的结构和内容混合在一起，没有明显的区分。HTML、XML 文档就是典型的半结构化数据。相对于结构化数据和半结构化数据而言，不方便用二维表或自描述语言来表现的数据统称为非结构化数据。它本质上是异构和可变的，可同时具有多种格式，主要包括办公文档、网页、微博、电子邮件、地理定位数据、网络日志、图像、音频和视频等。

目前，人们通过移动终端使用的数据大部分是非结构化数据。通过移动终端，人们不只是浏览信息，还会通过发微博和微信、上传和下载照片与视频等方式制造数据。这些形式多样、结构复杂的半结构数据已成为大数据的重要组成部分。

（三）时效：生成和处理速度极快

在移动互联网、电子商务、物联网高速发展的今天，数据的采集和传输变得如此便捷，以至于网络中产生了大规模的传统软件无法实时处理的数据流。注意，该数据流不是 TB 级的，而是 PB 级的，将来还可能是 ZB 级甚至更高，而且其价值会随着时间的推移而迅速降低。

（四）价值：价值巨大但密度很低

大数据之所以成为当前的热点和发展趋势，就在于其中蕴含着巨大的商业和社会价值。通过对大数据的分析和挖掘，能够提供以决策支持、知识发现为代表的不断创新的高质量增值服务，发现新的收入增长点，并为核心业务创造直接的价值。

大数据虽然是无价之宝，但由于规模巨大，而且绝大部分是非结构化和半结构化数据，所以其中的有价值数据就像散落在广袤沙滩中的金沙一样，分布广泛而分散。换句话说，大数据中有价值数据所占比重（即价值密度）是很低的。随着数据规模的不断增长，非结构化数据所占比重必将越来越高，而大数据的价值密度会越来越低，即大数据价值密度的高低与数据总量的大小成反比。

大数据产生之后首先应用于经济领域，如非常著名的谷歌流感指数，便是用于药品销售的预测中。后来，人们发现，大数据不仅有经济价值，而且还有重大的社会价值，如果使用得当，大数据技术在社会治理当中能够发挥重大作用，促进社会治理方式的转型。那么大数据是怎么与社会治理进行结合的？又有哪些机遇和挑战呢？

二　大数据带给社会治理创新的机遇

创新社会治理体制是党的十八届三中全会作出的一个重大部署，创新社会治理体制也是推进国家治理能力和治理体系现代化的必然要求。创新社会治理体制在客观上要求现代信息技术在社会治理中的推广应用。由于大数据具有规模性、多样性、实时性、价值性等多重属性，可以广泛地应用于经济、社会、工业、文化、生态、军事、外交、交通、金融、科研等各个领域。现代社会治理由于服务供需双方的数量多、运行复杂、变化多样，对大数据的应用有着强烈的偏好。因此，大数据将在社会治理体制创新上带来不可估量的影响。总体上，大数据时代社会治理创新面临的机遇主要体现在以下三个方面：

（一）大数据推进社会治理主体走向协调合作

当前，我国的社会治理体制存在一系列的问题，具体表现为：承担社会治理职能的各政府部门各自为政，协同性不足，同时不同部门的职能之间存在交叉和重叠，"信息孤岛"和"信息打架"现象并存。这种碎片化的社会治理体制使我国的社会治理陷入高成本、低效率的困境①。大数据时代的到来给社会治理碎片化的局面带来了转机，社会治理大数据为构建整体性的社会治理格局提供了最基本的数据基础。首先大数据提供给各部门共享信息的一个基础和桥梁，并且在这个基础上可以采用更加统一整体的制度进行协同合作，从而实现社会治理由碎片化到整体化或者一体化的转变。

（二）社会治理方法"证据为本"的转变

大数据时代，社会治理大数据的价值在于提高社会治理决策的科学化与社会治理过程的精细化。大数据是一个整体性数据，相对来说，能够反映各个地区各个阶层各个群体的情况，而且是非常直观的数据化呈现，为管理者进行决策提供了数据支持。当然决策方式的改变不是一朝一夕的事情，各社会治理主体须对原有的社会治理方法进行根本性的变革，着力培养大数据意识，促进相关数据的完全共享，更多地依赖具体数据进行决策，实现从以有限个案为基础向"用数据说话"的证据为本转变。

（三）社会治理模式动态治理的转变

长期以来，我国社会治理的目标被设定为维持社会稳定，而基于这一目标所开展的社会治理实践是一种静态治理的社会治理模式。改革开放40年来，随着不同社会阶层之间的社会流动性不断增强，社会发展和变迁的速度不断加快，原有的静态社会治理模式已经不能适应经济社会发展的需要，急需以动态治理的社会治理模式取而代之。实现从静态治理到动态治理的转变，已经成为当前我国社会治理体制创新的重要内

---

① 李巧霞：《城乡基层社会治理碎片化问题与对策研究——以整体性治理理论为分析工具》，博士学位论文，华中师范大学，2015年。

容①。在大数据时代，突飞猛进的大数据技术为及时、全面地掌握社会治理相关数据的变动情况和变动趋势提供了技术支撑。对于承担社会治理职责的各个社会主体而言，及时、全面地掌握社会治理相关数据的变动情况和变动趋势，对实现从静态社会治理模式向动态社会治理模式的转变具有非常重要的意义②。

第二节　西城区全响应社会治理系统的大数据架构

数据库架构是大数据应用的核心，所谓的大数据就是建立在各种各样的数据库基础上的。西城区全响应社会治理体系通过建立西城区统一的社会服务管理数据库，各街道虚拟数据库和以网格化为载体的区、街居二级联动平台，实现区、街通过区街两级指挥中心上下联动和区街居各级平台的横向协同，实现不同层级服务中心、服务管理机构和部门之间网络互联互通，全面支撑全响应社会治理业务的稳步开展。与此同时，西城区加快推进基础信息资源的开发利用，加强立体交叉数据中心建设，为全响应社会治理工作提供基础支撑；通过深度挖掘社会管理和基本公共服务信息资源应用价值，充分发挥公益性信息服务的作用。数据库方面的建设促进了西城区信息资源开发利用有序、快速、协调发展，同时为社会治理提供了保障。

一　西城区全响应社会治理数据库的建设原则

信息资源平台建设是一个系统工程。资源的整合一方面能够使用户方便而快捷地享用信息资源，通过数据库向大众提供有效的集成化社会服务。另一方面，对于用户而言，通过数据平台提供的集成服务能够满足大众对所需数据的全程服务。要实现以上功能，使信息资源整合达到最优状态，离不开理论的指导，西城区为确保全响应系统信息平台的有效运转及功能实现，在数据库的建设与更新维护中应遵循以下基本原则。

---

① 邵光学、刘娟：《从"社会管理"到"社会治理"》，载《学术论坛》2014年第2期。
② 潘华：《大数据时代社会治理创新对策》，载《宏观经济管理》2014年第11期。

（一）科学性原则

科学性原则主要是指对信息资源的选择要科学。在具体实施过程中，信息资源整合不是将各个部门的信息资源进行简单的堆砌，而是要针对不同种类信息资源的特殊性，在各类资源间建立多样化的关联，采取切实可行的步骤和方法将不同信息资源整合为一个科学有序的实体，使有限的资源能够产出最大的信息量和知识，并提供有效应用。全响应数据协同库科学汇集了人、地、事、物、情、组织等民政、人力社保、计生、流管、城指中心、残联、妇联、住房保障、工会、城建等多个部门的可用信息，为城市决策和业务服务提供大量的信息支持。

（二）标准化原则

全响应系统信息平台的原始数据库系统是由公安、民政、人力社保、流管、城指中心、工商、房管、城建等各领域各部门的信息系统等整合组成。由于各部门间数据缺乏统一的管理，重复现象严重，因此数据整合中在共享与关联方面就出现较多障碍。要实现这些数据、信息和系统的整合，系统和处理方式的标准化是基础。西城区全响应系统建设着力建立健全标准规范，从网格化技术标准规范、网格化综合管理规范上着手建立，制定了描述网格化社会服务管理信息化建设中人、地、物、组织的组成与分类、指标构成、数据类型、数据长度、计量单位、指标说明，规定了网格化社会服务管理图层数据的图式图例符号设计，规范了数据结构，以保证信息资源的共建共享。

（三）针对性原则

信息资源整合的目的是能更好地为部门用户提供服务。这样，在数据资源整合时要充分考虑用户需求的多样化和特殊性，使整合的资源能够通过具体服务单位以面向用户为中心进行重组，提供如信息推送、数据挖掘、智能服务等服务，形成以用户为导向的资源整合与集成服务机制。例如，为强化全区为老服务工作，西城区通过构建为老服务专题库，建立全区老年群体的信息管理体系，为民政部门、慈善机构、为老服务企业组织等开展为老服务提供丰富的数据共享服务，为各类社会组织提供入户式的居家养老服务创造必要的条件。通过开展老年群体数据的智能分析，为决策机构掌握老年群体的动态变化趋势，完善、优化相关的为老服务政策，制定更为人性化的主动服务措施提供依据。西城区同时研究制定了全响应社会治理公共信息共享机制,确定信息共享方式、信息服务提供方式、信息接入方式等相关制度和标准。

（四）动态性原则

动态性原则同样是为了适应数据用户对信息数据不断变化的需求而提出的。实现动态性原则的首要条件是数据库的设置及功能模块要具有可扩展性,能够增加动态数据以满足不同的需求。为此,西城区制定了数据中心数据维护更新机制,通过制定中心数据组织与存储管理策略、中心数据运行与维护管理策略和中心数据共享与交换管理规范和办法来保障数据系统的开放性与动态性。

二 西城区全响应社会治理数据库的平台框架

自2013年起,西城区进一步挖掘海量政务信息资源价值,促进资源共享和开发利用,在整合分散多个部门、多个空间的异构信息资源并加以科学的组织与管理的基础上,汇集人、地、事、物、情、组织等民政、人力社保、计生、流管、城指中心、残联、妇联、住房保障、工会、城建等各个部门的可用信息,逐步建成包含四大基础数据库和多个专题数据库的全响应数据协同库,为党委政府运用大数据技术进行数据分析和挖掘工作,制定决策和业务服务提供大量的信息支持。

（一）人员数据库

人员即实有人口,是指实际生活、居住、工作在一定区域内的人口。全响应系统的人员数据库包括基础数据库和特殊人员数据库。

1. 基础数据库

基础数据库即关于实有人口的全员数据库,一般包括户籍人口、流动人口和散居社会境外人员等全部实际常住人口的信息。户籍人口,是指公民在经常居住的地方,由公安派出所依法注册登记户籍的人口。流动人口是指本市行政区域内无本市常住户口,从其他省、自治区、直辖市来京暂住的人员。散居社会境外人员是指在中国居民家中住宿、在中国的外国机构内或外国人家中住宿、长期居留的离开自己的住所临时在其他地方住宿、在移动性住宿工具内临时住宿的境外人员。

2. 特殊人员数据库

特殊人员是指根据社会管理服务的需要,将其中需要重点关注的人群又细分为重点监控人群和重点服务人群两大类。

重点监控人群包括刑释解教重点人员、社区服刑人员、吸毒重点人员、精神病重点人员、重点青少年。刑释解教重点人员是指刑满释放五年内、期满解教三年内，纳入安置帮教重点的人员。社区服刑人员是指适用管制、缓刑、暂予监外执行、假释和剥夺政治权利在社区服刑的五类人员。吸毒重点人员是指吸食或使用毒品的人员。精神病重点人员是指有严重心理障碍，认识、情感、意志、动作行为等心理活动均有持久明显异常的，存在肇事肇祸、轻微滋事及潜在危险的精神病人。重点青少年是指18周岁以下，没有固定工作和收入、没有进一步就学或失去监护的失业、失学、失管的具有北京户籍的青少年以及有不良行为、违法犯罪行为等影响社会治安嫌疑的青少年人群。

重点服务人群包括空巢老人、残疾人、低保户、城镇居民生活困难补助家庭、育龄妇女、失业人员等。空巢老人是指家庭全部人口的年龄都在60岁及以上的家庭，包括：①独居老人家庭；②夫妇都在60岁及以上的老年人家庭；③与父母或其他老年亲属同住的老年人家庭。残疾人是指在心理、生理、人体结构上，某种组织、功能丧失或者不正常，全部或者部分丧失以正常方式从事某种活动能力的人。低保户是指家庭月人均收入低于本市城镇居民最低生活保障标准的城市居民，享受城镇居民最低生活保障待遇的家庭。城镇居民生活困难补助家庭是指下列三种情形中任意一项的家庭：①无力参加社会保险、停产三个月以上，且不能足额支付职工工资、退休金和基本生活费的原劳服（联社）等小集体企业的职工；②家庭月人均收入低于本市当年最低工资标准、高于本市当年城市低保标准的，具有本市正式非农业户口，持有《中华人民共和国残疾人证》、生活不能自理的重残人；③无工作单位的原工商业者及已故原工商业者无工作的配偶。育龄妇女是指处于生育时期的妇女（一般指妇女截止统计点处于15—49周岁）。失业人员是指在劳动年龄内有劳动能力，目前无工作，并以某种方式正在寻找工作的人员。包括就业、转失业的人员和新生劳动力中未实现就业的人员。

对人员数据库的分类框架如图9-1所示。

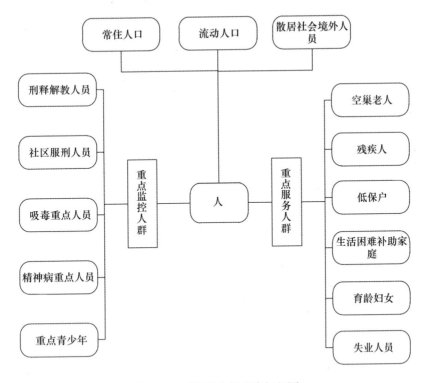

图 9 - 1　西城区人员分类框架图

（二）地点信息数据库

地点信息是指对社会服务管理区域内需要关注的重要场所、部位等地理位置的统称。地点信息分类主要有房屋住宅、重点部位、重点场所和特种行业场所四类。

1. 房屋住宅信息，包括出租房屋基本信息和公寓写字楼基本信息。出租房屋，是指房屋所有人以租（借）方式，将房屋供来京人员居住、仓储或居住与生产经营同室的房屋以及用于本市人员租住或借住的房屋。公寓写字楼，是指产权单位（或经营单位）以营利为目的，将部分楼层（区域）或房间以出租或出卖的形式，供本市、外地、外国在京的单位或个人居住、办公的场所。

2. 重点部位信息，有铁路护路基本信息，桥涵、地下通道基本信息，秩序乱点基本信息，建筑工程工地基本信息和征地拆迁地区基本信息。铁路护路，是指需要对铁路治安进行重点治理的区段。桥涵、地下通道，是指桥梁的涵洞和城市地面下修筑的供人行走的通道。秩序乱点，是指交通、市场、市容环境、治安等秩序混乱的区域。建筑工程工地，是指正在发展建筑项目，进行土木工程的地点。征地拆迁地区，是指征用土地和房屋拆迁的区域。

3. 重点场所信息，包括繁华商业场所基本信息，集贸市场基本信息，娱乐场所基本信息，公园景区基本信息，地下空间场所基本信息。繁华商业场所，是指人流量大、公众经常聚集的大型商业场所，主要包括5000平方米以上的商场、3000平方米以上的超市、2000平方米以上的餐饮场所。集贸市场，是指城乡居民聚集进行农副产品、日用消费品等现货商品交易的固定场所。公园景区，是指政府修建并经营的作为自然观赏区和供公众休息游玩的公共区域。地下空间场所，是指除中央单位、军事单位所属以外的所有人防工程、地下室、半地下室以及设备层。娱乐场所，是指以营利为目的，向公众开放，供消费者休闲娱乐的歌舞、游艺等场所。

4. 特种行业场所信息，有印刷业场所基本信息、印章业场所基本信息、机修业场所基本信息、典当业场所基本信息、拍卖业场所基本信息、废旧金属业场所基本信息和旅店业场所基本信息。其中，印刷业场所、印章业场所、机修业场所、典当业场所、拍卖业场所分别指从事印刷业、印章业、机动车修理服务经营活动、典当经营活动和拍卖活动的固定场所。废旧金属业，是指从事收购生产性废旧金属的公司、店铺等固定场所。旅店业，是指以提供住宿条件为主的经营活动的固定场所。

地点信息分类框架如图9-2所示。

（三）物件数据库

物件数据库的物件是指社会服务管理区域内需要关注的重要设施、物品等的统称，物件主要包括两类：重点设施和重要物品。

1. 重点设施信息，主要指社会服务管理区域内的供水设施基本信息、电力设施基本信息、燃气（油）设施基本信息、热力设施基本信息和通信设施基本信息。

2. 重要物品信息，包括民用爆炸物品基本信息、易燃易爆化学物品基本信息和有线电视光接点基本信息。

物件信息分类框架如图9-3所示。

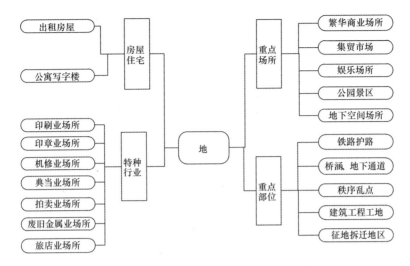

图9-2　西城区地点分类框架图

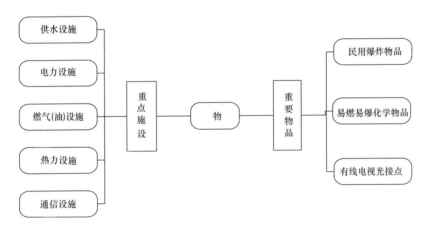

图9-3　西城区物件分类框架图

（四）组织数据库

全响应社会治理数据库中的组织是指社会服务管理区域内需要关注和利用的各类单位、团体等集体的统称。组织数据库包括机关企事业单位、基层基础组织、社区服务组织、群防群治力量和非公经济组织及社会组织的各类信息。

1. 机关企事业单位信息，包括中央机关单位基本信息、市属机关单位基本信息、区属机关单位基本信息、驻京办事处基本信息、军事单位基本信息、医疗机构基本信息、教育机构基本信息、媒体单位基本信息、金融单位基本信息、邮政单位基本信息和文物保护单位基本信息。

2. 基层基础组织信息，包括街道社保所基本信息、社区党组织基本信息、社区居委会基本信息、社区服务站基本信息和社区卫生服务站基本信息。

3. 社区服务组织信息，包括早餐店基本信息、便民菜店基本信息、再生资源回收站基本信息、家政服务中心基本信息、洗衣店基本信息、修理店基本信息、养老服务中心基本信息、文化活动场所基本信息和体育场所基本信息。

4. 群防群治力量信息，主要指社区群众力量基本信息。

5. 非公经济组织及社会组织信息，包括新经济组织基本信息、新社会组织基本信息、志愿者组织基本信息和社会工作者组织基本信息。新经济组织，是指私营企业、外商投资企业、港澳台商投资企业、股份合作企业、民营科技企业、个体工商户、混合所有制经济组织等各类非国有集体独资的经济组织。新社会组织是指在社会主义市场经济发展过程中新涌现出来的相对于政党、政府等传统组织形态之外的各类民间性的社会组织，包括中介组织、社会团体、基金会、民办非企业单位以及各类群众团队。志愿者组织是指市和区、县志愿者联合会（协会）及各类专业性志愿者协会等依法成立、专门从事志愿服务活动的非营利性社会团体。

组织信息分类框架如图 9-4 所示。

在四大基础库和部门业务库基础上，全响应社会治理信息平台还融合相关领域的专项信息资源，形成了支撑社会管理、城市管理、社会服务、行政服务、应急管理等五大业务领域信息共享、协同联动的专题数据库。专题数据库侧重于特定的业务领域，主要包含①教育资源库：整合了全区各类教育机构数据、各类教育研究机构数据、教学建筑物和教学设施数据、受教群体和教职员工数据、教育教学数据、教学讲义和视频资源以及其他教育信息资源。②文物文化库：主要存储文物古迹类、非遗文化类和新兴文化类三类数据，提供全区数据共享和数据服务。③安全生产库：主要包含安监局基础台账信息，涵盖区内 6000 多家重点企业、消防事故和预警信息类数据、特种行业、特殊行业及特许经营单

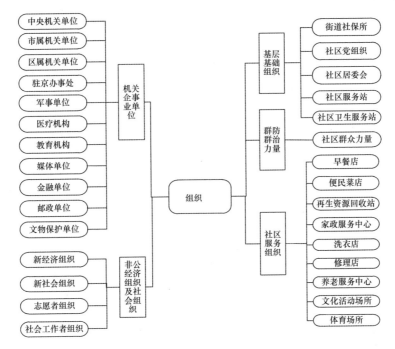

图 9-4　西城区组织分类框架图

位的信息、法人所在属地信息、地下空间数据，包括民防建筑和民用建筑、各类安检信息、重特大事故信息、执法监察信息等。④政务图层库：包含信息办、民防局、交通支队、文化委、教委、财政局、园林局、药监局、规划局、体育局、烟草专卖局、卫生局、综治办、城管监督指挥中心、司法、社工委、旅游局、安监局、科委、市政市容委、民政局、发改委、质监局、建委、统计局、应急办、房管局和街道业务图层库。

　　综合起来，全响应社会治理体系的基础数据库和专题数据库结构功能框架如图 9-5 所示。

三　整合资源完善区级全响应系统平台

　　自明确了以信息化推进社会治理体系创新以来，西城区持续推进全响应平台建设。通过推进全响应框架搭建，建设全响应区级门户并完善升级，逐步建成全响应区级协同平台，实现统筹指挥、监督评价和决策支持三大功能。同时，建成区、街两级指挥调度系统，实现事项流转、

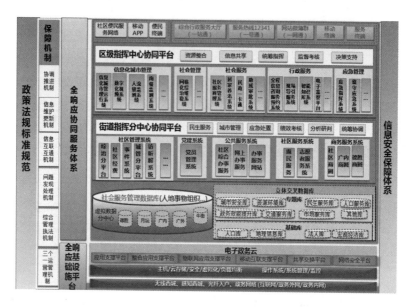

图 9 - 5　西城区全响应大数据平台结构功能框架图

事件监控、数据展示等功能；整合了城管分中心和街道指挥调度系统，实现全响应事项、城市管理案件、"访听解"、应急值守事项在街道平台的统一待办。

（一）加强系统建设，推进"五位一体"

一是完成了与区民政局、区综合行政服务中心、区城管监督指挥中心、区综治办、区应急办的数据对接，实现与 15 个街道全响应街道分平台单点登录，形成了"1 + 5 + 15"的区级平台框架。实现了 1 个区级指挥中心、15 个街道分中心、261 个社区、44 个委办局分中心之间系统的互联互通。二是完成区、街指挥调度系统的有效对接。按照"小事不出社区、大事不出街道、难事区内统筹，条块各司其职"的工作要求，在社区、街道、区级三个层次完成一个管理闭环；同时，将站、队、所纳入街道指挥调度系统流程中，基本建成两级指挥、三级平台、四级管理、逐级上报、社会参与，不同层级服务中心、服务管理机构和部门之间网络互联互通、信息共享和业务协同的四级联动运行模式。三是完成区级指挥调度系统门户建设和街道指挥调度系统门户调整。在区级层面，实现了在区级门户对街道办理事项的数据监控、GIS 展示和视频监控功能。在街道层面，实现了在街道门户辖区案件监控及 GIS 展示；整合了城市管理分中心和街道指挥调度系统，实现了全响应事项、城市管理案件、访听解、应急值守事项在街道平台的统一待办。

（二）深度整合资源，实现信息资源共享

一是汇集了多种来源信息资源，如街道全响应事项、城市管理事件、应急值守、大信访、非紧急求助、访听解、社区网上服务、随手拍、人口库、地理信息、降雨量、服务商、网格力量等，下一步将进行区市政市容委 TOCC 交通流量、积水点、安监等信息的汇总工作。二是重组信息资源，建立了城市运行管理专题、人口专题和评价专题等数据专题，实现资源深度整合、利用和挖掘分析。三是依托区共享交换平台，整合全区人、地、物、事、组织基础数据，汇总"五位一体"领域中的业务成果数据，搭建全响应协同平台数据仓库，为区领导和全区各部门全面掌握全响应工作现状以及综合决策分析提供坚实的数据基础。

目前，全响应区级平台在纵向上已实现了西城区 15 个街道全响应"五位一体"事项数据和民情日志数据的实时汇总；横向上在社会服务领域对接了区科信委辅助决策平台 BI 分析数据、全区不同年龄段人口数据、各街道服务商数量、广内街道和金融街街道的访听解案件数据，在行政服务领域对接了区行政服务大厅的 12341 系统接访数据、大厅业务办理情况统计数据、自助机使用统计数据、各部门满意度评价数据，在城市管理领域对接了全区所有的城市管理案件及部件数据，在社会管理领域对接了区科信委的刑释解教人员数据，在应急处置领域对接了值班快报数据和区应急值守平台中的事项数据，并完成了与区应急办预警发布平台的单点登录对接。下一步，计划与区科信委实时对接全区所有的"地、事、组织"数据，与区安监局实时对接生产经营单位明细数据，与区房管局实时对接房屋与违法建设数据，与区综治办对接全区综治基础数据，同时与市规划委西城分局全时空 GIS 系统、区安监局城市运行安全生产风险管理平台进行单点登录对接。

（三）大力推进全响应区级协同平台建设

一是按照西城区全响应顶层设计规划要求，完成全响应区级平台总体框架体系设计，逐步形成一个协同平台、三个核心应用（统筹指挥、监督评价、决策支持）、五种数据资源（社会服务、社会管理、行政服务、城市管理、应急管理大业务领域）、七类业务规范（网格化综合管理规范、网格党建业务规范、全响应技术标准规范、社会管理业务规范、应急管理业务规范、行政服务业务规范、社会服务业务规范）和 N 个信息渠道（热线服务"一号通"、行政服务"一站通"、网上服务"一网通"等）为一体的总体技术架构。二是完成全响应区级协同平台的搭建，该平台将以 15 个街道协同平台为纽带，通过与各街道分中心无缝对接，实现社会服务管理信息化资源整合、信息共享；以"五位一体"业务系统为依托，实现与社会服务、行政服务、城市管理、社会管理、应急处置现有系统的整合；以数据资源为核心，利用共享交换实现各方数据信息的汇总整合；以区街指挥调度平台为载体，实现案件指挥、调度、处置、监督全流程的闭环管理。

（四）扎实推进全响应社会治理平台与城市运行管理平台的完善升级和数据对接

一是抓住中央综治委在西城区开展"综治信息化工作平台"试点工作，以及民政部等六部委在西城区开展"养老服务与社区服务惠民工程"试点工作为契机，进一步完善全响应系统建设模式，完善全响应"五位一体"事项分类，做好全响应区街指挥调度系统升级改造工作。二是做好全响应社会服务管理平台与城市运行管理平台的无缝对接，借助城市运行管理平台，提升中心信息化底层平台的系统性能和运行效率，完成全响应数据仓库的建设，为区级平台从"四位一体"向"五位一体"的业务融合、系统融合打下坚实的技术基础。三是完成全响应分中心平台与城管分中心平台的深度融合工作。在街道层面，将全响应区街指挥调度平台与城市运行管理平台界面进行融合，街道用户一次登录即可办理所有与中心相关的业务；同时对街道数据库、用户、服务器等进行全方面深入融合，使两个分中心平台之间的业务办理和系统联系更加密切，从而更好地促进各街道分中心的机构人员和业务的深度整合。我区将以广内街道作为试点单位，共同推进指挥调度系统升级改造工作，并从中总结出有效的经验和做法并向全区进行推广应用。

（五）加强技术运用，提高平台智能化水平

一是构建西城区物联网监测应用体系，提高城市安全运行动态监控、风险管理、突发事件预测预警和科学应对的能力，将二维码技术应用于早餐车、报刊亭、资源回收站的管理；建立雨情、降雪两套监测系统，实现了全区 50 平方公里 15 个街道的全面覆盖；通过在户外广告牌上安装倾角监测传感器，对其倾斜程度进行实时监测；低洼积水监测系统实现基于 GIS 的积水自动监测、自动报警、预警决策支持等功能；区域人流量监控系统通过数据交换方式获取重点区域的人流量数据，实现辖区内常住人口、流动人口以及实时人流量与城市运行问题的分析研究。二是开发"决策通"和移动视频等移动办公软件，便于领导掌握情况和远端决策指挥。将日常移动办公、视频监控、城市运行日报、雨（雪）量、人流量等多项信息，整合到一个 APP 上，该 APP 在后续应用中还具备集成其他应用 APP 的能力；在原有视频监控系统基础上，部署一套移动手机视频监控系统，建立移动视频数字化平台。当应急情况发生时，通过本套系统能够利用手机为其提供一套实时视频调用的装置。三是建设全响应数字化视频应用系统和"天睿眼"全景视频。将全响应区级平台模拟视频与区数字化视频无缝融合，完成全区 1600 余路视频探头的数字化改造，建立全响应数字化视频应用系统，提升系统视频的流畅性与实用性；同时将分布在不同地理位置的离散监控视频进行有机拼接融合和全景展示，建立"天睿眼"全景视频系统，便于有效掌握监控区域的全景态势，实现海量视频资源的充分展示、统一管理及快速调看，有助于提升管理部门的监控效率和社会服务水平，为现代化城市管理提供智能化的管理手段。目前在北京北站地区应用，下一步将扩展到金融街街道和牛街街道，逐渐提升地区视频监控和社会治理效率。四是搭建区级突发事件预警信息和气象灾害监测预警体系。一方面与市预警发布中心对接，提高预警信息获取的权威性、规范性和实效性。另一方面加强区县预警信息接收传递工作，联合市气象局探索建立气象安全社区的规范标准，力争形成"区—街道—社区—居民"直通的突发事件预警信息传播渠道。

第三节　西城区全响应社会治理大数据应用成效和前景

西城区多年以来一直重视信息化在社会治理中的作用，随着大数据概念的提出和应用推广，西城区也逐渐把大数据作为信息化建设的一部分融入社会治理实践中来。当前，一个纵向互联，横向互动，全面覆盖区、街、居、网格，高效运转的全响应社会治理信息化网络已经建成，全区使用统一的基础网络和互联网出口开展工作、提供服务。同时，全区 3G 覆盖 99%，4G 覆盖 80%，20M 入户千兆入企，社会网络发达，为全响应大数据在城市管理、社会管理、行政服务、社会服务、应急指挥五个方面开展工作奠定了良好基础。下面遵循大数据社会治理的逻辑，按照大数据的平台建设、数据的收集和管理、大数据在服务领域的效果等作一简要分析。

据数据用途不同，全响应社会治理数据库分布情况不同。社会服务管理数据中心包括人、地、物、组织、地理信息、房屋等基础数据，是整合基础数据库和专题数据库以及其他委办局数据库，通过交换中心数据库交换处理形成。在业务数据和基础数据库基础上，通过清洗转换等处理，形成全响应社会治理共享数据库，通过网闸或网界接入装置交换全响应数据，提供外部互联网数据资源，实现政务信息公开。

一　西城区全响应社会治理系统大数据应用系统架构

西城区基于全响应社会治理业务架构，按照业务纵向联动、横向整合的原则，建立全响应社会治理数据应用系统（见图 9 - 6）。应用系统架构分为区街两级信息化平台。区级协同平台主要是整合区级城管监督指挥中心、综治维稳中心、综合行政服务中心、社区服务中心，提供社会管理、城市管理、应急管理、社会服务、行政服务五项功能。街道社区平台整合街道辖区内政府机构、社会组织等各种资源，实现民生服务、城市管理、应急处置、绩效考核、分析研判、统筹推进等功能。

全响应社会治理平台涉及很多业务部门及其信息化支撑系统，其中主要系统间关系梳理如图 9 - 7 所示。

12341 服务热线为城管监督指挥中心、综治维稳系统、智慧行政服务中心、应急指挥中心、民生服务系统、街道社区平台等业务处理平台提供群众服务诉求渠道。这些业务处理平台处理 12341 服务热线转发的相关业务事件，同时为区级指挥协同平台提供相关基础数据、业务数据支撑。数字化视频系统支撑城管监督指挥中心平台、综治维稳平台、街道社区平台、区级指挥协同平台视频图像信息资源。区级指挥协同平台转发 12341 服务热线转发的社会服务管理需求、调用数字化视频资源发现社会服务管理问题并调度相关资源解决问题，同时聚集城管监督指挥中心、

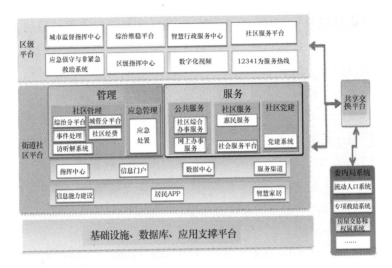

图9-6　西城区全响应社会治理应用系统架构

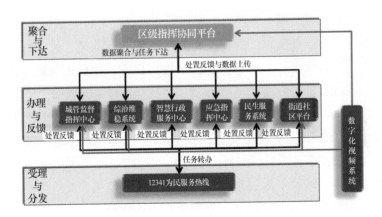

图9-7　西城区全响应社会治理创新主要系统之间的关系

综治维稳系统、智慧行政服务、应急指挥中心、民生服务系统、街道社区平台等业务平台数据，为领导提供决策支持。

二　西城区全响应社会治理大数据应用系统的功能

全响应大数据信息平台作为一个庞大的数据框架，具有海量数据、强扩展性等特点。若仅将所有关系数据堆积成图表进行简单分析与显示，而缺乏较好的方法进行解释、分析与展现，这些数据将无法上升为真正有用的知识并应用于实际。当今社会的发展速度快,人类的活动方式也在不断变化,所以数据信息的类型在不断增加的同时,其应用也为越来越多的政府机关、企事业单位和社会主体所重视与需要,在对信息的使用方式上也各不相同,有共享、有查证、有分析、有预测等。

从西城区全响应大数据信息平台的设置架构来看,信息平台的应用系统由区城市服务管理指挥中心优化完善,实现基于政府及其部门、街镇工作所需的专项统计、指标分析、地图展示和数据推送等服务功能,推进了社会服务管理智能化、信息化、集约化和精细化,提升了社会服务管理水平,主要表现在五个方面。

（一）运用现代技术,提升社会服务管理的精细化水平

一是实现社会服务管理的实时末梢服务管理。通过把网格内的人、地、事、物、组织等要素全信息化、数字化,建立各类专题数据库,与电子图层进行综合运用,并将涉及的所有管理服务的主体和客体逐一落实到网格,实现社会服务管理的末梢管理。二是制订社会服务工作标准,实现信息采集、问题受理、处置流程、考核评比标准化。如将行政服务类问题细化为6大类,涉及社会保障、住房保障、残疾人保障、老龄福利保障、民政救助等方面18小类事项,将社会管理类问题细化为6大类,涉及司法援助、安全隐患、人口管理、人民调解、治安管理等方面19小类事项,将社会服务类问题细化为3大类,涉及科技、教育、文化、卫生、体育等公共服务以及各类便民服务共14类事项,将应急管理类问题细化为5大类,涉及事故灾难、自然灾害、公共卫生、社会安全等方面19小类事项。三是再造社会服务管理流程。将标准化的5类事项都按照"发现上报—指挥派遣—处置反馈—任务核查—入库评价—结案归档"的闭环流程进行,提高了社会服务管理事项的处置效率。四是运用物联网、云计算等现代高新信息技术,使社会服务管理精细化水平大幅度提升。

（二）实现资源共享,积极维护城市社会和谐稳定

一是通过全响应社会服务管理信息平台,将西城区基础信息资源、全响应基础信息资源、社会管理相关委办局资源、15个街道全响应分平台资源进行整合,实现平安建设资源共享,为职能部门开展服务搭建了信息平台,为政府主动服务提供了智力支撑;二是依托信息管理平台,不仅可以及时了解情况、掌握动态、解决问题,防止事态扩大,将问题

消灭在萌芽中，还可以通过对信访、群体事件类问题办理分派、统筹协调以及对疑难问题的掌控，实现快速响应、全面落实；三是专群结合的力量得到有效整合，"全响应"构建了纵横交错的信息系统格局，形成了社会管理立体化防控体系，为深入推进平安建设提供了有力的技术支持。

（三）加强部门联动，提升重点工作保障和应急处突能力

一是通过全响应社会治理平台构建了部门联动系统模式。升级了西城区级全响应职能部门分平台，包含42个城管分中心单位、44个全响应成员单位和47个访听解业务委办局，系统最终覆盖69个职能部门，形成了两级指挥、三级平台、四级管理、逐级上报、社会参与的联动工作模式。二是突出街道"块统"和专业部门"条专"的作用，围绕"小事不出社区，大事不出街道，难事区内统筹、部门各司其职"的目标，做到责任清晰、分工明确，避免推诿扯皮、交叉管理等问题，提高了解决和处置问题的能力。三是将应急管理融入其中，充分调动了西城区"大应急"体系的作用，坚持常态与非常态相结合，突出预防、做到联动，全面提升了全区应急处置水平，保障了城市平稳运行。

（四）主动解决问题，确保小网格更好地服务大民生

全响应社会治理坚持问题为导向，充分运用电子地图和现代信息技术，建立健全了多渠道收集社情民意、多角度服务社区的信息平台，确保社情民意"早知道、早响应、早解决"，主动解决民生问题。一是由社区网格员主动发现网格里的社会服务管理问题，通过社管通PDA及时上报；二是将"访民情、听民意、解民难"工作整合进来，围绕民生服务目标，着力解决突出问题；三是把各种资源和社会力量整合到网格，把社会治理的责任落实到网格，促进社会服务管理力量下沉，确保通过小网格把服务触角延伸到每家每户，解决服务群众"最后一公里问题"，不断提升民生服务能力。

（五）降低运行成本，提升城市政府公共服务效能

全响应社会治理以信息系统为支撑，实现区街联动、资源共享、力量整合，确保主动发现并及时处理相关问题，实现管理精细化、工作科学化、服务个性化，有效提升政府公共服务效能。一是通过对高新科技手段的应用，降低城市社会运行成本，提高公共服务和社会管理的效能。二是强调信息互联互通，打破了过去"信息孤岛"和"各自为战"的怪

圈，并且通过信息化手段来分析、研判社会服务管理形势，确保管理者全面、及时掌握情况，避免多头了解、重复汇报造成的人力、物力、才力的浪费。三是完善统筹协调机制，加强了部门联动，在网格中实现各单位、各部门的协调联动，形成了管理合力，提高了问题协调处置效率，提高了综合执法力度。四是运用实时监测和预警系统，快速发现和解决潜在的城市管理和社会治理问题，优化社会环境，减少社会矛盾和社会问题的处置成本，提高了社会服务管理工作效率。

三　西城区全响应社会治理系统大数据的成效

全响应系统自成立以来，在西城区委区政府的正确领导下，历经多年的发展，在平台积累了大量的案件数据。通过数据平台应用技术的提高，西城区城市管理和社会治理精细化、人性化、科学化水平明显提高，城市秩序明显改善，城市保障工作取得明显成效。

（一）部件减量减比，城市管理水平持续提高

总体来看，西城区全响应系统处理的部件类案件在 2006 年占比 13.38%，随后逐步减少，到 2016 年仅占总案件量的 0.49 %（见图 9 - 8 和图 9 - 9）。虽然在 2013、2014 两年有小幅回升，但整体减少趋势非常明显，这得益于全响应系统科学完善的管理方法，推动城市环境硬件水平逐步提高，城市基础设施完好率不断上升。

（二）提"速"提"率"，助推社会治理问题处置时效

在社会治理工作中，坚持常态与非常态、紧急与非紧急相结合，讲求实效、上下联动，出色完成重大节假日期间城市运行和安保工作，确保城市平稳运行。一是全响应系统自 2006 年成立以来共计处理紧急案件 3548 件。在紧急案件处置上，全响应系统紧抓处置时效，缩短案件处置用时，提高处置效率。以违规户外广告为例，平均结案用时 6.75 天，远远低于国标中要求的 60 个工作日。2015 年 10 月，开展市、区微循环后，平均结案用时 8.11 天，以下水道堵塞或破损类案件为例，由原来的 3.16 天缩短为 2.57 天，增速 18.67%（见图 9 - 10）。通过这些对比，可以看到全响应系统对紧急案件、重要案件处置办理的重视，缩短办案用时，有效提高了结案率。二是立结案率整体趋势逐步提高，立案率平均达到 97.16%，尤其是 2012 年后，高达 99% 以上；平均结案率也高达 99.63%

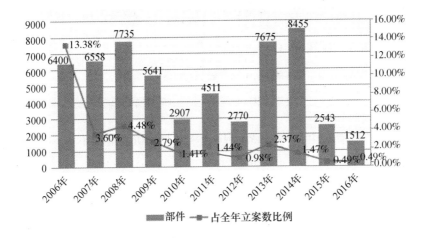

图9-8　西城区部件情况变化图

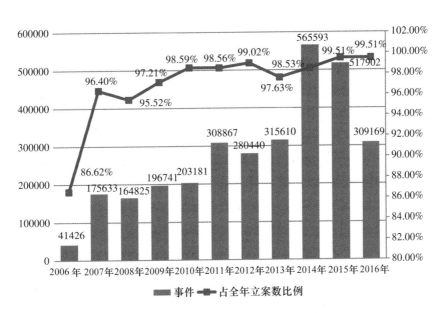

图9-9　西城区城市事件情况变化图

（见图9-11）。立结案率的提升，体现了全响应系统在案件处置效率上的高、准、快，凸显了城市管理机制运行良好。

图9-10　西城区全响应微循环案件结案用时对比图

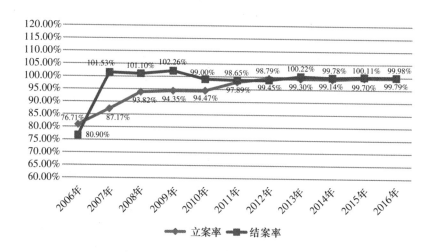

图9-11　西城区近十年立结案率对比图

（三）数据支撑、科学预警，发挥"大数据"辅助支持作用

通过分析平台案件，对已积累的案件进行规律性总结，一方面科学地将事实数据提炼出来去支撑主观经验，另一方面有针对性地监督指挥相关部门开展阶段性工作。

按照城市环境分类分级管理工作要求，将西城区划分为政务活动区、金融商务区、繁华商业区、传统风貌区、交通枢纽区、公共休闲区、生活居住区7大基本类型。选取私搭乱建、无照游商、道路破损3类高发案件，对各功能区立案数量进行分析，发现这3类高发案件在生活居住区的立案数都是最多的，其次是传统风貌区、公共休闲区（见图9-12、图9-13、图9-14）。通过数据比照和定向分析，给相关部门有效开展工作提供了依据，对不同功能区开展有针对性的城市管理工作。

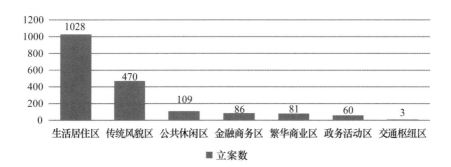

图9-12　西城区近十年各功能区私搭乱建问题发案情况对比图

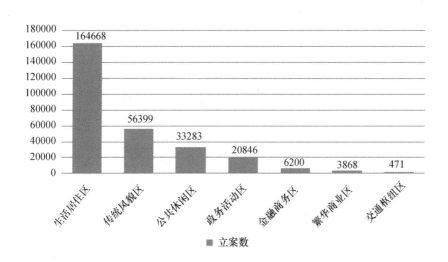

图9-13　西城区近十年各功能区无照经营游商问题发案情况对比图

（四）解难点、推联动，彰显全响应系统指挥协调功能

全响应系统建立区疑难问题库以来，共办理疑难案件3647件（图9-15），协调区市政市容委、区环卫、园林市政等部门集中解决了一批权属不清和推诿扯皮的城市痼疾顽症，得到了百姓的一致认可。2015年9月2日，全响应系统接到12319市民热线举报，反映天桥街道板章路与华严路交汇处下水道管线破裂、污水外溢。全响应系统先后联系市电力公司、排水集团和自来水集团到现场进行确权。经核实此管线为户线非市权属后，及时联系街道进行抢修。挖开地面后发现出水管线上方有

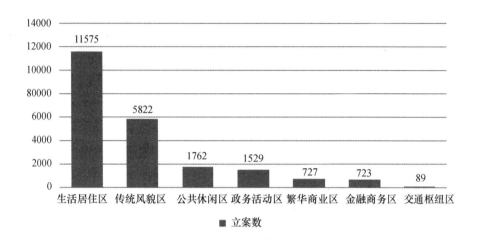

图 9 - 14　西城区近十年各功能区道路破损问题发案情况对比图

电缆和自来水管线，贸然施工存在安全隐患。全响应系统即刻启动应急预案，沟通协调市电力公司、排水集团、自来水集团、街道办事处共同勘查现场。在电力、水利专家指导下成功避开电缆和自来水管线，顺利找到冒水点抢修成功，保障了百姓日常生活和出行安全。

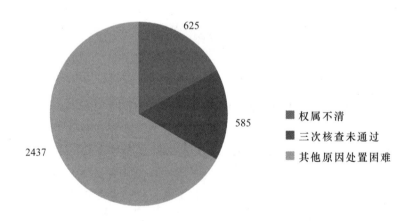

图 9 - 15　西城区各类疑难案件原因分布图

（五）破被动、抓主动，助力及时响应向基层延伸

2013 年，全响应系统正式挂牌西城区网格化社会服务管理指挥全响应系统，标志着行政服务、社会服务、社会管理、城市管理和应急处置

"五位一体"的新的网格管理模式开始运行。在新模式服务社会民生过程中，全响应系统打破体制壁垒，整合已有资源，运用现代技术，推动小网格更好地服务大民生，推进响应力量基层化，超过99%的案件都在街道、社区层面得到了有效解决（图9-16）。例如，自2014年起，展览路街道北营房东里11号楼和北礼士路149号楼的居民通过网格员和12341热线，多次向街道全响应网格办反映小区内4部电梯已经使用23年，使用时间长、使用人数多，存在严重的安全隐患问题。收到问题反映后，街道网格工作人员进行深入了解，多次组织西城区质监局、北营房东里社区、北京市华丽楼宇物业管理有限责任公司及产权单位天恒置业公司召开协调会，最终于2015年年底对老旧电梯进行了更换，方便了居民通行，是西城区"小网格服务大民生"的典型体现。

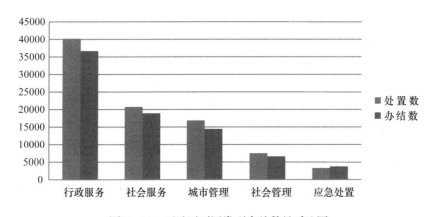

图9-16　西城区不同类型案件数量对比图

四　西城区全响应社会治理系统的大数据应用提升

全响应大数据信息资源共享在不同主体和不同需求层次上其内容和目的各不相同。根据各部门在人口服务管理工作中的数据信息需求，未来，需要加强西城区有关部门的统筹协调，依托网格化社会服务管理信息平台，在实践中根据不同层次的需求制定合理的机制和策略，做好相关数据信息资源的交换共享。

（一）设计以部门需求为中心的共享平台

为实现各部门社会治理的功能目标，应紧紧围绕部门需求进行共享平台设计。在全响应大数据平台完善过程中不断与各部门沟通，描述部门需求现状，从中捕获现实需求，挖掘和提取部门用户处理问题所需的本质的、必要的交互信息，并建立用户数据模型。根据用户数据模型进行平台设计，并根据用户反馈意见进行评价，以进一步修改和完善整合平台的设计。

(二) 实现平台服务端口延伸

将全响应大数据信息平台服务接口延伸到相关部门，授予部门对信息的共享权限，提高信息的利用价值和使用效率。各部门要根据平台下发的网格建筑物、单位增减等变化情况，结合本业务系统数据库进行核实比对，对未及时登记注册或未经批准的，要实地进行核实，按要求搞好信息登记，并将登记的信息录入全响应大数据信息数据库。

(三) 提供信息集成服务

数据资源平台需要根据用户角色、类型和权限，动态地开放集成各种分布、异构和多样化的数字信息资源和系统，动态满足各部门业务需要。另外，对于不能使用在线方式进行信息更新的业务部门，可以通过线下拷贝的方式进行定期信息增量更新与修改，保证数据信息同步。区城市服务管理指挥中心要根据数据统计分析需求，组织公安、工商、质监、住建、人力社保、统计、民政、卫生、教育等部门适时提供本部门掌握的全响应大数据基础信息，实行对比共享。

(四) 信息安全设置

信息安全是信息平台建设的重大问题。信息安全设置要在各个层面为全响应大数据信息平台提供机密性、完整性、可用性等安全服务，包括为信息提供安全服务所需的各类标准设置，主要有安全级别管理、安全协议、加密、身份鉴别、访问控制管理、签名与认证、密钥管理、安全测评、公钥基础设施等标准。为确保数据安全，下一步，在深化全响应系统大数据应用功能的同时，西城区需要加强数据中心的大数据分级管理、数据加密等涉及数据安全管理方面的工作机制和办法。

第 十 章

西城区全响应社会治理创新的评价展望

通过上述各章对西城区全响应社会治理创新的深入论述，我们对西城区全响应社会治理创新的逻辑起点、理论基础、发展历程、主要特征、运行机制、政府协同、社会协同、技术支撑等有了较为全面深入的了解。那么，从 2010 年实施到现在，西城区全响应社会治理创新究竟取得了哪些进展，取得了哪些成效，应该对其作出怎样的评价，西城区全响应社会治理创新空间还面临或存在着哪些问题，需要如何进一步推进全响应社会治理创新工作，这些都是本章需要回答或解决的问题。本章拟对西城区全响应社会治理创新进行简要的总结和提升，简要分析存在的问题，提出下一步的展望和建议。

第一节 对西城区全响应社会治理创新的几点评价

西城区全响应社会治理创新的探索从个别街道试点到全面推进深化已经走过了 8 个年头，形成了行之有效的系列运行机制，取得了明显的进展，得到了居民群众和社会单位的好评，吸引了各级媒体的关注和报道。西城区全响应社会治理创新已经取得了阶段性的胜利，取得了一些初步的成效。这主要表现为以下五个方面（见图 10 – 1）。

一 多方协同治理已成重要共识

尊重民意，重视民智，收集民需，发挥民力，实现民利，保护民安，改善民生，解决民难，这是中国共产党群众路线的精髓所在，也是西城区全响应社会治理创新一以贯之的一个重要特征。做好新形势下的社会

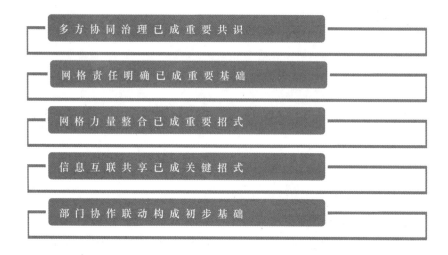

多方协同治理已成重要共识

网格责任明确已成重要基础

网格力量整合已成重要招式

信息互联共享已成关键招式

部门协作联动构成初步基础

图 10 - 1　西城区全响应社会治理创新的主要成效

服务管理工作，需要充分团结社会各界的力量，整合分散在各部门、各单位和社会的资源，让社会各方共同参与社会服务管理工作，变"政府单方管理"成"社会协同治理"。在西城区委、区政府的统一领导下，党委政府各部门、各行政执法部门、各人民团体、市政基础设施各管理维护单位、各街道办事处、其他企事业单位、各物业服务单位、各社会团体、各社区居民自治组织、社区网格工作人员、各类协管员及综合协管员、居民志愿者等都成为西城区全响应社会治理创新的重要主体，共同收集信息和发现问题，对各种社会服务管理需求作出及时的"响应"，共同研究解决网格化服务管理中出现的各种问题，形成了强大的社会治理合力，其中西城区各街道办事处和各委办局是全响应社会治理创新最重要的推动主体，其他驻区单位、事业单位、社会组织、居民群众等是西城区全响应社会治理的参与主体。通过几年的实践探索，西城区越来越多的街道办事处和委办局从多方协同治理中收获越来越多的成功经验和信心，目前 15 个街道办事处和 41 个委办局都建立了全响应社会治理分中心，共同参与到深化西城区全响应社会治理创新多方协同治理的格局中来。

二 网格责任明确已成重要基础

划分网格，明确责任，落实责任，细化责任，监督考核，各方评价，使网格化社会服务管理工作真正做到精细化。网格在全响应社会治理创新中究竟处于什么样的地位？网格的责任如何划分和落实？这些关系着全响应社会治理创新的成败。网格划分后，只有将网格的责任一一明确并落实到具体的部门及其工作人员，明确规范各网格责任人员的职责、工作要求及惩处办法，社会治理的基础才会扎实，社会治理的深入才有可能。西城区十分重视网格职责的划分，各街道也开展了很多的探索，比如德胜街道"一格一长，多员进格，全责管理"的模式，西长安街街道的"一格五员"模式、广内街道的"三员六进"模式、大栅栏街道的"一岗四员"、广外街道"三清四活五百家"管理等网格人员配备经验，为西城区网格责任的明确提供了重要的实践经验。当前，各街道在网格职责明确方面都做了不少的探索实践，初步为网格配备了工作人员，部分执法单位也明确了网格联络人员，"网格五员"（即网格管理员、网格服务员、网格执法员、网格协调员和网格共建员）落实基本到位，相关人员的责任明确，网格责任区的工作职责和要求明确。下一步，西城区应以网格责任明确为契机，进一步推动各委办局、各社会单位、各社会团体进网格，真正把各委办局、各社会单位、各社会团体打造成西城区全响应社会治理创新的重要主体。在听取各方意见的基础上，进一步明确细化网格各类工作人员责任落实的考核奖惩及责任追究办法，推动全响应社会治理创新的持续推进。

三 网格力量整合已是重要招式

尽最大可能地贴近居民群众和社会单位，听取居民群众和社会单位的呼声，及时了解和响应居民群众和社会单位的社会服务管理需求，就必须把社会服务管理的力量和触角延伸进社区网格，就必须使社区网格工作者与居民群众和社会单位保持最紧密的接触与合作，实现信息的畅通与充分的沟通，同时必须打通社区网格与街道及各科站队所、区级各委办局、社会单位的信息联络通道，使社区网格收集的社情民意、民生需求和问题案件都能通过便捷的信息系统在各部门之间实现即时的互通，这就有利于减少各部门派驻到社区网格的协管力量，可以将派驻到社区网格的各种力量进行有序的整合，重新划定网格各种力量的工作职责和工作要求，实现一人多能、一岗多责，实现最大限度的资源共享。西城区十分希望在网格力量整合方面有所作为，前期已经将9类协管员整合为综合协管员，按照"属地管理、统筹使用、合理分工、相对稳定"的原则，将在街道、社区全日制工作的协管员管理权限从部门管理中分离出来，由街道负责统筹管理，有关部门负责业务指导，迈出了网格力量整合的第一步，相关科站队所的管理执法力量也与社区网格建立一一对应关系，网格力量整合雏形已成。西城区按照"基础力量一员一格、专业力量一员多格、响应力量一格多员"的标准，重点发挥街道领导干部、社区工作者、综合协管员、执法力量、楼门院长五种骨干力量，组建"一格五员"的网格工作人员队伍，将全区3573名社区工作者、2200多名综合协管员、31000名楼门院长、街道科级以上干部、公安、防火、工商等相关执法职能部门的工作力量不断下沉到网格，并加大各执法力量在街道、社区职能发挥的工作考核。

四　信息互联共享成为关键招式

现代高效的社会治理在于信息数据的海量存储，在于敏感的社情民意收集，在于各类情报信息的快速流转分派和高效统计分析，在于各项工作进展的实时跟踪，在于各项工作的实时评价，这一切都有赖于统一的社会服务管理数据库和联通的全响应社会治理信息系统，并借助视频技术、移动终端、APP软件、互联网等实现超越时空和人力限制的即时收集与上报。西城区对信息互联共享十分关注，制订了信息化建设规划，并建设了西城区社会服务管理指挥中心、十五个街道全响应社会治理指挥分中心和44个各委办局分中心，下一步重点围绕区街社会服务管理指挥中心的互联互通、区各委办局、社会单位、社区网格的互联互通，移动终端的配备等开展工作，通过信息技术的广泛应用实现西城区全响应社会治理创新的扁平化与高效化，实现真正意义上的信息互联共享。

五　部门协作联动构成初步基础

在社会治理中，各部门是继续各自为战还是精诚合作？是各搞一套还是协作联动，这是摆在各地社会治理创新面前必须面对而且必须回答的一道选择题。在我国传统的行政管理中，一些部门习惯于"封闭"作业，把各自的业务范围视为自己的固有"领地"，严密防范其他部门和社会单位染指，紧紧维护着部门的所谓"权威"和利益，甚至沦为少数人谋利寻租和贪污腐败的工具，不能容忍社会单位的监督与批评，对居民群众的服务管理需求处于爱理不理的状态，长期以来，形成了"门难进、脸难看，事难办"的恶劣形象，完全忘记了全心全意为人民服务的宗旨，严重违背了部门的"权力来自人民授权"的原则，严重损害了社会福利的整体提升。西城区把推动部门协作联动作为全响应社会治理创新的一个重大战略来抓，提出了各部门纳入全响应社会治理创新的构想和步骤，目前已经有44个委办局建立了全响应社会治理分中心，与区全响应社会服务管理指挥中心和15个街道全响应指挥分中心进行了联通。德胜等街道与各委办局派驻街道的科站队所开展了较为紧密的合作，初步探索了一条部门协作联动的路子，提升了全响应社会治理创新的效能。下一步，区级其他部门、公用事业单位和街道各科站队所要逐步纳入"全响应"工作体系和信息系统，成为"全响应"工作体系不可或缺的重要组成部分。

第二节　西城区全响应社会治理创新的不足

尽管西城区全响应社会治理创新正在有条不紊地继续进行，且取得了明显的进展和成效，得到了居民群众、社会各界和新闻媒体的广泛关注和认可。但调研过程中发现，西城区全响应社会治理创新在运行过程中仍然存在一些亟待进一步解决的问题，需要引起我们的关注和重视（见图10-2）。

一　定位的认同有待进一步提升

西城区将全响应社会治理创新定位为新形势下改进社会治理方式、坚持源头治理的重要途径和有效抓手，要求通过对网格内人、地、物、事、组织等社会服务管理内容的整合，实现各种社会服务管理资源和力量汇集到网格，社会服务管理责任落实到网格，社会服务管理问题尽可

图 10 - 2　西城区全响应社会治理创新的不足

能解决在网格。这一定位具有很强的现代社会治理意识，初步地回答了谁来治理、治理什么、怎么治理、治理目标等问题，但是，这一定位要变成成功的社会实践，还有很多工作要做。

从调研掌握的情况看，尽管 15 个街道都已经按照全区统一部署建成了全响应指挥平台，10 个街道办事处设置了专门的全响应工作办公室，配置了专门的工作人员，重新划分了网格，并为每个网格配置各种力量。但调研中也了解到，不同街道、不同部门的工作人员对全响应社会治理体系的认识是存在明显差异的，态度也有积极探索推进和悲观被动落实两种，有的对全响应工作存在着口头上支持配合，但行动上落实不到位，有的科站队所对如何配合开展工作显得缺乏足够的信心。背后反映的核心问题是对全响应社会治理体系的战略定位认识不到位，部分街道、部门一定程度上存在着"等上级推动、靠上级指导"的思想，缺乏主动攻坚克难的勇气和信念，导致行动上有所迟缓，缺少推进的有效办法和得力措施。

二　信息系统的联通有待进一步推进

西城区自提出全响应社会治理创新建设的思路以来，"全响应"的理念已经开始得到各街道的认同，德胜、广内等街道的探索已经取得了较为明显的进展，但调研也发现，部分街道办事处在推进全响应社会治理创新上存在一定的"本位主义"，考虑街道办事处自身的较多，考虑统筹地区社会服务管理特别是各科站队所的还比较少，大部分街道的信息系统与各科站队所还没有实现有效的联通。除了工商等部门较为积极主动外，"全响应"在其他委办局中的反应如何，其他委办局的态度和运行实际状况尽管还有待进一步核实，但从调研收集的情况看普遍存在一定的消极观望等待思想。

目前，西城区全响应社会治理创新信息系统已经初步实现区指挥平台与各委办局、各街道办事处的互联互通，一个互联互通、高效指挥、畅通运作、定期考核评估的"全响应"信息系统已经建成。确实，"全响应"从理念变成实实在在的行动，就必须运用现代通信信息技术对目前现行的社会服务管理工作流程进行全面的整合，实现区指挥中心、区各委办局、各街道办事处及各科站队所、各社区、网格责任区及相关社会单位、社会组织的全面联通、互联互通和移动办公。从调研掌握的情况看，除德胜街道与各科站队所实现了信息系统对接和移动终端配置到位，广内街道、金融街街道运用 APP 软件实现局部的互联互通外，还有几个街道仅为街道工作人员和社区工作人员配备移动终端，对各科站队所工作人员是否配备移动终端考虑不足，其他街道的信息系统只是连接了街道部分科室与社区，与各科站队所还没有实现互联互通，也还没有配备移动终端或开发 APP 软件，分派任务时只能依靠传统的电话、邮件等方式送达，费力费时，而且无法监督和评估。

三　工作整合分流有待进一步深化

从现阶段看，政府行政管理依然是社会治理的重要组成部分。中国行政管理的条块关系一直是纠葛不清的复杂问题，这一问题在西城区"全响应"工作体系建设中也有所体现。全响应社会治理工作体系倡导从下往上的问题解决导向，这与目前各委办局从上往下分派任务的任务分派导向是逆向的。调研中发现，随着计算机技术的广泛应用，各委办局已经形成了各自的内部信息系统和工作流程，但这些信息系统和工作流程仅在部门内部使用，其着眼点是上级掌握下级的信息情况，多是下级为上级提供相关数据、材料和信息，下级使用这些信息系统的空间十分有限，更为致命的是，这些信息系统没有考虑广大居民群众的需求，更没有接受居民群众和社会各界的广泛监督，因此，以行业部门管理为主的信息系统往往形成各自的信息孤岛，不仅社会和其他单位难以分享其信息数据，其他部门也难以分享和联通，客观上造成基层街道社区反复地向上级不同部门及其信息系统提供并更新数据，但基层街道办事处在整合使用这些本属于本辖区的信息数据时往往遭遇各种技术和权力壁垒。从设计理念看，建设全响应社会治理信息系统是西城区委区政府及各街道办事处力求在全区及街道层面实现信息数据整合和工作任务重组的一种努力，从时间序列看，西城区全响应社会治理信息系统的建设晚于各委办局的业务信息系统。因此，这种努力首先遇到的问题便是，全响应社会治理信息系统与各委办局来自更上级的信息系统要不要对接？能不能联通？数据能不能共享？工作内容能不能整合？工作任务能不能分流？等等。如果能，如何对接？如何联通？如何共享？如何整合？如何分流？等等。如果不能，全响应社会治理信息系统如何解决这一难题，这是困扰西城区全响应社会治理创新往前推进的一个主要障碍。

四 工作标准有待进一步细化

调研中发现，尽管各街道对全响应社会治理工作有一定的认同度，但对全响应工作究竟如何开展，工作的要求是什么，工作的标准是什么，各街道的认识是很不一样的，他们希望全区能够对各项工作的标准进行一定的统一。推广提升全响应社会治理体系，意味着全响应社会治理工作体系在西城区社会治理总体格局中的抓总和牵头地位，也实际上对全响应社会治理工作提出了更高的要求，因此，全响应社会治理工作体系建设就不能仅仅满足于网格的划分、力量的整合与信息指挥平台的建设，更重要的是为全响应社会治理工作量身定做一套完整、规范、科学、合理、实用、管用的工作标准。2016年，西城区全响应社会服务管理指挥中心经过反复的修改和调整，已经完成了《西城区全响应区街指挥调度系统案件派发标准》，将西城区全响应社会治理事项分为5大类别、21个大类、109个小类和569个子类，全部事项都明确了办理时限，使案件处置工作更有针对性、可操作性和科学性，从而把目前分散在各个街道、各个部门、各个单位、各个社区的工作内容尽最大可能地通过全响应信息系统整合起来，对纳入全响应社会治理体系的每一项工作明确各自的工作对象、工作要求、工作范围、工作流程、评估指标等详细性标准，使每一项工作都有具体性的指导性标准，从而引导西城区社会治理工作向科学、高效、规范、公开的方向前进。

五 监督考核评估有待进一步跟进

调研中发现，除城市管理监督指挥中心依托原有的信息系统对各街道有一定的监督评估外，目前全响应社会治理体系的监督考核评估仍是一个有待解决的问题。全响应的核心理念是"有求必应"，西城区全力推进全响应社会治理工作体系建设，实际上是对以往漠视居民群众和社会各界服务管理需求倾向的一种"革新"。"革新"的基本思路就是通过建立统一的全响应社会治理信息系统和指挥调度平台来解决"谁来响应""响应什么""如何响应"等问题，这就需要在设计全响应社会治理工作体系，推进全响应社会治理信息系统建设时，必须紧紧围绕"谁来响应""响应什么""如何响应""响应的评价"等问题进行全面的设计，将社会治理各项工作的内容、问题、事件、要求等贯穿在"发现、上报、分流、处置、反馈、评估"等全过程中，使社会治理各项工作在信息系统中有迹可循，有据可考，有案可查，有绩可评，从而实现全区、各街道、各部门对各自社会治理工作的精细高效监督管理和精准评价考核，努力让居民群众和社会各界的社会治理需求得到及时的响应，进一步密切政府与市场、社会及居民的关系。目前，西城区按照全响应工作"五位一体"的整体设计思路，在评价内容方面涵盖了行政服务、城市管理、社会管理、社会服务等方面的评价指标。其中对街道系统的全响应评价工作整体上按照内部评价和外部评价相结合的方式进行。其中内部评价以西城区全响应区街指挥调度系统评价（主要评价整体网格化工作）、西城区城市管理工作履职情况评价（主要评价网格化城市管理工作）、西城区政府热线评价（主要评价网格化行政服务工作）、西城区综治平台评价

（主要评价网格化社会管理工作）及加分项目五部分内容组成。外部评价采取电话调查或问卷调查的方式，由区社工委、区城管监督指挥中心共同指定的第三方专业机构按照各街道常住人口采取一定比例对各街道网格化社会服务管理工作进行满意度调查。

六 法律政策支撑有待进一步加强

调研中发现，各街道不仅对哪些部门和哪些工作纳入全响应社会治理工作体系有着不同的认识和理解，而且大家对纳入全响应网格化社会治理工作体系各项工作的法律政策依据理解也存在着较大的差异，导致工作推进中由于大家的认识和理解水平，存在着对相同或相似问题的不同处置解决办法，在不同街道中产生的不同处理结果，引起了不必要的冲突与矛盾，这与现阶段全响应社会治理工作处于推进的初期阶段有关。事实上，现代社会治理工作极为复杂，各种法律法规和政策不断地推陈出新，变化很大，如果全区通过各委办局对每一项工作的法律政策依据进行统一的梳理，就有利于减少各街道的重复劳动。因此，推进全响应社会治理工作体系建设，必须推动各委办局认真梳理各项工作的法律政策依据，并将各项法律政策依据按照完整和分开的原则，全部纳入全响应社会治理工作信息系统，使每一层面的工作人员在社会治理工作实施过程中随时从全响应社会治理工作信息系统中得到支持。

第三节 西城区进一步推进全响应社会治理创新的建议

认真借鉴上海市黄浦区和徐汇区、广东省深圳市、浙江省舟山市和宁波市、湖北省宜昌市等兄弟城区推进网格化社会治理的有益经验，总结各街道办事处及相关委办局的探索实践，进一步推广完善西城区全响应社会治理创新，探索适应首都功能核心区功能要求的基层社会治理体制机制，是未来西城区改进基层社会治理方式的一项重要的全局性战略性任务。下面就进一步推进西城区全响应社会治理创新，推广完善西城区全响应社会治理模式展开初步的思考（见图10-3）。

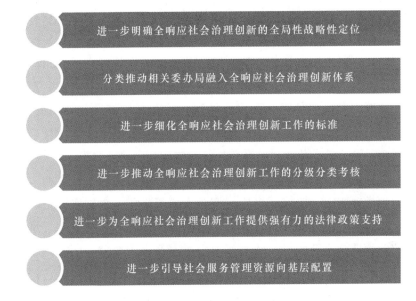

进一步明确全响应社会治理创新的全局性战略性定位

分类推动相关委办局融入全响应社会治理创新体系

进一步细化全响应社会治理创新工作的标准

进一步推动全响应社会治理创新工作的分级分类考核

进一步为全响应社会治理创新工作提供强有力的法律政策支持

进一步引导社会服务管理资源向基层配置

图 10-3　西城区进一步推进全响应社会治理的对策

一　进一步明确全响应创新全局性战略性定位

明确全响应社会治理创新在西城区总体工作格局的全局性战略性定位，是进一步推广完善全响应社会治理创新的基础性工作和系统性工程。

一是继续提升全响应社会治理创新的地位，要把全响应社会治理创新工作作为西城区委区政府一把手亲自抓的重点工程，一级抓一级，一层抓一层，确保各委办局、各街道办事处、各相关单位真正用全响应社会治理创新工作统领全局工作。

二是建立区委区政府领导全响应社会治理创新工作调度会议制度。区委书记、区长带头，每月安排一名区委或区政府领导到全响应社会服务管理指挥中心调度工作，召集纪检监察、人事编制、财政等相关部门和相关责任单位，对全响应社会治理工作遇到的疑难问题进行现场调度，并依照调度结果明确将以前职责不明的问题纳入相关部门，并从机构编制、人员配置、财政预算等角度进行支持，确保新出现的问题有部门管、部门有人管、有钱办事。

三是把全响应社会治理创新工作开展情况及绩效等纳入区委区政府对各委办局、各街道办事处年度工作考核的重要内容，作为各级领导干部选拔任用、奖励惩处的重要依据，从而从运行机制上把全响应社会治理创新工作真正纳入各委办局、各街道办事处的重要议事日程。

四是细化网格编码操作办法。结合西城区的区位特点及北京网格化管理的未来发展趋势，研究制订全区网格编码的具体操作办法，形成全区统一的网格化编码体系，确保西城区每一个网格都有其唯一的编码。推动网格力量、网格编码、网格基本情况等各类情况进全响应社会治理信息系统，通过信息化手段提升西城区全响应社会治理效能。

五是明确将西城区城市管理监督指挥中心更名为西城区全响应社会服务管理指挥中心。协调区机构编制、人事等部门，根据实际更名为西城区全响应社会服务管理指挥中心，对西城区全响应社会服务管理指挥中心的职责进行重新明确，调整其内设科室及人力配置，明确赋予西城区全响应社会服务管理指挥中心承担全响应平台规划建设与运行管理、全响应案件协调处置与监控、全响应各领域数据资源整合等任务。

六是明确全响应社会治理工作信息系统是一个完整的工程，区全响应社会服务管理指挥中心作为全区全响应工作的核心枢纽，横必须进一步与各委办局及派驻西城区的各相关单位实现互联互通，纵必须与各街道办事处、各科站队所、各社区网格、各社会单位实现互联互通，并根据实际工作需要，全面实现全响应社会治理创新工作的移动办公，研究制定全响应信息系统及其移动终端的管理使用办法，把相应移动终端或应用软件作为全响应信息系统的固定资产进行管理，做到在岗配备到人，离岗必须上交，把上交手续纳入办理离职离岗的重要程序和必经流程，确保相关设备真正发挥作用。

二　分类推动相关委办局融入全响应创新体系

全响应社会治理创新成败的关键在于各委办局融入全响应社会治理工作体系的程度和深度。长期以来，社会各界和居民群众对政府工作最不满意的地方就是有情况无处反映，或者反映了迟迟没有回音，还不清楚是谁的责任，最后往往导致党委政府"背黑锅"，挨骂，受罪。西城区推出全响应社会治理创新，目的就是做到和实现对居民群众"有求必应"。可是，如果各委办局不能积极主动地融入全响应社会治理体系，不能主动找准自己在全响应社会治理体系中的位置和作用，细化每一位工作人员的服务管理责任，明确每一项工作的法律政策依据和工作标准，仅仅各街道办事处各自探索，最终可能产生的结果就是，街道社区网格能够解决的问题都已经解决了，但街道社区网格解决不了的问题迟迟没有回音，最终导致全响应社会治理体系成为"半截子工程"，社会各界和居民群众对政府的怨言和不信任还是难以减少和消除。所以，必须将各委办局和相关单位逐步纳入全响应社会治理体系，各委办局和相关单位可分为四种类型分类融入全响应社会治理工作体系：

一是全响应工作组织推动部门，目前包括社会建设工作办公室、社会治安综合治理委员会办公室、城市管理监督指挥中心（西城区全响应社会服务管理指挥中心），这三个部门在全响应社会治理工作体系中是发动机和指挥棒。社会建设工作办公室、社会治安综合治理委员会办公室和城市管理监督指挥中心要站在推动西城区社会治理创新的高度，加强统筹协调，着眼于西城区全响应社会治理工作全局，着力研究解决影响和制约全响应社会治理体系发挥效能的因素和问题，研究完善西城区全响应社会治理工作政策体系，推动全响应社会治理全面启动和全面覆盖，积极推动全响应社会治理工作体系不断地从街道、社区、网格进一步延伸到各委办局、社会单位和社会组织，通过全响应社会治理工作信息系统，对各委办局、各街道办事处等全响应工作开展情况及群众满意度进行定期考核评估并公布考核评估结果，将各公职人员全响应工作履职情况及成效转组织人事、机构编制及纪检监察部门，作为机构编制部门编制各部门"三定"方案，公务员、事业单位工作人员提拔晋升或惩处的重要依据。

二是全响应工作核心部门。在目前工作架构中，公安、城市管理综合执法、工商、消防、交通管理、司法、卫生监督、食品药品监管等具有执法权并在街道派驻有工作机构的部门及街道办事处其他内设科室是决定全响应社会治理工作体系成败的关键所在。这些核心工作部门区级机关要组织人手认真研究本部门纳入全响应社会治理工作体系的工作职责、工作内容、工作要求、工作标准、工作流程，认真梳理相关法律法规和政策并将其纳入信息系统，精减机关工作人员，充实网格工作人员，优化人力资源配置，设立专门的全响应工作机构及专职工作人员，依托全响应社会治理信息系统，对涉及本部门的工作、事件和问题进行及时的响应，对本部门下属机构和工作人员的工作进行实时的指导、监督和评价。

三是全响应工作外围部门。除上述部门以外的党委政府其他部门及工青妇等机构，是西城区全响应工作不可或缺的重要组成部分。由于各自工作职责等原因，这些部门在街道有的设立有工作机构，有的没有设立工作机构，但它们的一个共同特点是不需要把工作人员配置在社区网格，我们把它们统称为"外围部门"。尽管与公安、城管、工商、消防等部门相比，这些部门不用在一线执法，但网格管理员、网格巡视员、街道联络员及居民群众、社会单位反映的问题事件需要这些部门的处置和配合，因此，这些部门也要认真梳理各自工作职责及相关法律法规政策，以良好的状态及时处置相关事件问题，确保"有求必应"。

四是全响应工作相关专业单位。社会治理工作不仅是党委政府的事情，也是许多企事业单位、社会团体的共同责任。必须把常见的如市直管的电力、供水、供热、通信、供气、有线电视等部门，各管委会、房管部门、物业服务、停车管理、环卫保洁、园林绿化、公益性社会组织、驻区单位等全部纳入全响应社会治理工作体系。基层社区网格中涉及相关专业单位的事件或问题通过全响应社会治理信息系统十分方便地与相关专业部门取得联系，相关专业部门处置的时间、结果、群众满意度等纳入考核评估。

三 进一步细化全响应创新工作的标准

社会治理工作种类的划分，关系到全响应社会治理信息系统的顶层设计和全面应用，是一项重要的基础性工作。哪些工作任务应该纳入全响应社会治理工作体系？这些工作任务的类别应该如何划分？每一项工作任务的工作标准、工作要求、工作流程、责任划分如何？这是设计全响应社会治理工作体系和信息系统时必须统筹考虑的。从调研掌握的情况看，全响应社会治理工作体系的运转之所以在一些街道还不够顺畅，主要是由于大家对各项事件或问题的归类存在不同理解，信息系统对此还缺乏统一的分类依据和标准，除了城市管理类问题比较好划分外，其他很多工作只能笼统地归于"其他"，在分类上过于简单，导致难以实现事件的准确分类和及时分派，甚至造成事件由于分类不准确常常被退回，不利于事件的及时处置和管理的精细化。

根据当前社会治理工作的重点和覆盖面，建议在目前"社会服务、社会管理、应急处置、行政服务、城市管理"五大类别的基础上适当增加公共安全、社会事业、社会保障、物业服务或房屋维护、专业服务等类别，并根据实践发展需要适当调整和增减事件类别，在十大类别基础上，进一步细化各项工作、事件及问题的分类，从而使全响应社会治理信息系统的事件分类适应当前及未来社会治理工作的实际。

根据国家法律法规及相关政策要求，对纳入全响应社会治理工作体系的每一项工作、每一个事件、每一个问题，进一步明确各自的工作要求、工作标准、工作流程、工作责任，并全部纳入全响应社会治理信息系统，使每一项工作和事件如何划分、如何处置，任务事件流向、工作标准、责任人员等一目了然，清清楚楚，按照"网格—社区—街道—区"四级平台的不同功能分工，实现社会治理事项的全面备案和逐级上报，从而真正做到社会治理各项工作的全面落实，各种社会治理需求的全面响应。

四　进一步推动全响应创新工作的分级分类考核

从充分调动各个层级各社会治理主体的角度出发，建议实行"区""街道""社区"三级监督考核，相应地，各部委办局、专业公司实行"部委办局、分公司"和"科站队所"两级监督考核，考核评估结果作为年度评优奖惩的重要依据，作为组织人事部门干部选拔晋升的重要依据，作为纪检监察部门考察干部不作为、乱作为等情况及违纪情况的重要依据，从而构建起"纵向到底，横向到边"的全响应社会治理工作监督考核体系。

区监督考核的实质主体是区委区政府，执行机构是区全响应社会服务管理指挥中心。区全响应社会服务管理指挥中心接受区委区政府的授权，按照全响应社会治理工作方案的规定，根据全响应社会治理信息的事件备案、事件上报、事件处置、结果反馈、事件结案等情况，对辖区15个街道办事处、各部委办局、各管委会、各专业公司实行月度、季度和年度考核评估，监督考核评估结果报区委区政府区人大区政协领导，并通过西城区政府网站、西城报、结果通报、LED 显示屏等载体实时公布。

街道监督考核的实质主体是街道工委办事处，执行机构是街道全响应社会治理分中心。街道全响应社会治理分中心按照全区的统一部署，在街道工委办事处的领导下，根据全响应社会治理信息的事件备案、上报、处置、反馈、结案等情况，对辖区各社区、各科站队所、物业公司、公益性社会组织和驻区单位等进行月度、季度和年度考核评估，考核评估结果在全街道内通过街道网站、街道报、LED 显示屏等媒体进行通报。

社区监督考核的主体是社区党委和社区居委会，执行机构是社区服务站。主要对社区内驻区单位、公益性社会组织、综合协管员、网格长、物业服务公司、社区民警、城管队员等进行月度、季度和年度考核评估，考核评估结果在社区居民会议、居民代表会议、社区宣传栏等定期公布。

区各部委办局和各专业公司考核评估的实质主体是单位一把手，执行机构是各部委办局和各专业公司全响应工作机构。根据方案，对本部委办局、各专业公司的各科室、各下属科站队所的全响应工作进行月度、季度和年度考核评估，并将考核评估结果在本部门、本单位内通过内部通报、内部网站等各种形式进行通报。

各科站队所依照方案对本科站队所各网格责任人全响应工作进行月度、季度和年度考核评估，考核评估结果在本科站队所内通过各种形式通报。

五　进一步为全响应创新工作提供强有力的法律政策支持

当前，社会治理的法律政策主要掌握在各部委办局及其工作人员手中，其他政府部门和社会各界对相关法律法规和政策措施知晓得并不多，这种状况导致社会治理信息不对称，制约了社会治理效率的提升。推进全响应社会治理工作体系和信息系统的建设，就必须重视和着力解决好这个问题。解决这个问题的基本思路，根据纳入全响应社会治理工作体系和信息系统的先后和轻重缓急，各部委办局、各管委会、各专业公司负责梳理本部门、本系统的法律法规和政策措施，并逐步纳入全响应社会治理信息系统，作为全响应社会治理工作体系和信息系统的后台支撑，为前端工作人员解答或处理各种社会治理需求和问题提供强有力的法律政策支持。

六　进一步引导社会服务管理资源向基层配置

构建全响应社会治理信息系统和工作体系，是西城区贯彻党的十八大、十八届一中、二中、三中、四中、五中、六中全会和党的十九大精神，全面深化改革，提升社会治理能力和水平的重要载体和抓手。因此，对全响应社会治理信息系统的数据，要进行充分的挖掘和利用，最重要的是，根据一定时期，如一年、二年……五年的社会治理数据，对各委办局及其下属机构、各管委会、各专业公司的工作职责、工作任务、工作难度、工作情况进行全面的梳理和分析。对各部委办局及其下属机构的设置、编制及人力配置进行检讨和优化，定期进行调整，进一步优化基层社会治理资源，引导优秀人才在基层建功立业。对各专业公司、各公益性社会组织、驻区单位等提出优化社会治理资源配置的意见和建议，进一步加强西城区与各专业公司、各公益性社会组织、驻区单位的联系和合作，为西城区全响应社会治理工作提供源源不断的社会资源。

参考文献

《马克思恩格斯选集》第 1 卷，人民出版社 1972 年版。

《毛泽东选集》第 1 卷，人民出版社 1991 年版。

胡锦涛：《在中国共产党第十七次全国代表大会上的报告》，载《光明日报》2007 年 10 月 25 日。

胡锦涛：《坚定不移沿着中国特色社会主义道路前进为全面建成小康社会而奋斗》，载《人民日报》2012 年 11 月 18 日。

习近平：《人民对美好生活的向往就是我们的奋斗目标》，《人民日报》2012 年 11 月 16 日。

习近平：《习近平九论互联网》，载《中国经济网》2015 年 10 月 13 日。

管子：《管子》第二册，商务印书馆 1936 年版。

孙中山：《孙中山选集》，人民出版社 1981 年版。

李德顺：《价值论》，中国人民大学出版社 1987 年版。

郑杭生：《社会学对象问题新探》，中国人民大学出版社 1987 年版。

郑杭生、李强等：《社会运行导论：有中国特色的社会学基本理论的一种探索》，中国人民大学出版社 1993 年版。

郑杭生：《社会学概论新修》，中国人民大学出版社 1994 年版。

袁方：《社会调查原理与方法》，高等教育出版社 1990 年版。

魏宏森：《系统论》，清华大学出版社 1995 年版。

姜璐、时龙：《自组织管理理论》，北京师范大学出版社 1995 年版。

吴彤：《自组织方法论》，清华大学出版社 2001 年版。

郑功成：《关注民生》，人民出版社 2004 年版。

韩明谟：《中国社会学名家》，天津人民出版社 2005 年版。

段勇:《自组织生命哲学》,中国农业科学技术出版社 2009 年版。

王名:《社会组织概论》,中国社会出版社 2010 年版。

王名:《社会组织与社会治理》,社会科学文献出版社 2014 年版。

吴雁南、冯祖贻、苏中立、郭汉民:《中国近代社会思潮》(第三卷),湖南教育出版社 2011 年版。

向春玲等:《加强和创新社会管理 18 个经典案例》,中共中央党校出版社 2011 年版。

唐建荣、童隆俊、邓贤峰等:《智慧南京:城市发展新模式》,南京师范大学出版社 2011 年版。

夏建中:《中国城市社区治理结构研究》,中国人民大学出版社 2012 年版。

龚鹰:《社会管理模式的创新——基于舟山市"网格化管理组团式服务"的实践研究》,知识产权出版社 2012 年版。

杨宏山、皮定均:《合作治理与社会服务管理创新:"朝阳模式"研究》,中国经济出版社 2012 年版。

王智慧:《非营利性组织管理》,北京大学出版社 2012 年版。

袁振龙:《社会管理与合作治理》,知识产权出版社 2013 年版。

杨海涛:《城市社区网格化管理研究与展望》,经济管理出版社 2013 年版。

陈献森:《全响应社会服务管理创新研究:以北京市西城区德胜街道为例》,北京出版社 2013 年版。

风笑天:《社会研究设计与写作》,中国人民大学出版社 2014 年版。

胡孝红:《社会管理模式创新的法理与实证研究:以宜昌市网格化管理等为例》,厦门大学出版社 2014 年版。

李培林:《社会改革与社会治理》,社会科学文献出版社 2014 年版。

杨正洪:《智慧城市:大数据、物联网和云计算之应用》,清华大学出版社 2014 年版。

林卡、张佳华:《社会政策与社会建设:北欧经验》,中国人民大学出版社 2014 年版。

李小宁:《民生论》,人民出版社 2015 年版。

殷星辰等:《北京社会治理发展报告(2014—2015)》,社会科学文献出版社 2015 年版。

周红云:《社会治理》,中央编译出版社 2015 年版。

周林生:《社会治理创新概论》,广东人民出版社 2015 年版。

本书编写组:《大数据领导干部读本》,人民出版社 2015 年版。

文军:《当代社会学理论:跨学科视野》,中国人民大学出版社 2016 年版。

杨建华:《发展社会学通论》,社会科学文献出版社 2016 年版。

殷昭举:《社会治理学》,广东教育出版社 2016 年版。

费孝通:《小城镇大问题》,载《江海学刊》1984 年第 1 期。

方明:《社区研究述评》,载《天津社会科学》1990 年第 2 期。

吴国恩:《情报活动的信息论研究概论》,载《情报探索》1994 年第 3 期。

张新立:《控制论与维纳:纪念"控制论"诞生 50 周年》,载《数学通报》1999 年第 1 期。

李伦:《试论科学学派的社会运行》,载《科学学研究》1999 年第 1 期。

玛丽-克劳德·斯莫茨:《治理在国际关系中的正确运用》,载《国际社会科学》(中文版)1999 年第 2 期。

陈阿江:《社会评价:社会学在项目中的应用》,载《学海》2002 年第 6 期。

赵彤等:《国家创新体系的社会运行机制研究》,载《自然辩证法通讯》2002 年第 6 期。

蔡学进、张学明:《供水区域网格化管理初探》,载《上海水务》2003 年第 1 期。

何海兵:《我国城市基层社会管理体制的变迁:从单位制、街居制到社区制》,载《管理世界》2003 年第 6 期。

李建权等:《论十三届四中全会以来中国的社会运行》,载《山西高等学校社会科学学报》2005 年第 2 期。

郑士源、徐辉、王浣尘:《网格及网格化管理综述》,载《系统工程》2005 年第 3 期。

岳天明:《社会运行规范化与西北民族社会的和谐》,载《新疆大学学报》(哲学人文社会科学版)2005 年第 6 期。

楚国清:《坚持六个结合努力创建高品质文明城区》,载《学习与研究》2005 年第 10 期。

杜治洲、汪玉凯:《电子政务与政府协同管理模式的发展》,载《中共天津市委党校学报》2006 年第 2 期。

刘少杰、王建民:《现代社会的建构与反思:西方社会建设理论的来龙去脉》,载《学习与探索》2006 年第 3 期。

吴吉义、吴小梅:《美国电子政务项目管理应用现状》,载《信息化建设》2006 年第 4 期。

李立明、宋刚、曹杰峰:《GBCP 理论在北京市信息化城市管理系统中的应用》,载《城市管理与科技》2006 年第 8 期。

谭桂娟:《建国以来我国社会运行激励机制的演变》,载《山西高等学校社会科学学报》2006 年第 10 期。

温家宝:《在 2007 年团拜会上的讲话》,载《理论与当代》2007 年第 2 期。

龙腾飞等:《城市生活垃圾处理项目社会评价研究》,载《城市问题》2007 年第 6 期。

姜爱林、任志儒:《网格化城市管理模式研究》,载《现代城市研究》2007 年第 22 期。

郑杭生:《社会公平正义与和谐社区建设:对社区建设的一种社会学分析》,载《中国特色社会主义研究》2007 年第 6 期。

郑杭生等:《礼序人伦·乐移风俗:社会运行的二重性规范》,载《学习与实践》2007 年第 10 期。

郑杭生:《抓住改善民生不放推进和谐社会构建》,载《广东社会科学》2008 年第 1 期。

郑杭生:《社会主义和谐社会建设中的民生问题》,载《北京党史》2008 年第 1 期。

陆学艺:《关于社会建设的理论与实践》,载《国家行政学院学报》2008 年第 2 期。

郑杭生等:《社会运行、社会秩序与王朝的治乱兴衰》,载《学海》2009 年第 4 期。

池忠仁、王浣尘、陈云:《上海城市网格化管理模式探讨》,载《科技进步与对策》2008 年第 1 期。

任晓林:《公共服务理念下的民生问题考察》,载《上海城市管理职业技术学院学报》2008 年第 4 期。

田新文:《民生政治:理解政治生活变化的新视角》,载《社会主义研究》2008 年第 4 期。

廖世铢:《美国非营利组织发展经验及启示》,载《发展研究》2008 年第12 期。

史海成:《浅议网格技术的现状及其发展》,载《今日科苑》2008 年第18 期。

邢月潭:《上海市社区网格化管理研究》,硕士学位论文,华东政法大学,2008 年。

刘光容:《政府协同治理:机制、实施与效率分析》,博士学位论文,华中师范大学,2008 年。

唐绍洪等:《在基层治理中实现社会秩序动态稳定的协商民主路径》,载《社会主义研究》2009 年第 1 期。

何军:《网格化管理中的公众参与——基于北京市东城区的分析》,载《北京行政学院学报》2009 年第 5 期。

宣朝庆、王铂辉:《一九四〇年代中国社会建设思想的形成》,载《中国社会科学》2009 年第 6 期。

朱虹、刘术泉:《网络环境下的公共服务协同研究评述》,载《科技创业》2009 年第 8 期。

高峰:《公共服务型协同电子政务项目建设与管理模式研究》,硕士学位论文,北京交通大学,2009 年。

袁秉辰:《我国公众参与政府绩效考核机制研究》,硕士学位论文,中国海洋大学,2009 年。

崔执树、施光跃:《民生问题的解决与政府管理的创新:基于治理理论的视角》,载《兰州学刊》2010 年第 3 期。

王超:《当前最大的社会公益凸现在民生问题:民生问题政治化抑或民生问题法律化》,载《知识经济》2010 年第 4 期。

朱健刚:《论基层治理中政社分离的趋势、挑战与方向》,载《中国行政管理》2010 年第 4 期。

贺雪峰:《基层治理中的"不出事逻辑"》,载《学术研究》2010 年第 6 期。

邰俊玲、周立:《美国与香港地区慈善模式及其启示》,载《决策探索》(下)2010 年第 8 期。

雷银枝:《电子政务协同管理模式及实现机制研究》,载《情报理论与实践》2010 年第 8 期。

唐德龙:《从碎片化到网络化:治理何以转向?》,载《中国图书评论》2010 年第 9 期。

郭剑雄等:《从社会资本建设到参与式治理:中国社会治理变迁研究》,载《城乡社会观察》2010 年第 100 期。

李鹏、魏涛:《我国城市网格化管理的研究与展望》,载《城市发展研究》2011 年第 1 期。

黄正元:《社会运行亚稳定态的辩证法解读》,载《武汉理工大学学报》(社会科学版)2011 年第 1 期。

严振书:《对中国社会转型及其阶段性的认识与梳理》,载《社会科学管理与评论》2011 年第 3 期。

彭黎明:《传统社会治理思想:社会运行的一种解释框架》,载《社科纵横》2011 年第 5 期。

张华:《改善民生:推进当代中国马克思主义大众化的重要条件》,载《思想理论教育导刊》2011 年第 9 期。

陈诚、廖桂平、李锦卫等:《基于 GA、BP 神经网络和多元回归的集成算法研究》,载《计算技术与自动化》2011 年第 30 期。

魏涛:《城市社区网格化管理模式研究》,硕士学位论文,大连理工大学,2011 年。

周晓虹:《孙本文与二十世纪上半叶的中国社会学》,载《社会学研究》2012 年第 3 期。

张亚明、刘邦凡、徐淼淼:《信息经济视域下政府协同政务发展策略》,载《中国科技论坛》2012 年第 11 期。

黄卫民、韩义森:《以统筹协调、突出应用推进政务信息共享和业务协同》,载《电子政务》2012 年第 1 期。

竺乾威:《公共服务的流程再造:从"无缝隙政府"到"网格化管理"》,

载《公共行政评论》2012 年第 2 期。

王名、杨丽:《北京市网格化服务管理模式研究》,载《中国行政管理》
2012 年第 2 期。

田毅鹏、薛文龙:《城市管理"网格化"模式与社区自治关系刍议》,载
《学海》2012 年第 3 期。

赖臻、鹿永建:《北京市西城区对公众需求实行"全响应"》,载《新华
网》2012 年 7 月 11 日。

井西晓:《挑战与变革:从网格化管理到网格化治理——基于城市基层社
会管理的变革》,载《理论探索》2013 年第 1 期。

赵语慧:《网格化管理与政府职能定位》,载《人民论坛》2013 年第 2 期。

焦亦民:《当前中国城市基层治理问题及对策研究》,载《中国行政管理》
2013 年第 3 期。

袁方成等:《国家整合与社会融合:城乡基层治理发展趋势与对策》,载
《国家行政学院学报》2013 年第 3 期。

单祥茹:《大数据概念炙手可热商业价值有待市场考验》,载《中国电子商
情·基础电子》2013 年第 3 期。

刘卫平:《社会协同治理:现实困境与路径选择》,载《湘潭大学学报》
(哲学社会科学版)2013 年第 4 期。

陈尧:《从参与到协商:协商民主对参与式民主的批判与深化》,载《社会
科学》2013 年第 12 期。

周建凯:《网格化管理:构建群众路线长效机制的有效形式》,载《领导科
学》2013 年第 36 期。

唐业仁:《我国社会不同阶层分析及民生需求比较》,载《中国市场》2013
年第 41 期。

张序:《社会服务:一种重要的公共服务》,载《中国青年报》2013 年 7
月 8 日。

维克多·迈尔·舍恩伯格、肯尼斯·库克耶:《大数据时代来临》,载《经
济导刊》2013 年第 5 期。

芦颖:《计算机网络存储技术的应用研究》,载《通讯世界》2013 年第
9 期。

谭学良:《政府协同三维要素:问题与改革路径》,载《国家行政学院学

报》2013 年第 6 期。

李汉卿:《协同治理理论探析》,载《社会经纬》2014 年第 1 期。

田培杰:《协同治理概念考辨》,载《上海大学学报》(社会科学版) 2014 年第 1 期。

谭学良:《整体性治理视角下的政府协同治理机制》,载《学习与实践》2014 年第 4 期。

吴建树:《大数据时代政府治理能力的提升》,载《当代社科视野》2014 年第 10 期。

邵光学、刘娟:《从"社会管理"到"社会治理"》,载《学术论坛》2014 年第 2 期。

姜晓萍:《国家治理现代化进程中的社会治理体制创新》,载《中国行政管理》2014 年第 2 期。

李新廷、朱凯:《刍议国家治理和社会治理的关系》,载《大连干部学刊》2014 年第 4 期。

辛本禄等:《社会运行与社会发展:马克思与社会学家的对话》,载《南京社会科学》2014 年第 5 期。

张康之:《论社会治理中的知识》,载《学海》2014 年第 5 期。

姚玫玫等:《社会治理新格局下的政府与社会组织关系构建》,载《牡丹江师范学院学报》(哲学社会科学版) 2014 年第 6 期。

夏德峰:《复合社会治理中的多维联动机制》,载《云南社会科学》2014 年第 6 期。

马金芳:《社会组织多元社会治理中的自治与法治》,载《法学》2014 年第 11 期。

王名等:《社会共治:多元主体共同治理的实践探索与制度创新》,载《中国行政管理》2014 年第 12 期。

叶磊:《大数据综述》,载《商情》2014 年第 46 期。

周衍冰:《大数据产业在法国的发展及应用》,载《服务外包》2014 年第 6 期。

刘安:《网格化社会管理及其非预期后果——以 N 市 Q 区为例》,载《江苏社会科学》2014 年第 3 期。

李有发:《民生需求及其结构:一个社会学视角的理论分析》,载《甘肃社会科学》2014 年第 5 期。

王雪霁:《民生改善的三个维度与民生产品的有效供给》,载《中共杭州市
　委党校学报》2014 年第 5 期。

陈天林:《提升我国民生建设能力的思考》,载《中共中央党校学报》2014
　年第 6 期。

杨光飞:《网格化社会管理:何以可能与何以可为》,载《江苏社会科学》
　2014 年第 6 期。

马大龙、柴文忠:《利用大数据提升政府治理能力》,载《北京观察》2014
　年第 10 期。

潘华:《大数据时代社会治理创新对策》,载《宏观经济管理》2014 年
　第 11 期。

郑磊等:《移动互联与微应用时代的公共服务与政府治理》,载《电子政
　务》2014 年第 11 期。

宁华宗:《微治理:社区"开放空间"治理的实践与反思》,载《学习与
　实践》2014 年第 12 期。

李一宁、张泰:《深化拓展民生幸福工程》,载《群众》2014 年第 12 期。

李景泰:《城市管理中的跨部门协同研究》,硕士学位论文,华南理工大
　学,2014 年。

李斌等:《走向协同型的社会治理》,载《社会工作与管理》2015 年第
　1 期。

陶振:《城市网格化管理:运行架构、功能限度与优化路径——以上海为
　例》,载《青海社会科学》2015 年第 2 期。

陈辉:《中美城市基层治理的比较研究》,载《学术界》2015 年第 4 期。

李见顺:《宜昌市网格化社会管理的经验、问题与对策》,载《湖北民族学
　院学报》(哲学社会科学版)2015 年第 3 期。

孙柏瑛、于扬铭:《网格化管理模式再审视》,载《南京社会科学》2015
　年第 4 期。

陈荣卓、肖丹丹:《从网格化管理到网络化治理——城市社区网格化管理
　的实践、发展与走向》,载《社会主义研究》2015 年第 4 期。

余小波等:《社会评价介入大学治理:价值、路径与条件》,载《大学教育
　科学》2015 年第 4 期。

李强等:《社会运行视角与社会学的本土化》,载《社会学研究》2015 年第 5 期。

皮定均:《建立大数据时代的社会治理体制》,载《建设科技》2015 年第 5 期。

姜晓萍、焦艳:《从"网格化管理"到"网格化治理"的内涵式提升》,载《理论探讨》2015 年第 6 期。

董幼鸿:《大城市基层综合治理机制创新的路径选择——以上海城市网格化管理和联动联勤机制建设为例》,载《上海行政学院学报》2015 年第 6 期。

李迎生:《社会运行理论视野下的社会建设与社会治理》,载《西北师范大学学报》(社会科学版)2015 年第 6 期。

李鹏等:《社会治理:新时期政府和社会关系建构的样态选择》,载《长春市委党校学报》2015 年第 6 期。

江立华等:《社会运行论的历史关怀与文化禀赋》,载《福建论坛》(人文社会科学版),2015 年第 11 期。

单志广:《国家大数据发展的顶层设计数据强国战略的冲锋号角——关于促进大数据发展行动纲要的几点解读》,载《财经界》2015 年第 28 期。

令小雄:《"新常态"视域下的社会治理现代化》,载《大连干部学刊》2015 年第 4 期。

陈曦:《中国跨部门合作问题研究》,博士学位论文,吉林大学,2015 年。

李巧霞:《城乡基层社会治理碎片化问题与对策研究——以整体性治理理论为分析工具》,博士学位论文,华中师范大学,2015 年。

何瑞文:《网格化管理的实践困扰》,载《苏州大学学报》(哲学社会科学版)2016 年第 1 期。

杨丽彬、李海林、张飞波:《大数据环境下的管理信息系统发展研究》,载《大数据》2016 年第 1 期。

李盛梅:《党的十八大以来我国社会治理研究综述》,载《中共乐山市委党校学报》2016 年第 1 期。

谢正富:《治理孵化器:社会工作视角下"微治理"实现机制探索》,载《云南行政学院学报》2016 年第 1 期。

周红云：《全民共建共享的社会治理格局》，载《经济社会体制比较》2016
　　年第 2 期。

宋学增等：《社会管理的全民共建共享机制》，载《经济社会体制比较》
　　2016 年第 2 期。

李守可：《中国共产党对近代乡村社会运行系统的重构及其启示》，载《广
　　西社会科学》2016 年第 2 期。

吴晓燕、关庆华：《从管理到治理：基层社会网格化管理的挑战与变革》，
　　载《理论探讨》2016 年第 2 期。

王淑涨：《温州推进城乡公共服务均等化的创新机制研究》，载《经营管理
　　者》2016 年第 2 期。

贺勇：《网格化探索的"北京经验"》，载《人民日报》2016 年 5 月 16 日。

刘圣中、王晨：《网格化社会管理的组织社会学分析》，载《理论导刊》
　　2016 年第 3 期。

李守可：《中共国家治理现代化之于社会运行的当代意蕴与理性超越》，载
　　《学校党建与思想教育》2016 年第 4 期。

陈社英：《中国大都市发展与治理研究》，载《人口与社会》2016 年第
　　4 期。

蓝尉青：《满足民生需要是供给侧结构性改革的根本目的》，载《浙江经
　　济》2016 年第 6 期。

陶希东：《大数据时代中国社会治理创新的路径与战略选择》，载《南京社
　　会科学》2016 年第 6 期。

白秀银：《城乡公共服务网格化管理模式的设计及运行》，载《人民论坛》
　　2016 年第 11 期。

胡颖廉：《推进协同治理的挑战》，载《学习时报》2016 年 1 月 25 日。

百度百科：《6 个用好大数据的秘诀》，载《中国大数据》，引用日期 2016
　　年 2 月 2 日。

西城区社会建设工作领导小组办公室：《社会民生需求调查动态》，2013 年
　　10 月（内部资料）。

西城区社会建设工作领导小组办公室：《全响应社会服务管理政策文件汇
　　编》（上），2013 年 10 月（内部资料）。

西城区社会建设工作领导小组办公室：《西城区街道系统特色工作交流材

料汇编》，2013 年 4 月（内部资料）。

中共北京市西城工委社会工作委员会、北京市西城区社会建设工作办公室、北京市社会发展研究中心:《基层社会治理创新西城实践》，2014 年（内部资料）。

西城区社会办:《北京市西城区全响应与社会治理创新》，2014 年（内部资料）。

［美］诺伯特·威纳:《控制论》，科学出版社 1963 年版。

［美］阿尔文·托夫勒:《第三次浪潮》，生活·读书·新知三联书店 1984 年版。

全球治理委员会:《我们的全球伙伴关系》，牛津大学出版社 1995 年版。

［美］戴维·奥斯本、特德·盖布勒:《改革政府:企业精神如何改革着公共部门》，上海市政协编译组译，上海译文出版社 1996 年版。

［法］F. 滕尼斯:《共同体与社会》，林荣远译，商务印书馆 1999 年版。

［美］詹姆斯·N. 罗西瑙:《没有政府的治理》，江西人民出版社 2001 年版。

［美］戴维·奥斯本、彼得·普拉斯特里克:《摒弃官僚制:政府再造的五项战略》，中国人民大学出版社 2002 年版。

［美］拉塞尔·M.林登:《无缝隙政府:公共部门再造指南》，中国人民大学出版社 2002 年版。

［美］斯蒂芬·戈德史密斯、威廉·D. 埃格斯:《网络化治理:公共部门的新形态》，孙迎春译，北京大学出版社 2008 年版。

［美］唐纳德·凯特尔:《权力共享:公共治理与私人市场》，孙迎春译，北京大学出版社 2009 年版。

［美］尤金·巴达赫:《跨部门合作:管理"巧匠"的理论与实践》，周志忍、张弦译，北京大学出版社 2011 年版。

［美］亚历山大·蒂奥:《大众社会学》（第 7 版），丛霞译，人民邮电出版社 2012 年版。

［德］马克斯·韦伯:《社会科学方法论》，韩水法、莫茜译，商务印书馆 2013 年版。

［美］哈罗德·拉斯韦尔:《社会传播的结构与功能》，何道宽译，中国传播大学出版社 2013 年版。

［美］理查德·博克斯:《公民治理：引领 21 世纪的美国社区》，孙柏瑛译，中国人民大学出版社 2013 年版。

［法］勒庞:《乌合之众：大众心理研究》（英汉对照），群言出版社 2015 年版。

［美］约翰·J. 麦休尼斯:《社会学》（第 14 版），风笑天译，中国人民大学出版社 2015 年版。

G. A. Hillery Jr, "Definition of Community: Area of Agreement", *in Rural Sociology*, Vol. 20, 1955.

Maslow. A. H. and J. J. Honigmann, "Synergy: Some Notes of Ruth Benedict", *American Anthropologist*, 1970.

Peter A. Munch and Charles E. Marske, "Atomism and Social Integration", *Journal of Anthropological Research*, Vol. 37, No. 2 (Summer. 1981).

Jonathan H. Turner, "Emile Durkheim's Theory of Integration in Differentiated Social Systems", *The Pacific Sociological Review*, Vol. 24, No. 4 (Oct.. 1981).

J. Boston. J, Martin. J. Pallot and P. Walsh, *Public Management: The Newland Model*, Oxford University Press 1996.

I. Foster, C. Kesselman and *The Grid, Blueprint for a new Computing Infrastructure* ［M］, Morgan Kaufmann. Publishers, USA, 1998.

T. V. Parasuraman, Jane A. Scott – Lennox and Rachel Rose, "Development of a Model of Social Integration", *Quality of Life Research*, Vol. 9, No. 3. (Mar.. 2000).

Christopher Pollitt, "Joined – up Government: A Survey", *Political Studies Review*, 2003 (1).

James Davidheiser and Gregory H. WolfSource, "Social and Cultural Integration in Germany: The European Union. the Euro. Immigration. and the School System", *Die Unterrichtspraxis / Teaching German*, Vol. 36, No. 2 (Autumn. 2003).

后　记

　　社会治理创新既涉及顶层设计，主要关系国家大政方针、政策法规等制度体系，又需要基层根据实际加以执行实施并创造。在这个过程中，地方党委政府在推进社会治理创新的过程中有着较大的创造空间。北京市西城区全响应社会治理创新就是其中的一个典型案例。望着桌上 20 余万字关于北京市西城区全响应社会治理创新研究的书稿，我不禁松了口气，不由得想起了十多年来的点点滴滴，机缘、感恩等词汇适时出现在笔端。2000 年，我进入北京市社会科学院开始关注社区、研究社区时，就开始与北京市许多区县有联系，特别与西城区和原宣武区的联系尤为紧密。2002 年 10 月，按照北京市社会科学院的安排，应北京市宣武区广外街道工委、办事处的邀请，我有幸来到宣武区广外街道挂职学习，与众多优秀的同事一起工作，有机会对社区进行近距离的调研和观察，开始对广外街道社区建设的探索与实践进行总结和思考。2004 年，在北京市社会科学院组织推动的"北京城区角落调查"中，我又有幸担任西城区、宣武区调查组的负责人，和同事一起深入西城区和宣武区相关部门和各个街道开展深入调研，并执笔撰写了"宣武区城区角落调研报告"和"北京城区角落调查报告"，引起了较广泛的社会关注。2005 年，我受宣武区街道工作办公室委托，在宣武区街道工作办公室同志的陪同下，对宣武区八个街道的社区服务状况开展了全面的调查，包括问卷调查和系列座谈会。2007 年，受北京市"2008 环境建设办公室"委托，我们团队对北京市东城区、西城区、崇文区、宣武区、朝阳区、海淀区、丰台区和石景山区 8 个中心城区的老旧小区现状进行了全面的调查，西城区和宣武区也是我们调查的重点对象。2010 年，经国务院批准，北京市的行政区划进行调整，原东城区和崇文区合并为东城区，原西城区和宣武区合并为西城区，北京市东城区开始"网格化社会服务管理创新"的探索，我又有机会深入东城区东直门街道、东花市街道和建国门街道等试点单位调研。2012 年，我先后实地调研了浙江省舟山市和宁波市、湖北省宜昌市的网格化社会治理创新经验及北京市朝阳区、西城区、海淀区、密云县（现密云区）等网格化社会服务管理探索经验。2013 年、2014年、2015 年，我分别到黑龙江省哈尔滨市、贵州省贵阳市、广东省深圳市调研社会治理和社区建设创新经验。2017 年，我又和同事一起到上海市、浙江省舟山市和宁波市调研学习，因此，我对近几年全国各地的社会治理创新探索有所了解。

近年来，我一直跟踪研究西城区全响应社会治理创新。2014 年，我在西城区委社会工委同事的陪同下，到西城 13 个街道深入调研全响应社会治理创新的进展情况及存在的问题。为了更好地总结和推广西城区全响应社会治理创新的探索经验，推动西城区全响应社会治理创新取得新的进步，我一直在思考，应该如何系统地梳理西城区全响应社会治理创新的经验得失？本书稿正是这些年持续对西城区全响应社会治理创新调研、观察和思考的初步成果。

本书共分十章，第一章讲西城区全响应社会治理创新的产生背景、概念和工作体系。第二章讲西城区全响应社会治理创新的民生需求。第三章讲西城区全响应社会治理创新的理论基础。第四章讲西城区全响应社会治理创新的探索历程。第五章讲西城区全响应社会治理创新的主要特征。第六章讲西城区全响应社会治理创新与运行机制。第七章讲西城区全响应社会治理创新的政府协同。第八章讲西城区全响应社会治理创新与社会协同。第九章讲西城区全响应社会治理创新的技术支撑——大数据，第十章讲西城区全响应社会治理创新的评价与展望。全书从民生需求理论及西城区的民生需求出发开始论述，重点分析了西城区全响应社会治理创新的逻辑起点、理论基础、探索历程、主要特征、运行机制、政府协同、社会协同、技术支撑和评价展望，形成了一个较完整的体系。

本书由北京市社会科学院综治研究所所长袁振龙研究员提出研究框架，并对全书书稿进行统稿。各章的执笔人分别是：袁振龙研究员执笔撰写了第一章、第二章、第四章部分，第六章、第七章和第十章，马晓燕副研究员执笔撰写了第三章和第九章，左袖阳副研究员执笔撰写了第四章部分和第五章，李会彬副研究员执笔撰写了第八章。书稿收齐后，我们先后对书稿进行了3次较全面的修改，在2017年4月，我再次通读了全书，对部分内容进行了修改，增加了一些图表，使论述更加形象、具体。在写作过程中，我们听取了清华大学社会学院孙凤教授、北京国际城市研究院高继龙研究员、中国社会科学院陈志刚研究员、北京师范大学尉建文教授和中国青年政治学院姜振华副教授和西城区委社会工委领导提出的宝贵指导意见，课题组同志根据西城区情况又进行了较大幅度的修改，全书结构也略有调整，逻辑更加清晰，论述更加简洁。

在此，特别感谢西城区委、区政府主要领导对我们的信任和支持，本人特别荣幸地先后两次担任西城区委、区政府聘任的社会建设领域专家顾问，这一身份使本人有机会不断地深入调研西城区的社会建设和社会治理创新等各方面的进展。在课题立项、调研和本书写作过程中，我们得到了西城区委社会工委、西城区委社会办的大力支持和帮助。特别是中共北京市西城区委社会工委书记马红萍、西城社会办副主任贾冬梅、社区建设科科长唐平、社区建设科赵书凯、林琼、刘刚等同志为课题研究提供了巨大的帮助，不仅提供了大量文件资料数据，而且亲自陪同我们深入各街道和相关委办局调研。在课题调研过程中，我们还得到了西城区城管监督指挥中心、西城区综治办、西城区民政局、西城区信息办、西城区经信委，西城区德胜街道、什刹海街道、西长安街街道、大栅栏街道、天桥街道、新街口街道、金融街街道、椿树街道、陶然亭街道、广内街道、牛街街道、白纸坊街道、展览路街道、月坛街道、广外街道等单位的领导同志们、广大基层社区及社区工作者和居民群众的大力配合和帮助，书稿中大量使用了各单位提供的素材，在此一并表示衷心的感谢！

感谢北京市社会科学院提供出版资助，感谢北京社会科学院科研处的领导和同志们，感谢中国社会科学出版社刘艳编辑提出的建议和无私帮助！最后我要感谢课题组马晓燕副研究员、左袖阳副研究员和李会彬副研究员为课题完成所作出的贡献和付出的努力！

西城区作为首都功能核心区之一，地位重要，责任重大，是落实"四个中心"首都城市战略定位和建设国际一流的和谐宜居之都的主阵地！城市社会服务管理工作大有可为！衷心祝愿西城区全响应社会治理创新的探索继续完善，取得新的更大进步，以更好地服务西城的经济、社会、民生和安全！也希望全国各地有更多的社会治理创新探索经验得到总结，各地进一步加强交流，互相促进、互相启发，共同推进中国的社会建设与社会治理，为全面建设更加美好的中国社会而努力！

由于水平有限，时间仓促，书稿一定存在不少的错漏不妥之处，敬请读者朋友们批评指出。

袁振龙

2018 年 6 月